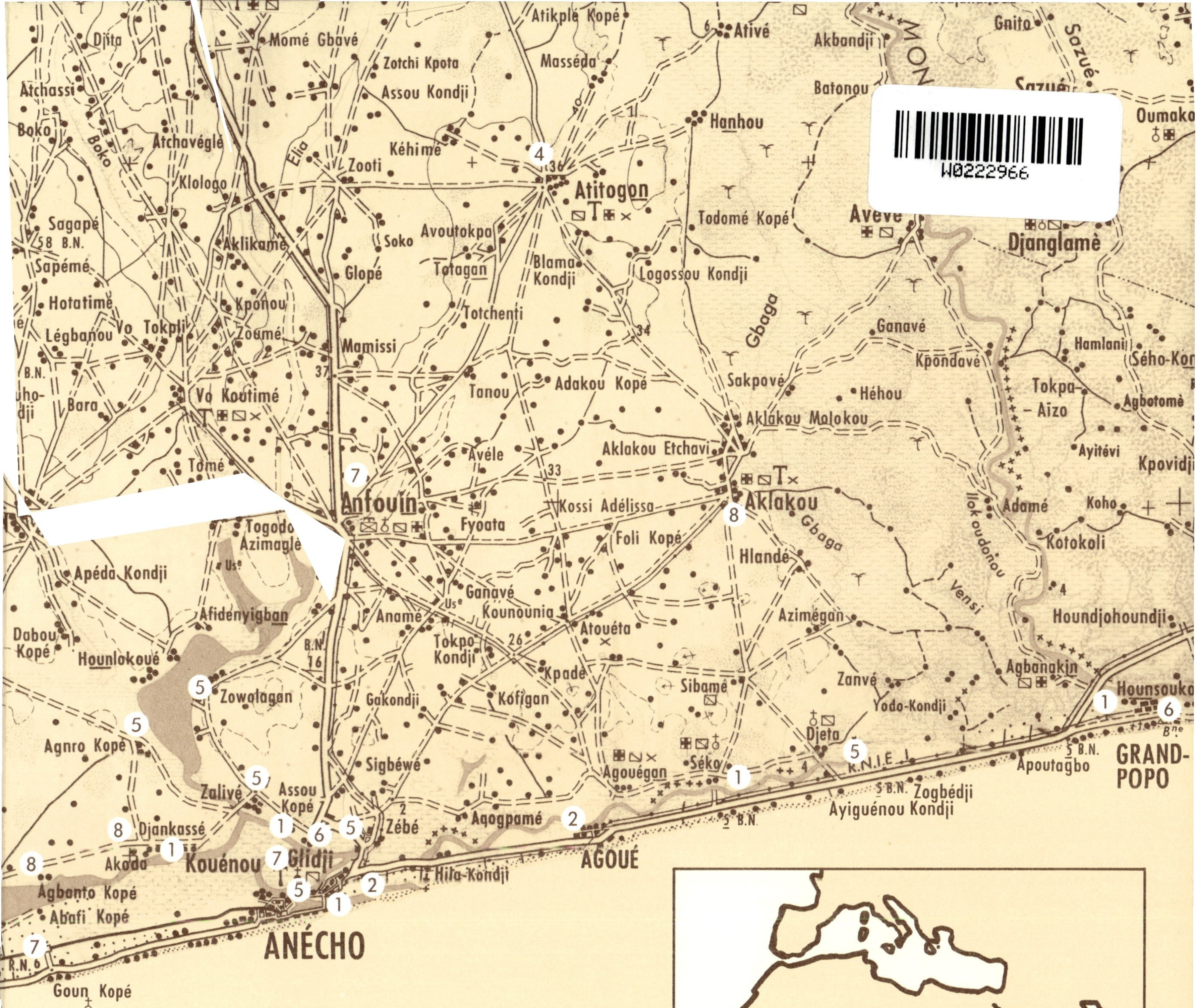

❼ Fetischhaus

❽ Legba

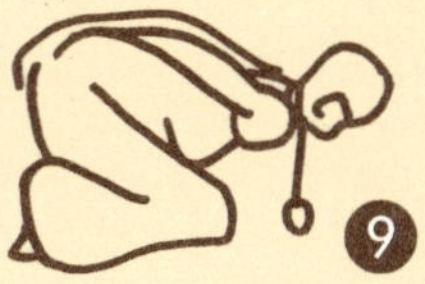

❾ Gottesgericht

so

gentempel

VOODOO

PV

VOODOO

AFRIKAS GEHEIME MACHT

Gert Chesi

Perlinger

1. Auflage 1979 1.–30. Tausend

Perlinger-Verlags Ges.m.b.H., A-6300 Wörgl, Brixentaler Straße 61
Fotos, Text und Layout: Gert Chesi
Reproduktionen: Wagner'sche Univ.-Buchdruckerei, Innsbruck
Druck und Bindearbeit: Welsermühl, Wels
Gedruckt auf Euroart, 150 g/m², der Firma Borregaard

ISBN 3-85399-003-7
Printed in Austria

Anstelle eines Vorworts

Voodoo ist eine Religionsform, die in Amerika durch das Zusammentreffen zweier verschiedenartiger Kulturen zustande gekommen ist. Dieses Buch handelt von der Voodoo-Bewegung Westafrikas, die bis heute fast unbekannt geblieben ist, obwohl sie auf dem historischen Boden agiert, dem diese Bewegung entsprungen ist.

Mit den Sklavendeportationen gelangten afrikanische Götter und Religionen nach Südamerika und in die Karibik. Dort begann ein jahrhundertelanges Ringen um die geistigen Formen und Inhalte, die sich unter dem Druck der herrschenden Schichten zu verändern begannen. Plantagenbesitzer und Sklavenhändler hatten ein Interesse daran, die verschleppten Afrikaner zu christianisieren, weil dadurch – wie sie glaubten – aggressive Reaktionen der Unterdrückten ausblieben. Der christianisierte Sklave war durchschaubarer, kontrollierbarer und im Sinne seiner Religion dienend, untergeordnet und duldend.

In dieser Situation wurde der Voodoo geboren. Die Yoruba-Götter vermischten sich mit den Gestalten der Bibel, der Charakter der christlichen Heiligen wurde umgedeutet, afrikanische Götter erhielten christliche Namen, und die moralische Wertigkeit orientierte sich an einem Götterbild, das dem christlichen entgegengesetzt zu sein schien.

Die Wurzel dieser Bewegung lag in Dahomey, dem heutigen Benin. Verschleppte aus der Ortschaft Arada brachten ihre Götter in die neue Heimat und nannten sie in Anlehnung an den Ort ihrer Herkunft ›Rada-Götter‹. Was erst als heimlicher Protest keimte – undurchschaubar für die Sklavenhalter –, erlangte bald eine ungeahnte Eigendynamik, deren Ausbreitung von Jahr zu Jahr deutlicher in Erscheinung trat.

Europa hat diese Bewegung bis zum heutigen Tage kaum registriert; Amerika hatte sie ignoriert, und erst in den Tagen, in denen die Statistik eine Anhängerschaft von über fünfzig Millionen Menschen verzeichnete, begann die westliche Welt dieses Phänomen zu beachten. Nachdem die amerikanische Situation neuerdings im Mittelpunkt anthropologischer und religionstheoretischer Interessen steht, beginnt auch der afrikanische Ursprung an Aufmerksamkeit zu gewinnen.

Die Religion der Yoruba wurde analysiert, und die Wissenschaft sah sich einer faszinierenden Geisteswelt gegenüber, deren Differenziertheit und Intelligenz man – wie das in Europa und Amerika gelegentlich geschieht – bei weitem unterschätzt hatte. Hier wurden Götterbegriffe transparent, die bis dahin nur in den antiken Hochkulturen existierten. Der afro-amerikanische Synkretismus ist in seinem Erscheinungsbild surrealistisch und skurril, seine geistige Struktur ist voll von Fakten, die in Europa erst durch Freud, Adler oder Jung bekannt wurden. Die Pop-art, die in der westlichen Welt ein überwiegend

formales Anliegen darstellt, findet in den Bildnissen des Voodoo ihre geistige Entsprechung.
Wesentlich später als in Amerika begann die Voodoo-Bewegung in Afrika Fuß zu fassen. Rückgewanderte Afrikaner, entwurzelt und Fremde in ihrem Ursprungsland, brachten den Voodoo an die Westküste. Eine große Religion, die Afrika vor Hunderten von Jahren verlassen hatte, fiel in ihren eigenen Schoß zurück: verfälscht, verdeutet und degeneriert, aber dennoch lebensfähig und voll leidenschaftlicher Dynamik.
Afrikas Götter hatten sich mit den Heiligen der christlichen Kirche vermischt, und die religiösen Symbole waren im christlichen wie im afrikanischen Sinne verfremdet oder gänzlich umgedeutet worden.
Doch in den Jahrhunderten, in denen die Götter ins Exil verbannt waren, hat auch die traditionelle Religion ihres Heimatlandes Deformationen hinnehmen müssen, denn von Norden bahnte sich der Islam mit Feuer und Schwert einen Weg durch die afrikanischen Völker, und an der Küste landeten die ersten Missionare mit der Botschaft Jesu Christi. Später gesellte sich der Hinduismus dazu, und als der Voodoo von Amerika kam, war die religiöse Landschaft Afrikas bereits erbarmungslos durchpflügt.
Es ist also kein Wunder, daß der Voodoo, der bereits eine Mischreligion war, sich bereitwillig den fremden Göttern anbot, denen er in den Dörfern und Städten begegnete. Die bastardisierte Erscheinungsform zweier Religionen vermählte sich dankbar mit einer dritten und einer vierten.
Die afrikanische Form des Voodoo ist Ursprung und vorläufiger Endpunkt einer religiösen Evolution, die weltweit ihresgleichen sucht.
Um sie zu begreifen, ist es erforderlich, einige Gegebenheiten der Yoruba-Religion zu verstehen, denn es gibt zwischen der traditionellen Religion der Yoruba und dem Voodoo sehr ähnliche, ursprungsbedingte Phänomene.

Der Fetisch In traditionellen Kreisen der Yoruba Nigerias ist der Begriff des Fetisch negativ. In den frankophonen Ländern der Westküste ist er allgemein üblich, und er wird auch von Anhängern der animistischen Religionen und des Voodoo gebraucht. Ich gebrauche das Wort ›Fetisch‹ in diesem afrikanischen Sinn.
Der Fetisch ist vergleichbar mit dem Orisha der Yoruba. Er ist nicht Gott, nicht Mensch, nicht Stein oder Pflanze, aber er hat von allen einen Anteil. Fetische können wie Orishas einmal besondere Menschen gewesen sein, deren Identität in der Ganzheit der Schöpfung aufgegangen ist. Ein Fetisch kann Gott sein, wie er Mensch sein kann, er kann Pflanze, Tier oder Material sein, das kommt auf die rituelle Situation an, die er vorfindet.

Man sagt, daß in früheren Zeiten alle Menschen einen göttlichen Anteil in sich trugen und daß die Götter menschliche Anteile besaßen. Das Ritual hat die Aufgabe, diese Anteile zu aktivieren und zu verstärken, so daß es dem Menschen möglich wird, für einen Zeitraum göttlich zu sein; der Gott, der gerne Mensch sein möchte, findet diese Möglichkeit im selben Ritual.

Die Trance Sie ist die Schlüsselsituation, die herbeigeführt wird, um den Anteil des Menschen an Gott zu verwirklichen. Im Zustand der Trance verwirklicht sich aber auch der menschliche Anteil Gottes. Wenn durch das Ritual ein Gott herbeigezwungen wird, dann verliert der Tänzer im Augenblick der Trance seine Identität zugunsten des Gottes, der von ihm Besitz ergreift. Dieses heikle Wechselspiel der Kräfte ist im Voodoo spektakulär und dynamisch, bei den Yoruba kontrolliert und feinsinnig.

Die Voodoo-Götter Diese sind identisch mit den Fetischen und den Orishas. Sie können entgegen europäischen Göttervorstellungen vielfach bösartig sein, weil sie alle Aspekte ihrer physischen und metaphysischen Existenz in sich tragen. Voodoo-Götter sind Abkömmlinge des Schöpfergottes Mawu, der ganzheitlich begriffen wird, ohne Trennung von Gut und Böse. Voodoo-Götter haben starke Eigendynamismen, die den Menschen helfen oder schaden können. Sie führen ein Eigenleben, das sich auch gegen die Menschen richten kann.

Das Opfer Um mit den Fetischen, den Orishas, den Voodoo-Göttern ein gutes Verhältnis zu haben, ist das Opfer erforderlich. Voodoo-Götter haben einen menschlichen Aspekt, deshalb verlangen sie nach Speisen und Getränken, nach Tabak und Parfum. Einige unter ihnen verlangen das Blut von Opfertieren, andere sind derart vergeistigt, daß Gesänge und Tänze zu ihren wichtigsten Forderungen gehören. Das Opfer ist Teil des Rituals und beginnt mit der Anrufung der Götter.
Der Voodoo-Anhänger lebt wie der Yoruba in einer Welt, die nicht zwischen physisch und metaphysisch unterscheidet. Beides ist eng aneinandergebunden und kann nur gesamtheitlich verstanden werden. Die Welt der Menschen ist in die der Götter eingebunden, und der göttliche Aspekt der Menschen gibt ihnen die Möglichkeit, die Schwelle ins Metaphysische zu überschreiten. Das Wissen um diese Möglichkeit gibt dem Voodoo-Anhänger Kraft und Selbstvertrauen.

Die Opfergaben Susanne Wenger* sagt über Früchte und Nahrungsmittel, daß sie

---

* gebürtige Österreicherin, die seit 1951 als Yoruba-Priesterin in Nigeria lebt, Verfasserin bedeutender Publikationen über die Religion dieses Volkes

vom Standpunkt der Yoruba zwar keinen Intellekt besäßen, aber Meta-Intellekt. Sie sind das Produkt eines Schöpfers, der sich einer höheren Intelligenz bedient, also tragen sie einen Anteil dieser Intelligenz in sich und können kraft ihrer metaphysischen Qualitäten den Menschen mit seinen Problemen in der Götterwelt protegieren.

Die Magie Sie ist ein wichtiger Bestandteil der Voodoo-Religion. Der Voodoo-Priester bedient sich magischer Medizinen, um Götter zu rufen oder böse Geister zu vertreiben. Man kennt sowohl weiße als auch schwarze Magie. Der Unterschied zwischen beiden besteht darin, daß die weiße Magie zur Anrufung der Götter dient, die vom Gläubigen für positive Taten eingesetzt werden können, mittels schwarzer Magie aber gewalttätige Götter wie Hebiesso oder Soboto veranlaßt werden sollen, einen Menschen zu töten, der einem andern im Weg steht.

Die Möglichkeit, über spirituelle Instanzen Mordaufträge zu erteilen, ist gegeben – wenngleich nur bei Vorliegen von triftigen Gründen wie Mord, Diebstahl oder Gewalttätigkeit – und wird von jedem Voodoo-Priester bestätigt.

Nicht jeder Tötungsbefehl verwirklicht sich, denn der zu Tötende verfügt seinerseits ebenfalls über mächtige Schutzgeister und Fetische, die den Angriff wieder abwenden können.

Die Hierarchie der Götter Das größte Problem, die Götterwelt des Voodoo zu verstehen, lag für mich in dem Fehlen einer allgemein verbindlichen Hierarchie. Die afrikanische Form des Voodoo bezieht ihre Aufträge, Götternamen und Opferformen größtenteils aus den Träumen und Trancen der Anhänger. Es gibt zwar generelle Werte und grundsätzliche Parallelen zwischen den einzelnen Gruppen, dennoch ist die Zahl der Fetische so unüberschaubar groß, daß sie in einer Arbeit wie der vorliegenden nicht zu erfassen sind. Dazu kommt noch die sich ständig widersprechende Auslegung und Deutung der Vorgänge.

Als ich dieses Problem erkannte, entschloß ich mich, einzelne Gruppen zu besuchen, in kleinsten Gesellschaften zu recherchieren und nur Einzelpersonen und Familien, stellvertretend für das Kollektiv der Anhängerschaft, vorzustellen. Diese individuellen Befragungen scheinen mir das Wesen des Voodoo deutlicher zu veranschaulichen als der Versuch einer Übersicht, die in diesem Rahmen undenkbar ist.

Das vorliegende Buch wurde von mir wie ein Tagebuch gestaltet. Es ist der Versuch, erzählerisch die komplexe Welt des Voodoo zu veranschaulichen, in der ich mich wie in einem großen Gebäude von Raum zu Raum tastete, um Dinge zu sehen, die mich faszinierten und beeindruckten.

Das Voodoo-Tagebuch

Bei Attiso Mikpoagnigba III.

Eine Zeitlang dachte ich, den Weg nach Amete Koueve verloren zu haben. Ein sandiger Pfad, Sträucher und Palmen, Dörfer mit wenigen Strohhütten, vor denen Frauen saßen, winkend und erstaunt über das Auto, das sich mühsam durch den Sand quälte. Attiso Mikpoagnigba III. hatte mich eingeladen, an seiner Zeremonie teilzunehmen.
Je mehr Zeremonien ich sehe, je tiefer ich in die Materie einzudringen glaube, um so weniger verstehe ich sie. Die Hierarchie der Götter, die Zuordnung der magischen Gegenstände, die Differenziertheit der Altäre, die Unterschiedlichkeit der Interpretationen und die sich widersprechenden Aussagen über Sinn und Zweck des heiligen Treibens verwirren mich. Es drängt sich die Frage auf: Werde ich belogen, sagt man mir nur halbe Wahrheiten, oder gibt es wirklich so viele verschiedene Möglichkeiten, eine Voodoo-Zeremonie zu feiern?
Attiso Mikpoagnigba III. rückt zwei Sessel zurecht, einen für mich, den andern für Felizitas, meine Dolmetscherin. Wir dürfen Fragen stellen.
Es gibt eine ganze Gesellschaft von Voodoo-Göttern, erzählt er; der wichtigste unter ihnen heißt Kunde. Sein Sitz ist unbekannt, doch läßt er sich rufen und ergreift dann Besitz von einer Person, aus der er spricht und in der er handelt. Kunde kommt nicht zu jedem. Es gibt in Amete Koueve nur einige Personen, die in ständiger Verbindung zu ihm stehen. Nicht jeder ist einer Trance fähig, die als Anzeichen dafür gilt, daß Gott zu den Menschen gekommen ist.
Ich frage nach den Namen der anderen Götter, aber Attiso Mikpoagnigba III. weicht meiner Frage aus. Als ich nicht lockerlasse, erklärt er, die Namen der Götter nicht vor dem Opfer nennen zu dürfen.
Die Stühle sind inzwischen besetzt: alte Männer, alte Frauen, wenig Jugend – und ein paar Kinder, zwei- und dreijährig. Die besondere Kleidung der Frauen besteht in einem weißen Kopftuch, die Männer sind schmucklos, Alltagskleidung.
Einige Schritte vom Wohnhaus der Fetischtempel. Die Tür ist nun geöffnet, und im Inneren zeigt sich ein weißer Altar, gemauert, mit kleinen Durchgängen am Boden, die von Hühnern benutzt werden, aber eigentlich den Göttern dienen sollen. Große Mengen von weißer Kreide, eine Teekanne, blutverschmierte Kalebassen, Trommeln, schwarz verkrustete Fetischfiguren und Muscheln.

Seite 9: Baba Shango, der wichtigste Shango-Priester von Oshogbo, starb einige Tage nachdem diese Aufnahme gemacht wurde. Er war der letzte Vertreter einer Tradition, die mit ihm zu Ende gegangen sein dürfte. Der Shango-Kult der Yoruba war, wie die Yoruba-Religion überhaupt, die Grundlage für das Entstehen der Voodoo-Kulte in Amerika. Yoruba-Sklaven brachten ihre Götter nach Südamerika und in die Karibik, wo sie sich mit den christlichen Heiligen vermischten. Die Begegnung dieser beiden Religionen war die Geburtsstunde des Voodoo.

Gin für die Götter Am oberen Ende des Altares stehen drei Tiergestalten – Löwen, vielleicht Katzen. Das ist die Kraft des Voodoo. Die Zähne zeigen seine immerwährende gefährliche Präsenz. Der Alte hat die Figuren selbst gestaltet.

Die Männer sind eingetreten, einer kniet vor dem Altar wie vor einem Ofen, in dem das Feuer angeblasen wird, und reicht durch die kleine Götterpforte einen Becher Gin. Gin für die Götter. Vor dem Altar werden drei Schnapspfützen aufgegossen, für die Erde, die Ahnen und Kunde. Es werden Sprüche gemurmelt: »Ohne euch gäbe es keinen Regen, keine Sonne, keine Früchte und kein Wild, wir danken euch!«

Draußen beginnt der Tanz. Die Trommeln werden von Kindern geschlagen, es tanzen nur Frauen. Wenn ein Kind in Trance fällt, ist das ein gutes Zeichen. Ein direkter Hinweis, daß es die Götter auserwählt haben. Das Kind wird seinem Voodoo geweiht. Es wird der Sippe die Gunst der Götter sichern und immer dann vorgeschoben, wenn Nöte und Ängste das Dorf bedrohen.

Der Rhythmus hat sich verdichtet, jetzt tanzen alle Frauen, etwa zwanzig. Attiso Mikpoagnigba III. greift zu einer Glocke und ruft die Götter.

Er ruft vergeblich. Das Opfer war zu bescheiden.

Nun werde ich gefragt, ob die Kiste Bier, die ich gebracht habe, für die Tänzer oder die Götter bestimmt war. Ich revanchiere mich für die ausgebliebenen Trancen und bestimme das Bier für die Tänzer.

Man erklärt mir, daß man auch als Christ Voodoo-Zeremonien besuchen oder veranstalten darf. Meine Frage, ob das auch Mohammedaner dürften, wird verlacht: der Voodoo käme ja vom Islam*.

Beim Weggehen werde ich geheimnisvoll in eine Hütte gezogen. Vor dem vergitterten Fenster steht ein kleiner Altar mit einer Holzfigur, einen Europäer darstellend. In seinem Mund eine halb angerauchte Zigarette, die Nase angesengt vom vielen Rauchen. Er trägt eine Kette um den Hals und einen Vogel auf dem Arm. Vor ihm auf einem weißen Tuch zwei Dosen Puder, Marke ›Fleur de Paris‹. An der Wand lehnt ein Zeremonienstab mit einem silbernen Vogel. Der Alte bestreitet, daß er von den Ashanti kommt**.

Ich darf fotografieren. Weil der Blitz ermüdet ist, macht man sich die Mühe, den Altar näher ans Fenster heranzutragen, der Balken, der sich immer von selber schließt, wird von Attiso Mikpoagnigba III. persönlich offengehalten.

---

* Der Voodoo kommt natürlich nicht vom Islam, aber es ist richtig, daß die afrikanische Form islamische Elemente einbezieht.

** Die Zeremonienstäbe der Ewe sind denen der Ashanti nachempfunden. Inzwischen sind sie allerdings – wie auch die traditionellen Hocker – Allgemeingut der Ewe und Minah geworden.

Einweihung in Devego

Die beiden Fetischpriesterinnen von Avepotzo werden in den nächsten Wochen keine Zeremonie feiern. Ich soll nach Devego gehen, rät man mir, da wird in diesen Tagen die Einweihungszeremonie für ein elfjähriges Mädchen begangen.
Das Haus von Agbaglo Lamyadan birst vor Menschen. Vor dem Eingang zum Hof stehen neugierige Kinder und Frauen, die aus weißen Blechschüsseln Zigaretten, Bonbons und Colanüsse anbieten. Jahrmarktstimmung, Gekicher und Zwischenrufe von Betrunkenen.
Das Fest dauert nun schon vier Tage. Heute, in einer Stunde, soll es zu Ende sein.
Unter der Palmengruppe außerhalb des Hofes sitzen ein Dutzend Trommler – Greise und Kinder. Sie beginnen einen hektischen Rhythmus zu schlagen. Aus den Fetischkammern und heiligen Räumen quellen junge Frauen und Mädchen hervor, die sich zu den Tänzern in den Schatten der Palmen begeben. Eine alte Frau, kauribehangen,

Rechts: Individuell wie alles beim Voodoo ist die Kleidung. Eine Gruppe von Tänzerinnen trägt bunte Röcke und lange Unterhosen. Diese seltsame Tracht und die Art, wie der Faltenrock knapp unterm Busen gebunden ist, habe ich sonst nirgends gesehen. Eine der Frauen erzählte, daß eine Botschaft, die eine Gläubige im Schlaf erreichte, zu dieser ausgefallenen Kreation geführt habe. Der kahlgeschorene Kopf der Tänzerinnen ist hingegen eine allgemein anerkannte Notwendigkeit.

schleppt ein junges Mädchen auf den Tanzplatz, das sich in schwerer Trance befindet. Jetzt beginnt der Tanz. In kleinen Gruppen bewegen sich die Frauen stampfend durch den Sand. Drei Frauen, die gewaltige Röcke tragen, aufgeblasen wie Pilze, viele verschiedenfarbige Stoffe übereinander. Der Gürtel ist nicht um die Hüfte gelegt, sondern knapp unterhalb des entblößten Busens. Der vom Rock nicht bedeckte Unterleib ist in weiße Binden gewickelt. Die Köpfe der Frauen sind kahlgeschoren, sie tragen Stirnbänder und Ketten aus Kauri, Glas und Plastik. Ihre Tanzschritte führen sie an den Rand eines magischen Kreises, an dem sie stehenbleiben und dann zurückgehen an den Punkt, an dem sie den Tanz begonnen haben. Das wiederholt sich neunmal.

Immer noch Gelächter, Volksfeststimmung. Keine mystische Verklärtheit auf den Gesichtern der Zuschauer und der Trommler. Betroffen scheinen nur die Tanzenden zu sein, die darauf warten, daß einer der Götter zu ihnen herabsteigt und sie reitet, bis sie in metaphysischer Entrücktheit die Hitze spüren, mit der er ihre Körper durchdringt; bis sie seine Botschaft hören, die sie zu Wissenden macht und über alle hinweghebt, zu denen die Götter nie gesprochen haben.

Der Trommelrhythmus ändert sich, die Frauen laufen zurück in den Hof, ins Haus, in die geweihten Kammern, in denen sie sich auf die göttliche Begegnung vorbereiten.

Nackt für Aholu Vier Mädchen tanzen den Tanz des Gottes Aholu, des Herrschers über das Universum und die Menschen. Das eingeweihte Mädchen führt die Gruppe an, sie ist die älteste von allen. Ihr Gesäß ist nackt, nur um die Hüfte trägt sie dicke Perlenketten. Hand- und Fußgelenke sind mit zarten Bändern behangen, ihr Kopf ist kahlgeschoren, das Gesicht mit magischen Zeichen bemalt. Ich zähle neun Tänze, dann laufen auch die Mädchen zurück ins Haus.

Nun kommen alte Frauen und mimen in rasenden Bewegungen einen Geschlechtsakt. In den Gesängen rufen sie die Namen der Götter Hebiesso und Keleshi.

Zwei alte Männer holen mich in den Hof. Man bietet mir einen Sessel, Palmwein und Fufu an, ich esse mit den Händen und versuche über das Schnapstrinken hinwegzutäuschen. Wir sitzen vor dem Fetischhaus, das die Aufschrift »Aloewoe Adomedze me le Mewo« trägt. Daneben sind zwei Löwen gemalt und eine abgehackte Hand. Der Spruch wird übersetzt: »Die Hand hat es gemacht, ärgere dich nicht.« Ich kann den Sinn nicht erfassen, denke aber an den unverschämten Dogon-Händler, dessen Frau uns sagte: »Ärgere dich nicht, es ist nur sein Mund, der spricht.« Dann neigt sich Agbaglo Lamyadan zu mir und ergänzt, es sei seine Hand gewesen, die das gemacht hat.

Einen Blick ins Innere seines Fetischhauses verwehrt er. Das sei erst bei der nächsten Ze-

remonie wieder möglich. Ich deute an, daß ich der Kirche eine Spende zukommen ließe, er lehnt ab.

Seine Fetischgötter heißen Edan, Agoue, Adjima, Afan, Suri, Apeli und Egou. ›Legba‹ werden die kleinen Zementfiguren genannt, denen man opfert. Apeli müsse als Fetisch ausgeklammert werden. ›Apeli‹ sind die Ritualeisen, die man in den Boden steckt und mit Speisen, Gin und Hühnerblut beträufelt.

Aholu steht an der Spitze der hierarchischen Götterpyramide, die anderen sind seine Diener*. Aholu selbst wird nicht angerufen, man braucht die kleineren Voodoos als Vermittler zwischen ihm und den Menschen.

Der Zeitpunkt der nächsten Zeremonie steht nicht fest. Ich denke an die Abhängigkeit zur Mondphase, an geheimnisvolle äußere Zeichen. Falsch! Erst muß er 20 000 CFA-Franc** zusammengespart haben, dann kann er Getränke kaufen und das Fest veranstalten.

---

* In verschiedenen Familien werden den Göttern andere Funktionen zugeschrieben. Aholu ist nicht der Schöpfergott, aber einer der mächtigsten Fetischgötter, die auf die Schöpfung unmittelbar Einfluß nehmen können.

** Der CFA-Franc (CFA = Communauté Financière Africaine) ist die in den meisten frankophonen Ländern Westafrikas übliche Währung. 100 CFA-Franc entsprechen etwa 1 DM.

Links: Beim Initiationsfest in Devego ist Voodoo-Kleidung vorgeschrieben. Die beteiligten Frauen und Mädchen sind schwer mit traditionellen Ketten behängt.

Ein großes Dorf

Lome. Hauptstadt, Verwaltungsstadt, Regierungssitz, Hafenstadt. Der alte Stadtkern dörflich, kleinbürgerlich, gemütlich. Kaufhäuser mit allen erdenklichen Artikeln.

An der Mauer des Missionsgebäudes steht in weißen Buchstaben: »Interdit du urinier!«, davor einige Männer, die an die Mauer pissen. An der anderen Straßenseite kleine Stände mit Stoffen und Heiligenbildern. Hinduistische und christliche Motive. Jesus Christus neben der Schlangengottheit, Maria zur Hälfte von dem unheimlichen ›Nepochadnetzer‹ verdeckt.

Lome, eine Stadt in rasender Veränderung. Ganze Stadtteile werden niedergerissen, Hotels in furchterregenden Dimensionen wachsen in den Himmel. Tourismus, Entwicklung, Industrie, Schulen, Spitäler, Fortschritt. Tausende Taxis mit roten Nummernschildern und gelben Dächern, Straßenhändler mit Waschschüsseln voll Zigaretten, Kaugummi, Bonbons. Schiffsladungen voll Cognac und Whisky. Trotzdem keine Betrunkenen. Prostituierte in langen Abendkleidern, keine Homosexuellen.

Ein Dorf, das sehr groß ist, eine Stadt mit humanen Dimensionen. Noch gibt es wenig Kriminalität, nur Eigentumsdelikte und Korruption. Europäer, die in Lagos oder Accra leben, pilgern nach Lome wie zu einem Wallfahrtsort.

Die Herrscher von Bé

Die Zufahrtsstraße von Bé ist stockfinster. Dieser älteste Stadtteil von Lome gehört den Fetischeuren und Medizinmännern, den Herrschern über Geister, Götter und Gläubige. Das Haus von Frau Forcados ist eines der letzten, das Strom hat und eine Telefonverbindung.
Einige hundert Meter weiter liegt der heilige Wald im Dunkel. Die Priester haben ein Seil gespannt, das den heiligen Bezirk erkennen läßt. Schwarze und weiße Fähnlein säumen das Areal, das man nicht mit Schuhen betreten darf.
In einem Haus, hundert Schritte vom heiligen Wald entfernt, werde ich umgekleidet. Ich muß meine Uhr, die Hose und das Hemd ausziehen, ein Helfer bringt mir eines der buntgemusterten Tücher. Meine vierzehnjährige Dolmetscherin weigert sich, mitzukommen, sie möchte ihre Brust nicht entblößen.
Während das Mädchen im Haus bleibt, gehen wir, ein junger Fetischpriester und ich, durch die schmale Gasse an einer Mechanikerwerkstätte vorbei über die Hauptverkehrsstraße in den heiligen Wald. Ich darf nicht sprechen. Wir verbeugen uns vor einem Legba-Fetisch, der den Pfad bewacht, und gehen auf die kleine Gruppe von Häusern zu, die die zweiundzwanzig Mitglieder, die ständigen Bewohner des Waldes, beherbergen.

17 Agbaglo Lamyadan, der Chef des kleinen Kultkreises in Devego, heißt seine Gäste willkommen. Er hat die Voodoo-Fahnen gehißt, die die Zeremonie ankündigen und das Symbol seines Tempels tragen.

18 In einer Ecke des Fetischhauses liegen Kauris und ein magischer Gegenstand mit Schlangensymbolen. Die Kaurischnecke gilt in traditionellen Kreisen als Fruchtbarkeitssymbol. Ihr Aussehen wird mit dem der Vagina verglichen. In Voodoo-Kreisen wird sie verschiedenfach verwendet, hauptsächlich als Teil des Orakels, aber auch in Ketten und Armbänder eingeflochten, als Träger magischer Kräfte.

19 Der Priester hat sich in die Fetischkammer zurückgezogen, um den Voodoos ein Opfer zu bringen. Die Fetische im Hintergrund gelten als mächtige Beschützer für Haus, Hof und Familie.

20 Für das Initiationsfest des jungen Mädchens spielt das Orakel eine große Rolle. Die Kette, an der die Schalen einer Frucht hängen, wird vom Priester auf die Matte geworfen. Nach der Lage der Schalen richtet sich die Antwort. – Ursprünglich wurde diese Orakelform von den Yoruba in Nigeria und Dahomey kreiert, später von den Voodoo-Priestern Togos übernommen. Das Orakel spielt in vielen schwarzafrikanischen Gesellschaften eine außerordentlich wichtige Rolle, es bestimmt vielfach das Leben der Menschen.

21 Attiso Mikpoagnigba III., Dorfchef der kleinen Ortschaft Amete Koueve, ist gleichzeitig geistiges Oberhaupt der Gemeinde. Seinen Zeremonienstab mit dem stilisierten Vogel holt er nur zu festlichen Anlässen aus dem Fetischhaus.

22 Im Fetischtempel sind verschiedene Altäre errichtet worden. Jeder der Fetische hat sein Symbol und seine Opferstätte. Die Gaben sind sehr individuell und reichen vom frischen Blut des Opfertieres bis zu Kreidestücken, die über den Altar geschüttet werden.

23 Der Hauptaltar wird von Geistern in Tiergestalt bewacht. Attiso Mikpoagnigba III., der sie im Auftrag der Götter selbst hergestellt hat, erklärt, daß sie die Kraft des Voodoo veranschaulichen. Durch die kleinen Götterpforten am Boden des Altars werden Speisen und Opfergaben gereicht. Eine Teekanne mit heiligem Wasser, aber auch Gin und Whisky gehören zu den täglichen Lebensmitteln für die Voodoos.

24 Totenpuppen werden von den Voodoo-Frauen überallhin mitgenommen. Sie werden nach dem Tod eines Kindes geschnitzt und bieten der herumirrenden Seele einen neuen Körper. Diese Tradition ist wie viele andere von den Yoruba übernommen, die für verstorbene Zwillinge die Ibedji-Puppen anfertigen. Die kleinen Holzfiguren werden von den Müttern wie die Kinder selbst gepflegt; sie werden gestillt, gefüttert und schlafen gelegt. Bei besonderen Anlässen dürfen sie mit auf den Tanzplatz kommen; sie werden von den Müttern am Gürtel oder am Busen mitgetragen.

Nackte Kinder laufen uns schreiend entgegen. Keine heilige Stille, keine Ehrfurcht, keine Angst vor dem Fremden. Dann der Alte, der höchste Fetischpriester von Lome. Er schaut mich an, als täte ich ihm leid in dem lächerlichen Aufzug, in den man mich gesteckt hat. Er bietet mir Platz und Gin an. Es sei üblich, dem Fetisch ein Geschenk zu machen. Kein Trinkgeld etwa, sondern stolze hundertfünfzig Mark wurden gefordert, dafür darf ich allerdings Fragen stellen und fotografieren.

Welche Illusion, zu glauben, daß man hier als Fremder, als einziger und nur ausnahmsweise etwas sehen darf! Der europäische Voyeurismus hat seinen Preis. Die Frage nach dem Echten und dem Gemachten drängt sich auf, nach dem Bezahlten oder Erlauschten, nach dem, was authentisch ist, und jenem, was man uns wie Theater anbietet, zu einem Preis, der einen Logenplatz in der Metropolitan Opera gerechtfertigt hätte.

Hat Marcel Griaul sein Stieropfer bei den Dogon erkauft? Oder hat er es kraft seiner politischen Stellung erzwungen? Hubert Fichte hat in den Candomblées, den Voodoo-Tempeln Brasiliens für sein Dabeisein bezahlt. Sollte ich eine Ausnahme bleiben? Oder sollte die Voodoo-Kirche Afrikas eine Ausnahme sein und als einzige der Welt kein Geld nehmen? Sollte das Gebet im Stephansdom nicht echt sein, weil anschließend jemand mit dem Klingelbeutel herumgeht?

Der König muß sterben

Aus den Häusern kommen Frauen in langen Tüchern, barbrüstig, mit Kaolin bemalt, und junge Mädchen, nackt, nur einen Faden durch die Vagina gezogen, der hinten und vorn an einem Gürtel von Glasperlen, Plastikschnüren und Kauris befestigt ist. Männer scheint es keine zu geben. Nur alte Frauen mit hängenden Brüsten und schwitzenden Gesichtern, mit Messingarmreifen und Kupferringen gegen Schlangenbisse und Dämonen.
Ich solle mich niedersetzen, meint der Alte und öffnet die Flasche Gin, die ich mitgebracht habe. Dann die Begrüßungszeremonie. Ein randvolles Glas, aus dem er drei kleine Schluck auf den Boden gießt. Einen für uns, den anderen für die Ahnen und den dritten für die Erde, die uns einmal aufnehmen wird ...
Am Abend bei Aholu. Es ist schwül in dem kleinen Zimmer, in dem Aholu lebt und arbeitet. Auf der Nähmaschine steht eine Petroleumlampe, auf der Sitzbank liegen einige Bündel von Stoffen, die von seinen Kunden hier deponiert wurden. Aholu ist Schneider, und er freut sich, daß ich das Hemd trage, das er vor einigen Wochen für mich gemacht hat. Sein Name ist der Name eines wichtigen Gottes, so erzählt er, und er hat Gott und Namen erhalten, obwohl seine Familie einer anderen Tradition angehört, der des heiligen Waldes. Seine Eltern haben, als er ein Säugling war, seine Überempfindlichkeit auf warmes Waschwasser bemerkt und Afan, das Orakel, um Rat gefragt. Afan hat bestimmt, daß das Kind dem Gott Aholu zu weihen sei und dessen Namen tragen soll.
Ich habe mein kleines Tonbandgerät auf die Nähmaschine gelegt, denn Aholu wollte heute sein Versprechen einlösen, mir etwas über den heiligen Wald zu erzählen.
Er lehnt sich bedeutungsvoll in seinen Stuhl und sagt: »Das Wichtigste, was du wissen mußt, ist der Name des Gottes, der den heiligen Wald beherrscht. Es ist Togbe Gnigblin, der mächtigste aller Fetische. Er stammt ursprünglich nicht aus Lome. Während eines Krieges vor unendlich langer Zeit kam er aus dem Dorf Adja in Dahomey. Auch hier war er nur einige Zeit, aber niemand kann sagen, von wo er gekommen ist, bevor er in Adja war.«
Aholu schmunzelt, als sei ihm etwas Komisches eingefallen. Dann sagt er mit der Geste des Lehrers, der seinen Schüler überfordert hat: »Eigentlich ist unser Gott weiblich, und demzufolge müßte er Tagbe heißen. Aber der Name Togbe hat sich so eingebürgert, daß niemand mehr darüber nachdenkt. Das Symbol des Gottes ist ein Stein, obwohl Togbe die Gestalt eines Panthers hat. Er selbst wählt die Könige im heiligen Wald.
Es gibt drei Könige, die nacheinander die Herrschaft antreten müssen. Der erste heißt

Agboli, der zweite Togbo und der dritte Abaga. Wenn Abaga tot ist, heißt der folgende König wieder Agboli. Die Regierungsperiode eines Königs dauert drei Jahre. Wenn diese Zeit vorbei ist, stirbt er. Togbe Gnigblin erscheint in der Gestalt eines Panthers und frißt ihn.«
Ich bin sehr erstaunt über die Geschichte und unterbreche Aholus Erzählung. Wie frißt er ihn? Mit Haut und Haaren? Verschwindet der König, oder findet man seinen zerfetzten Leichnam?
Aholu lächelt geduldig. »Natürlich nicht so, wie du dir das vorstellst. Er frißt ihn nur symbolisch. Seine Leiche bleibt dabei unversehrt und wird von den Gläubigen bestattet.«
Ich unterbreche ihn wieder. Stirbt denn tatsächlich alle drei Jahre der König, oder ist das die Überlieferung einer vergangenen Zeit?
»Er stirbt auch heute noch, wenn seine drei Jahre vorbei sind. Nur der jetzige König, Togbo, konnte nicht sterben, weil er etwas falsch gemacht hat. Dadurch ist er jetzt seit fünf Jahren an der Macht. Das ist eine Strafe für ihn.
Wenn er eines Tages sterben wird, dann ruft man alle Gläubigen zusammen, und es werden den Frauen des heiligen Waldes Schnitte im Gesicht beigebracht, Skarifikationen, die genau erkennen lassen, in welcher Epoche die Frau dem heiligen Wald angehört hat. Die Gottesdienerinnen dürfen nicht länger als drei Jahre im Wald bleiben, dann sollten sie in ein profanes Leben überwechseln und heiraten.
Der König kommt immer aus Togoville. Dort wird er bestimmt und geht dann in den heiligen Wald nach Lome. Da Gott selbst den König wählt, hat dieser keine Möglichkeit, die Berufung abzulehnen. Es wäre auch sinnlos, davonzulaufen, denn Togbe Gnigblin würde ihn zurückholen, egal, wo er ist.
Ich selbst würde auch gern ins Ausland reisen, aber ich habe dir schon erzählt, daß es mir verboten ist, und wenn ich dennoch ginge, so würde ich unterwegs zugrunde gehen.«
Während Aholo noch spricht, bringen seine zwei kleinen Söhne Cola für uns. Er hat sie zu seinem Bruder geschickt, der vor kurzem eine Bar an der Lagune eröffnet hat. Aholu erinnert mich daran, daß ich mit seiner alten Mutter, als ich zum erstenmal da war, getanzt habe. Wir amüsieren uns bei dem Gedanken an diesen Abend.
»Sag mir, Aholu, warum gehen die Frauen im heiligen Wald nackt?«
»Das verlangt Gott von ihnen. Der König darf nicht nackt gehen, aber alle, die zu ihm kommen, müssen es. Du mußtest dich auch ausziehen, als du deine Fotos gemacht hast. Unlängst war ein Forscher hier, der zum König wollte. Er kam aber nicht bis zu ihm, weil er sich nicht ausziehen wollte!«
Aholu biegt sich vor Lachen, und seine Augen glänzen, als freute er sich über den Sieg, der da errungen wurde.

Ich erinnere mich an einen Nachmittag im ›Hotel Tropicana‹. Plötzlich kamen Soldaten herein, gingen schnurstracks zum Nacktbadestrand und verhafteten ein Häufchen ängstlicher Touristen. Mit Handtüchern ärmlich behangen, wurden sie mitgenommen, und es war ein endloses Palaver, ehe sie wieder freikamen. Bis zu diesem Zeitpunkt war das Nacktbaden an diesem Platz erlaubt. Ich erzähle Aholu die Geschichte, um ihn zu provozieren, um zu hören, was er darüber denkt.

»Das ist ganz klar! Touristen haben keine Macht. Hier im heiligen Wald ist die Nacktheit ein uraltes Gesetz, und jeder weiß das. Auch die Regierung. Man weiß auch, daß Togbe Gnigblin stärker ist als die Regierung, und niemand würde es wagen, seine Ruhe zu stören.«

Später erfahre ich, daß der heilige Wald nur hundertfünfzig Gläubige hat – eine winzige Zahl –, und ich wundere mich, mit welcher Selbstsicherheit Aholu seinen Standpunkt vertritt. Ich erinnere mich an die Worte von Susanne Wenger, die sagte, daß die traditionellen afrikanischen Gesellschaften ihre Selbstsicherheit aus dem Wissen schöpfen, daß sie jederzeit ihre physische Existenz in eine metaphysische wandeln können. Daß sie im Wechselspiel mit den Göttern stark werden, deren Identität sie sich ausleihen. Die Magie des Animismus oder die des Voodoo gibt ihnen das Vertrauen.

29 Der große Fetisch des heiligen Waldes gilt als der mächtigste in Lome. An wichtigen Feiertagen bringen die Frauen des Kultkreises ein Opfer und tanzen unter den Bäumen, die von Geistern und Genien bewohnt sind.

30 Nacktheit ist Voraussetzung für den Eintritt in den heiligen Wald. Nur der König darf Kleidung tragen. Alle anderen entblößen zum Zeichen ihrer Demut den Körper. Nur Ketten und besondere Tücher sind den Gläubigen erlaubt. Der Fetisch des Waldes duldet keine Trommeln. Die Frauen haben es gelernt, die komplizierten Rhythmen mit den Händen zu klatschen oder auf kleine Erdhügel zu schlagen.

31 Im heiligen Wald sind Gegenstände der modernen Welt verpönt. Kalebasse und Tonkrug werden seit Jahrhunderten als Wasserbehälter und Trinkgefäß verwendet.

32 Der Tanz hat begonnen. Frauen und Kinder dominieren, Männer haben andere Aufgaben. Während im Wald das Opfer vorbereitet wird, mischt sich unter den feinen Gesang der Gläubigen das Hupen der Taxis und das Donnern der Lastwagen von der nahen Hauptstraße.

33 Heiliges Wasser für die Götter der Erde und eine Rastpause für die erschöpften Tänzerinnen, dann geht das Fest weiter. Vier Tage wird getanzt zu Ehren und zur Freude des Leoparden, des mächtigen Beschützers des Waldes.

34, 35 Kaurimuscheln und Glasperlenketten sind die Attribute der Tänzerinnen. Die Traditionen des heiligen Waldes sind dem klassischen Animismus verwandter als dem Voodoo.

36, 37 Zwei alte Medizinmänner sind damit beschäftigt, den Gläubigen den bösen Geist auszutreiben. Futterale mit magischen Inhalten werden jedem der Besucher unter die Achseln und auf den Rücken geschlagen. Diese Zeremonie wiederholt sich im Laufe des Festes mehrmals. Die Männer des heiligen Waldes tanzen nicht, sie flankieren die Tänzerinnen und unterstützen deren Bemühungen durch Gebete.

38 Außerhalb von Lome in der Ortschaft Avepotzo feiert eine kleine Kultgruppe eine Zeremonie, die formal und in bezug auf die Ausstattung mit der des heiligen Waldes vergleichbar ist. Der Fetischeur hat kleine Figuren vorbereitet, die ihn bei seiner Arbeit unterstützen sollen. Ritualeisen wurden eingepflanzt, um darauf den Göttern, die in Vogelgestalt erscheinen, Speisen anzubieten.

39–41 Die Tänzerinnen haben ihre Körper mit Kaolin weiß bemalt. Man erwartet die Ankunft der Voodoos, der Götter, die eines der Mädchen ergreifen werden. Nach der rituellen Verwandlung der Tänzerin in einen Gott wird dieser aus ihr sprechen und Hinweise geben, die direkt oder übersetzt durch das Orakel Antworten auf wichtige Fragen sind.

42, 43 Der Gott hat ein Mädchen genommen. Priester und Tänzerinnen umsorgen sie, damit die Trance den gewünschten Verlauf nimmt.

44 Das Mädchen hat seine Identität verloren. Für einige Zeit ist der Gott in den Körper eingezogen und verkündet seine Wünsche. Fetische und Ritualeisen im Vordergrund unterstützen die Zeremonie.

Totenfest für Anani Bo

Die Zeremonie in Togo-Ville wurde abgesagt. Das Orakel und die ungünstige Konstellation der Sterne, verdächtige Wolkenformationen und der nächtliche Besuch einer Eule sprachen dagegen. Auf dem Rückweg die kleine Ortschaft Glidji – ich hatte vor Wochen hier einem Fetischfest beigewohnt – war ausgestorben, Hühner, Ziegen, die schwüle Luft eines späten Sonntagnachmittags. Dann in der Stille Trommelgeräusche und der Gesang von Frauen. Langgedehnte Rufe. »Yaaaao! Yaaaao!«

Ich parke das Auto und gehe zu den Fetisch-Heiligtumern an die Lagune. Hier kennen mich die Leute; Anani Bo, der alte Fetischpriester, hatte mich einige Male zu seinen Zeremonien eingeladen.

Zwei Taxis halten, ihnen entsteigen etwa zwanzig festlich gekleidete Männer, Ghanesen, mit goldenen und schwarzen Zeremonienstäben. Langsam ziehen sie an mir vorbei, hinunter zu den Fetischhäusern.

Eine alte Frau erkennt mich wieder. »Jowo, Weißer«, ruft sie und klatscht vergnügt in die Hände, »kommst du zum Begräbnis? Anani Bo, der große Priester, ist tot.«

Vor einigen Wochen habe ich ihn noch fotografiert und ihm das Versprechen abgerungen, seine Gottesurteile sehen zu dürfen. Nun komme ich in dem Moment, da man ihn zu Grabe trägt.

Ich begrüße den alten Würdenträger, der letztesmal beim Opfer geholfen hat. Er ist beschäftigt, er hat keine Zeit für mich. Dann die Schwester des Toten, weiß gekleidet. Ihr riesiger Kropf läßt sie grotesk erscheinen in der Trauerkleidung. Die alten Männer: Bogla, Afawoubo und Lare. David fehlt, er ist krank. Salami begrüßt die Abordnung aus Ghana.
Es sind keine Ashanti, werde ich belehrt, sie tragen nur ähnliche Zeremonienstäbe. Ihre Tücher sind verschiedenfarbig, nicht schwarz und rot wie die der Ashanti. Sie kommen aus Accra. Angehörige der Familie.
Auch die Vorfahren von Anani Bo kamen aus Accra, im Jahr 1680. Woher man das weiß? Man hat sich das Jahr gemerkt! Damals brachten die Vorfahren auch die beiden Fetische mit: Mama Kole und Ata Kpessou.
Salami bittet um Ruhe. Er nimmt die grüne Gin-Flasche und schüttet die Hälfte des Inhalts auf den Boden. Für die Erde, die den Toten gütig aufnehmen soll. Dann füllt er eine kleine Kokosschale und trinkt nervös. Er beginnt zu sprechen. Einige Frauen weinen, andere lachen fröhlich, als hätten sie nichts mit der Feier zu tun. Ein Kind, das ein noch kleineres auf dem Rücken trägt, wird weggeschickt. Das Kleine hatte zu weinen begonnen. Der Ziegenbock, der an einer der Sonnendachsäulen angebunden ist, blökt in die Rede und wird durch Schläge auf die Schnauze zum Schweigen gebracht.
Die Huldigungen des Toten sind zu Ende, ihnen folgen allgemeines Gemurmel, Gebete und auch Gelächter. Die Frauen knien auf dem Boden, spreizen ihre Finger in den Sand und rufen ein langgestrecktes »Yaaaao! Yaaaao!«.
Nach dem Abzug der Verwandten wird die Stimmung fröhlich. Ein alter, sehr gebildeter Herr setzt sich neben mich und fragt das übliche Woher? Wohin? und Warum? Dann erzählt er:
»Anani Bo war einer der wichtigsten Fetischeure in Togo. Man kannte ihn und achtete sein umfassendes Wissen auf den Gebieten der Pflanzenkunde und der Traditionen. Er machte Glidji zu einem religiösen Zentrum. Er war geachtet, auch von Andersgläubigen, die sich in seiner Todesstunde mit ihm solidarisch erklärten. Viele, die hier der Trauerfeier beiwohnen, sind Christen, einige Voodoo-Leute, er selbst war Animist. Morgen werden wir in der protestantischen Kirche eine Messe für ihn lesen. Ich selbst bin Christ. Es gibt viele, die Christen geworden sind, wegen der Kinder, die haben es dann in der Schule leichter. Aber wir alle gehen auch zum Fetisch oder zum Voodoo. Glidji ist ein kleines Dorf, aber wir sind hier miteinander solidarisch. Morgen sitzen alle Fetischeure des Bezirkes Anecho in der Kirche.
Der Leichnam von Anani Bo liegt in seinem Haus. Es gibt hier mehrere Friedhöfe, solche für Christen und auch andere. Wahrschein-

lich wird er im Hof seines Hauses bestattet, das wird heute noch bekanntgemacht. Das große Totenfest findet erst in einigen Monaten statt, ich glaube im September. Das wird ein rein animistisches Fest.
Es gibt am Eingang unseres Dorfes einen sehr starken Fetisch. Auch hier, in dem weißen Haus, ist ein sehr gefährlicher Fetisch. Er wird heute nacht beopfert. Er ist ein Teufel!«
Warum opfert man dem Teufel? Warum nicht den guten Kräften?
Der alte Herr lächelt mitleidig: »Haben Sie schon einmal einen Geisteskranken gesehen, hier bei uns in Afrika? Da gibt es verschiedene Typen. Die harmloseren sind die Nackten. Wenn ihnen so ein nackter Mann oder auch eine Frau begegnet, brauchen Sie keine Angst zu haben. Diese Leute sind vom Teufel besessen.
Dann gibt es aber eine andere Art von Besessenen, in ihnen leben Dämonen. Das sind die Verrückten, die sich mit Metallteilen behängen – Fahrradketten, Schrauben, Blechdosen, Zahnrädern – so viel, daß sie unter der Last fast zusammenbrechen. Diese Metallteile sind Fetische*, falsche Fetische jedoch, die den Dämonen dienen, nicht den Menschen.

* Hier wird der Begriff ›Fetisch‹ mißverstanden. Die Metallteile werden als Träger magischer Kräfte verstanden, die die Dämonen protegieren. Es handelt sich also um negative Amulette.

Die Dämonen sind es, die den Besessenen befehlen, sich falsche Fetische zu suchen. Je mehr er sucht, desto weniger kann er von seinen Zwängen befreit werden. Die Dämonen werden immer stärker. Diese Leute werden dann bösartig und greifen andere an. Das würden die Nackten, die vom Teufel Besessenen, nie tun. Ihnen kann man auch leichter helfen.
Anani Bo war ein Meister der Teufelsaustreibung. Zu ihm kamen die Leute von weit her. Aus Ghana, sogar aus Lagos.«

Ein Kraut gegen den bösen Geist Ich erinnere mich: Ich habe im Januar auf diesem Platz, unter diesem Sonnendach eine Teufelsaustreibung fotografiert, ohne zu wissen, was eigentlich geschah.
Es waren einige Familien anwesend, viele Kinder, einige Frauen und alte Männer. Zu Beginn der Zeremonie wurde ich in den Tempel gerufen. Ich sollte erst ein Einweihungsgetränk zu mir nehmen und ein Opfer bringen. Ein Huhn genügte. Dann vergaß mich das Kollektiv; ich saß unter den Leuten und beobachtete das Treiben.
Eine große Holzschüssel, sieben verschiedene Kräuter, Gin aus grünen Flaschen und weiße Farbe. Trommeln und Metallglocken, das monotone Singen der Frauen, Zwischenrufe des Priesters und erste zaghafte Tanzversuche. Es tanzten zwei Frauen, eine alte, dem Fetisch angehörige, und die Kranke.

Der Tanz dauerte lange. Stunden des Wartens, in denen sich monotone Gesänge wiederholten. »Hört ihr uns, ihr Fetische von Togo? Wir rufen euch! Kommt zu uns, ihr Fetische von Togo, wir brauchen euch!«
Dann die Kranke, allein und mit dünner Stimme: »Aholu, wenn ich deiner würdig bin, komm zu mir und befreie mich von den bösen Kräften, die mich besitzen.«
Es wird Abend, Aholu hat die Kranke nicht erhört. Nun greift Anani Bo zu einer List. Er kennt die Namen der Teufel, er ruft sie alle, und plötzlich, als er den richtigen errät, den, der in den Kopf der Frau eingezogen ist, bricht diese zusammen. Sie wird mit Kräuterwasser gewaschen und aufgerichtet; sie steht wieder, sie tanzt wieder, schneller als zuvor. Der Trommelrhythmus wird hektischer, der Gesang der Leute intensiver. Die Frau dreht sich, sie tanzt und tanzt, verläßt den magischen Kreis, läuft hinaus auf den Platz, hinunter zur Lagune. Einige Männer folgen ihr. Die Trommler und Sänger bleiben auf ihren Plätzen.
Ich will mitlaufen, werde aber zurückgehalten. Ein alter Man hat mich beim Arm genommen. Dann kommt sie wieder, gestützt von den anderen. Sie lächelt, sie lacht, sie geht zu den Sängern und Trommlern, sie kommt zu mir und zu den alten Männern, sie schüttelt uns die Hand und sagt immer wieder: »Ich danke euch, daß ihr mir geholfen habt!«

---

49 Der Priester hockt in der kleinen Pforte des Fetischheiligtums. Die Zahl 1680 erinnert an das Jahr, in dem die Fetische Mama Kole und Ata Kpessou von Accra hierher gelangten. Viele Bewohner von Glidji sind vor Generationen aus Ghana eingewandert. Da es in Afrika keine Geschichtsschreibung gibt, müssen die auf den Mauern der Fetischheiligtümer angegebenen Daten als Fiktionen angesehen werden.

50, 51 Eine Patientin wird behandelt. Bei »übernatürlichen« Krankheiten ist es üblich, den Fetisch zu besuchen. Der Medizinmann, der häufig auch der Priester ist, hat einen Pflanzenabsud für die rituelle Waschung vorbereitet. Die in leichter Trance befindliche Patientin wird mit dem Medikament gewaschen, dann tanzt sie für den Fetisch.

52 Ein Würdenträger und Priester aus Glidji.

53 Seit Menschengedenken sind die Fetische Mama Kole und Ata Kpessou in sicheren Fetischhäusern untergebracht. Innerhalb der Mauern gibt es auch Kammern, in denen Kranke auf ihre Genesung warten. Initiationen werden ebenfalls in den tabuisierten Fetischkammern eingeleitet. Oft leben die Einzuweihenden mehrere Monate im klösterlicher Abgeschiedenheit, bis sie vom Priester für würdig erachtet werden, dem Voodoo-Kreis beizutreten.

54 *Oben:* Egou, der Gott des Eisens und der Verursacher von Verkehrsunfällen, wird in diesem gemauerten Rund täglich beopfert. Metallstücke verunglückter Autos, Ritualeisen und Schrott sind seine Symbole, die mit rotem Öl übergossen werden.
Unten: Legba ist der Soldat, der Wächter, der den Charlatan benachrichtigt, wenn Gefahr droht.

55 Eine Vielzahl geheimer Kräuter ist notwendig, um einen wirksamen Pflanzensud zu brauen. Die Schnapsflasche gehört zu den unvermeidlichen Zutaten der Voodoo-Zeremonien. Trotz großen Wissens auf dem Gebiet der Pflanzenkunde spielt diese keine so bedeutende Rolle wie im amerikanischen Voodoo.

56 Der Wächter von Dörfern und Feldern trägt einen gewaltigen Phallus. Macht und Stärke sind identisch mit Potenz und Sinnlichkeit.

ACCRA-G
1660 VADO GLIDJI-KPODJI
26-8-1680

MAMA KOLE/ (1)
EYE NYI EKPEA BETỌ
LE GLIDJI-KPODJI

Ein Vermögen für die Nixe

Afi Kodjohu, Hausangestellte in Lome: »Was wir machen, ist kein Voodoo. Vielleicht könnte man es eine Abart nennen. Mami Wata sind Nixen, halb Frau, halb Fisch. Ihnen ist unser Kult geweiht. Wir verwenden kein rotes Öl und auch kein Blut.
Ich werde meine Zeremonie erst im Mai machen, denn ich habe noch nicht genug gespart. Die Zeremonie kostet 40 000 CFA-Franc. Ich verdiene als Hausangestellte 7000 CFA-Franc im Monat.
Nach meiner Scheidung besuchte ich eine Fetischpriesterin, die mir eine Mami-Wata-Zeremonie empfahl. Ich hoffe, dann von den nächtlichen Angstvorstellungen befreit zu sein. Im Traum erscheinen mir öfter Nixen, die mich ins Wasser ziehen wollen. Seit meiner Scheidung lebe ich allein, ich habe Angst.
Die Fetischpriesterin heißt Mamissi* Kokoe und wohnt an der Lagune in Bé. Ich brauche für die Zeremonie zwölf Dosen französischen Puder von zwei verschiedenen Sorten, zwölf Flaschen Parfum der Marke ›Reve d'Or‹, zwei weiße, geblümte Tücher, vier Kerzen, zwölf Eier, zwei Kämme, zwei Spiegel, zwei Tassen, zwei kleine Löffel, zwei Gabeln, zwei Bibeln, zwei Rosenkränze, zwei Sonnenschirme, zwei Gebetsmatten, zwei Silberringe und zwei Ketten mit stark glänzenden Anhängern. Eine der Ketten trage ich am Donnerstag und am Freitag. Die Hälfte aller Waren wird bei der Zeremonie ins Meer geworfen. Die andere Hälfte darf ich behalten. Ich errichte in meiner Wohnung einen Altar, auf dem ich alles aufbaue. Ich darf den Puder und das Parfum verbrauchen, aber ich muß es von Zeit zu Zeit ergänzen.
Zur Zeremonie kommen meine Verwandten aus Tabligbo. Es müssen viele sein, sonst zieht mich die Nixe ins Wasser. Die Fetischpriesterin legt eine rote Fahne aufs Wasser. Dann teilt sich das Meer, und man sieht die Nixe. Nur einen kleinen Moment lang. Nicht alle sehen sie, nur die Priesterin und ich und einige Eingeweihte. Ich darf selber vor und während der Zeremonie keinen Alkohol trinken. Die Familienmitglieder trinken Dubonnet und Champagner. Man darf auch fotografieren, aber man muß sehr schnell sein, denn die Nixe zeigt sich nur einen Augenblick.
Die Nixe wird mir ein Geschenk machen, ein Haar oder einen Spiegel. Wenn sie mir einen Spiegel schenkt, kann ich darin die Zukunft sehen, der Spiegel kann meine Fragen beantworten. Er tut es nachts, während ich träume.
Ich kenne zwei Personen, die diese Zeremonie gemacht haben. Es hat ihnen geholfen.

* ›Mamissi‹ ist der Begriff für eine Schlangenpriesterin. Ihr Rang liegt weit über dem der Voodoosi, die Fetischdienerinnen sind.

Ich wollte die Zeremonie schon früher machen, aber es fehlte mir das Geld. Meine Familie war dagegen, daß ich ein Grundstück verkaufe. Meine Familie hätte mir geholfen, aber sie sind selber arm. Mein Vater, aber auch die anderen glauben, daß die Zeremonie gut ist für mich.
Bevor die Fetischpriesterin mit den Zeremonien begonnen hat, war sie immer pleite. Sie wurde oft wegen ihrer Schulden am Kommissariat verprügelt. Jetzt geht es ihr gut.
Die Priesterin mag Europäer gerne, Nixen sind auch Europäer.
Am Freitag darf ich kein Salz und keinen Paprika essen. Ich halte mich nicht immer daran, deshalb geht es mir auch nicht immer gut.
Nach der Zeremonie werde ich Dosi heißen. Dosi ist dann mein Gott, und ich werde seinen Namen tragen. Jetzt heiße ich Afi, weil ich an einem Freitag geboren bin. Wäre ich am Samstag geboren, hieße ich Amivi oder Amejo, am Sonntag Acossioua, am Montag Adjo oder Adjoa, am Dienstag Abla, am Mittwoch Acou und am Donnerstag Eja oder Ajaoua.«
Afi Kodjohu glaubt, daß sie siebenundzwanzig oder neunundzwanzig Jahre alt ist. Sie ist katholisch und vom Erzbischof getauft, aber es existiert keine Taufurkunde, aus der man das Alter ersehen könnte. Sie wurde kommuniziert, gehört zum Stamm der Ewe, ihr Geburtsort ist Tabligbo in Togo.

Besuch bei Mamissi Kokoe

Afis Mami-Wata-Zeremonie muß verschoben werden, sie hat das Geld noch nicht beisammen. Die Priesterin hat einen neuen Termin festgelegt. Inzwischen hat Afi meinem Drängen nachgegeben und ist nun bereit, mich der Priesterin vorzustellen.

Freitag, 28. April 1978 Bé liegt im Dunkel, gelegentlich erhellen ein paar Autos die Straße mit ihren Scheinwerfern. Afi meint, man solle zu Fuß gehen, und läßt ein anhaltendes Taxi passieren. Wir stolpern im Dunkel am heiligen Wald vorbei auf die Rue Chef Aklasso, dann bis zur Lagune und wieder in eine dunkle Gasse.
Wir gehen fast zwanzig Minuten, dann erreichen wir ein großes Sonnendach, das bis halb in die Straße reicht. Unter dem Vordach ein Eingangstor, das groteske Verzierungen trägt und ein Schild mit der Aufschrift: »Sie betreten hier den heiligen Bereich der Priesterin Mamissi Kokoe. Bitte respektieren Sie unsere Vorschriften und entledigen Sie sich Ihrer Schuhe, entblößen Sie Ihren Oberkörper.«
Vor der Türe stehen zahlreiche Voodoosi, ältere Männer und dicke Frauen mit weißen Kopf- und Lendentüchern. Afi geht voraus. Ein schmaler Vorhof mit einigen Fetischkammern und Ritualeisen endet unter einem Wellblechdach. Links ein großer Tisch mit

zahlreichen Holzfiguren, rosarot, hellblau und schwarz bemalt. Skurrile Gestalten, mit seltsamen Mißbildungen oder Auswüchsen. Eine Frauengestalt mit nur einem Auge, einer Brust, einem Bein und einem Arm, daneben eine Götterfigur mit drei Köpfen, eine verkrüppelte Antilope, ein Inder, der eine hellblaue Trommel schlägt, auf der ›Togo‹ steht. Schlangen, die Schildkröten im Maul halten, viele Männer mit Säbeln, Kugelbäuchen und Tropenhelmen. Ich habe den Eindruck, es handelt sich um einen Verkaufsstand. Rechts eine Sitzbank, auf der Frauen und Kinder gelangweilt unser aufdringliches Interesse verfolgen.

Etwas weiter unterm Blechdach ist die Wand mit Hunderten von Fotos behängt. Sie zeigen Mamissi Kokoe bei Zeremonien, in Anecho, Glidji, Lome und Accra. Die Fetischpriesterin im Kreise afrikanischer Politiker, an der Spitze der ehemalige ghanesische Staatschef, General Acheampong. Auf einigen Bildern hält sie den Dreizack Poseidons, eine Anspielung auf den Wasserkult. Fröhlich zechende Tafelrunden mit Priestern in Weiß und ganz allein beim Schlachten eines Huhnes über einer großen Blechschüssel.

Vor uns ein Tisch mit Gegenständen, die von Tüchern verdeckt sind, geheimnisvoll verschnürte Bündel, einige Bücher. Rechts auf dem Boden ein Betonsockel mit runden Öffnungen, auf der anderen Seite der kleinen Mauer ein Altar, darauf indische Götterfiguren, Puderdosen, Schnapsflaschen, vergoldeter Keramikkitsch, bunte Drucke, indische Götter darstellend, ein grau bemaltes Kreuz mit einem unbeholfenen Jesus, Gläser, Dosen, Schachteln, ein kaum überschaubarer Berg von Ramsch.

Von diesem Hauptraum führen einige Türen in Fetischkammern. Legba-Fetische, Schüsseln mit Blut, Hörner, mit Kauris beklebt und blutübergossen, Metallgegenstände und Trommeln. Über unserem Kopf Tücher aus Ghana, fabriksneu, in allen Farben und Mustern. Auf dem Boden stehen große Schüsseln mit Hunderten von Ketten. Ich frage, ob all die Sachen hier verkauft werden. Nein, das sei das Inventar der Kirche, wird mir gesagt. Stoffballen, Ewe- und Ashanti-Zeremonienstäbe, Totenpuppen und christliche Heiligenfiguren.

Die Wände sind bemalt mit Schlangen und Nixen, den Mamis*. Zwei weitere Kammern mit einbetonierten Legbas, rotbespannten Trommeln und Perkussionsinstrumenten, dann die beiden kleinen Pforten im Boden des Altares, vor denen Kaurimuscheln und weiße Kreidestücke liegen.

---

* ›Mami‹ ist der Ausdruck für die Nixe, eine Wassergottheit, der der wichtige Mami-Wata-Kult gewidmet ist. Über ihre Herkunft gibt es geteilte Meinungen. Es ist jedoch wahrscheinlich, daß die aus der germanischen Mythologie stammende Nixe als Bugfigur früherer Handelsschiffe nach Afrika gelangte. Andererseits ist es denkbar, daß sie mit rückwandernden Sklaven aus Haiti kam, wo sie in Voodoo-Kreisen verehrt wird.

Die Fetischpriesterin wird gerufen. Drei dicke Frauen kommen mit riesenhaften nackten Brüsten, weißen Tüchern und Ketten. Alle drei sehen gleich aus. Die zweite ist Mamissi Kokoe. Ich bin willkommen! »Afis Freunde sind auch unsere Freunde!« Ich muß mich setzen und werde angeschaut. Laute Diskussionen, ich verstehe kein Wort. Freundliches Lachen, die Priesterin gibt mir die Hand und schnalzt mit den Fingern. Es bleibt dabei: ich bin willkommen.

Der Himmel oder wer auch immer schickt mir in diesem Moment einen Helfer. »Sie sind Deutscher?« Ein Riese von einem Mann setzt sich neben mich. »Ich habe vier Jahre in Deutschland gearbeitet. Mein Name ist Atchikiti Yaotse.«

Er erzählt, daß er Verkehrsbediensteter in Lome sei. Er verbringe zwei Tage in der Woche hier und sei auch am Sonntag da, wenn die nächste Zeremonie gefeiert wird. Ich darf kommen!

Unser Gespräch wird unterbrochen, ein Geistesgestörter stürzt sich auf mich. Ich halte mich an der Bank, der Mann wird weggerissen, sie lachen. Der Irre* attackiert mich ein zweitesmal. Nun wird er von der Priesterin zurechtgewiesen. Er bittet mich um 25 CFA-Franc, ich suche nach der Münze und werde abermals von der Bank gestoßen. Die Leute lachen wieder. Ein alter Mann bringt einen Kräutersud und schüttet ihn dem Tobenden über den Kopf. Im gleichen Moment schlägt sein Körper hart auf den Steinboden, seine Glieder verkrampfen sich für einige Sekunden, dann steht er auf und geht davon. Sein Gott hat ihn geritten, es ist wieder vorbei. Wenig später kommt er zurück, er trägt einen Säugling im Arm, er kann sich an nichts erinnern.

Mamissi Kokoe legt mir ein Buch auf den Schoß. Ein Kassabuch mit Aufzeichnungen über Spenden. Afawoubou 175 CFA-Franc, Doh 125, Atiogbe 175. Ich blättere weiter. Es folgen Aufstellungen über eingekaufte Waren und dann ein ganzes Kapitel über die Zutaten zu verschiedenen Zeremonien. Es sind über dreißig, in verschiedenen Dimensionen und Preisklassen. Darunter stehen auch die Preise, die die Kirche für die Durchführung zu bekommen hat. Preise, die in die Hunderte Mark gehen. Man erlaubt mir, mitzuschreiben, es scheint keine Geheimnisse zu geben.

Dann beginnen einige Frauen zu singen. Formlos, denn es ist ein gewöhnlicher Wochentag. Die Voodoosi klappern mit Hölzern, Kinder und Frauen tanzen und singen zu den Trommeln.

Wir verlassen im Dunkel das Haus, nicht ohne vorher eine Spende hinterlegt zu haben. Am Sonntag soll die Zeremonie stattfinden.

* Ich hatte damals den Eindruck, es handle sich um einen Geisteskranken. Heute weiß ich, daß sich dieser Mann in schwerer Trance befunden hat.

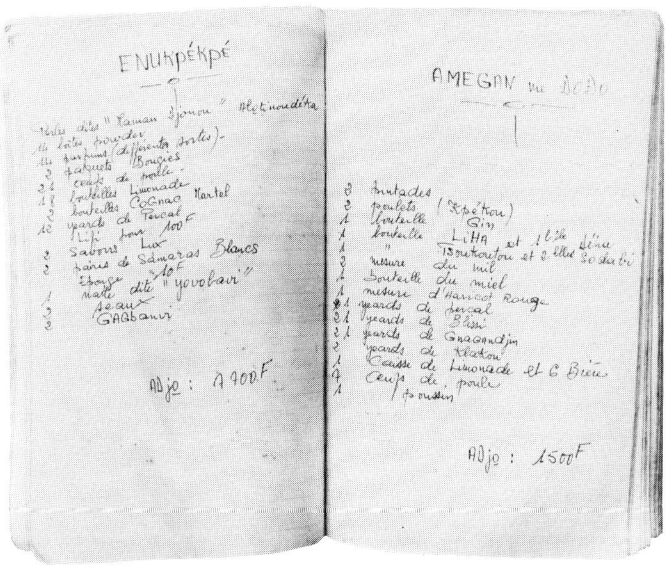

Das Rezeptbuch von Mamissi Kokoe ist handgeschrieben und umfaßt neben den erforderlichen Ritual-Zutaten die Preise der Zeremonien.

Sonntag, 30. April 1978 Viel zu früh gehe ich durch die Gassen von Bé. Ich habe mehr als eine Stunde Zeit. Ich entschließe mich, zum heiligen Wald zu gehen. Gassen, halb versandet, halb zugeschissen, Gräber, auf denen Ziegen schlafen, Hunde, Hühner und Kinder, die unermüdlich hinter mir herrufen: »Jowo, Jowo, bon soir, ça va bien, merci!« Dabei klatschen sie in die Hände und haben doch ein bißchen Angst, daß ich mich umdrehen und ihnen nachlaufen könnte.

Ich stehe vor einem bemalten Haus. Ein Hebiesso-Tempel, Ziegenschädel und weiße Tücher vor der Tür. Der Priester kennt das Ifa-Orakel, er hat das Brett mit dem bösen Gott Esho und den Palmkernen auf die Fassade gemalt. Einige Schritte weiter ein niederes Häuschen mit einem Dutzend Legba-Fetischen. Am Ende der Gasse steige ich auf einen Ziegel und sehe im Innern eines Hofes zwei große Hebiesso-Tempel, das religiöse Zentrum von Bé, am Rande des heiligen Waldes. Kein Eingang, niemand, den man fragen könnte, geheimnisvolle Stille. Der Sand wird tiefer, rechts, an einer Müllhalde vorbei, erreiche ich eine belebte Straße. Durch ein offenes Tor zeigt sich ein bemaltes Fetischhaus, Fahnen und Sitzbänke für die Gäste. Ausziehen, Gin trinken, mit der Stirn den Boden berühren, für Götter, Geister und Hebiesso.

Vor dem Fetischkloster von Mamissi Kokoe wartet schon Atchikiti Yaotse, der deutschsprechende Riese aus Lome, auf mich. Ich habe mich verfrüht, in der Hoffnung, auch einiges von den Vorbereitungen der Zeremonie mitzubekommen. Heute wird eine Frau entlassen. Sie hat drei Monate in klösterlicher Abgeschiedenheit zugebracht, um von einer schwerwiegenden Krankheit geheilt zu werden*. Heute, am letzten Tag, wird sie bemalt und geschmückt, sie wird für Sakpatea, ihren Gott, tanzen.

* Die Entlassung der Frau war nicht nur das Ende eines Heilprozesses, sondern auch die Initiation als Mamissi in den Kreis der Voodoo-Priester.

Wir gehen durch den schmalen Vorhof auf das Kloster zu. Im ersten Raum kauern Frauen auf dem Boden, das Gesicht der Fetischkammer des Schlangengottes Edan zugewandt. Darin erkenne ich im Dunkel einen Fetischpriester, der ein Opfer bringt. Ich werde in eine kleine Kammer geführt. Man verschließt rundum alle Türen und Fenster, die Priesterin Mamissi Kokoe verläßt ihren Raum und darf von niemandem gesehen werden. Rasseln, klappern, murmeln. Die Priesterin ist verschwunden, ich darf mich frei bewegen.

Oben: Voodoo-Priester genießen auch in gesellschaftlich hohen Schichten bedeutendes Ansehen. Mamissi Kokoe wird zum früheren ghanesischen Ministerpräsidenten, General Ignatius K. Acheampong, geholt, der inzwischen nach einem Militärputsch hingerichtet wurde.

Atchikiti Yaotse erlaubt mir, ihn Charles oder Peter zu nennen, das könne ich mir vermutlich leichter merken. Er lädt mich zu einer Führung durch das Kloster ein. Dazu muß er mir zuerst die verschiedenen Götter erklären.
Sobo ist identisch mit Hebiesso*. Er wird hier als der Hauptgott angesehen. Er hat die Menschheit und die Erde erschaffen. Im Fetischkloster von Mamissi Kokoe hat er aber auch den Charakter eines Gottes der Gerechtigkeit, der belohnt und bestraft. Wenn einer gestohlen hat, ruft man Sobo an. Für ein angemessenes Opfer ist er bereit, den Dieb zu töten.
Egou ist der böse Gott, der die Menschen in Unfälle verwickelt. Ihm opfert man vorbeugend, damit nichts passiert.
Edan ist der Schlangengott, der Krankheiten verursacht, aber auch heilt. Durch Anbetung und Opfer kann er veranlaßt werden, einem Feind eine Schlange zu schicken, die ihn tötet. (Es gibt in den Voodoo-Kulten viele negative Götter**, denen man nicht aus Liebe, sondern aus Angst opfert.)

* Sobo ist nur bei Mamissi Kokoe identisch mit Hebiesso. In anderen Tempeln ist er unbekannt, oder er hat andere Aufgaben.
** Der Begriff ›Götter‹ ist hier gleichbedeutend mit dem Begriff ›Fetisch‹ oder ›Voodoo‹. Alle diese Begriffe umschreiben eine Wesenheit, die im Physischen wie im Metaphysischen vorhanden sein kann. Sie ist nicht im eigentlichen Sinne Gott, hat aber göttliche Anteile. Sie ist nicht Mensch, hat aber auch menschliche Aspekte. Schließlich ist sie auch im Materiellen vorhanden.

Ata Kpessou* ist der Gott der Landwirtschaft. Er bestimmt die Fruchtbarkeit der Felder, läßt Regen- oder Trockenperioden über die Menschheit kommen. Es gibt eine ganze Reihe von Regenzeremonien, die ihm geweiht sind. Außerdem wird er für Alpträume und Angstzustände verantwortlich gemacht.
Amegan ist der Pockengott, vergleichbar mit Bata, dem Pockengott der Yoruba.
Mami ist die Nixe, halb Fisch, halb Frau, eine Meeresgöttin, der die Mami-Wata-Zeremonie geweiht ist.
Atchamba ist der Fetisch der alten Leute.
Tro Kunde ist eine Götterfigur, der ein legbaähnlicher Fetisch geweiht ist. Ihm opfert man Kolanüsse.
Kpodogli ist ein Bruder von Amegan, ein Krankheitsgott.
Akiti ist einer der bösartigen Fetische, er verursacht Geisteskrankheiten.
Das erste Fetischhaus am Eingang ist Sobo geweiht. Charles zieht den Vorhang zur Seite. Ein unappetitlicher Haufen, aus dem spitze Eisen herausragen, wird sichtbar. In der Ecke der Kammer eine Reihe kleiner Krüge, mit Deckeln verschlossen, mit Blut beopfert.

* Ata Kpessou wird hauptsächlich in der Gegend von Glidji verehrt. Der Überlieferung nach ist er von Ghana mitgebracht worden, als eine Gruppe von Emigranten während eines Krieges von Accra flüchtete. Seine Zuordnung zur Landwirtschaft habe ich nur im Tempel von Mamissi Kokoe vernommen.

Die nächste Kammer gehört Egou. Er lebt in einem blutverkrusteten Fetisch, aus dem schwere Eisenketten hängen. Im Hintergrund viele Metallteile, eine Fahrradbalance, Zahnräder und Knochen, die auf die Unfälle hindeuten, die Egou verursacht hat.
Die folgende Kammer ist verschlossen. Sie gehört Edan, aber wir dürfen nicht eintreten. Vor seiner Tür liegt zur Hälfte vergraben eine große Betonkugel, aus der eine Eisenkette herausquillt. Dieser Fetisch versinnbildlicht alle Götter gemeinsam.
Hier fällt Charles ein, daß er in seiner Aufzählung einen der Götter vergessen hat: Apeli, der in einer viereckigen Betonumrandung sitzt, mit großen Muschelaugen und Dutzenden Spießen und Haken, die ihm in den Kopf geschlagen sind. Innerhalb seiner Ummauerung stecken noch mehrere Ritualeisen flankierend im Boden. Wir gehen weiter.
Vor einer verschlossenen Tür erfahre ich, daß hier Ata Kpessou wohnt, der Gott der Landwirtschaft. Ich darf in die Kammer nicht hineinschauen.
Vor uns auf dem Boden sitzen Frauen und bemalen die Patientin. Kaolin, in Wasser gelöst, wird auf ihre Haut gestrichen. Nach einiger Zeit kratzen sie feine Muster in die Farbe. Über den Rücken werden zwei dicke rote Striche gezogen. Die Gelenke der Frau sind mit Ketten und Metallreifen behängt.

65 Mamissi Kokoe, eine der wichtigsten Fetischpriesterinnen von Lome, stellt sich in ihrem Festgewand dem Fotografen.

66 Im Kloster von Mamissi beschäftigen sich Kranke mit heiligen Übungen. Die Voodoos, die Fetischgötter, werden verschiedenartig dargestellt. In diesem Fall ist es ein Reiter, der stundenlang am Kopf gehalten wird.

67 Vor der Kammer von Edan wartet eine Frau auf ihre Genesung. Das Haus ist voll von kleinen Räumen, die den einzelnen Göttern geweiht sind.

68 Diese Bilder zeigen die Vielfalt der heiligen Geräte. Aus unterschiedlichsten Kulturkreisen hat der Voodoo seine Anleihen genommen. Der gekreuzigte Jesus befindet sich in der Nachbarschaft eines indischen Gottes, der von den Voodoo-Anhängern als Nana Densu bezeichnet wird. In der Vorstellungswelt der Togolesen ist er der Mann von Mami, der Nixe, die aus Europa kommt. Der gedeckte Tisch oben rechts gehört der Wassergöttin Mami. Sie gilt als eitel und kapriziös und liebt teure Parfums, Puder und Likör. Alle hier angehäuften Gegenstände bleiben unangetastet als Besitz von Mami. Nur an hohen Feiertagen und zum Anlaß persönlicher Feste werden die Geschenke ins Meer oder in die Lagune geworfen. Mamissis sind Priesterinnen, die dem Mami-Wata-Kult angehören und sich wie Mami selbst eitel, verschwenderisch und als Liebhaberinnen teurer Duftstoffe gebärden.

69 Die Totenpuppen von Mamissi Kokoe werden gefüttert. Einmal am Tag werden die Verstorbenen (durch diese Puppen repräsentiert) zum Essen gebracht. Sie bekommen Bohnen, Hühnerfleisch und rotes Palmöl. Später werden sie gewaschen und zu Bett gelegt.

70 Eine Mamissi wird eingeweiht. Sie hat alle Ketten und Zutaten besorgt, die die Zeremonie verlangt. Hinter der Frau wurden die wichtigsten Fetische aufgestellt, damit sie den Vorbereitungen den nötigen Schutz angedeihen lassen.

71 Der Dreizack ist das Symbol der Nixe Mami. Ihre Priesterinnen tragen den Dreizack bei feierlichen Anlässen. Die Voodoo-Ketten gelten nicht als Schmuck, sondern als magische Gegenstände, die das Ritual unterstützen.

72 Die Frau wird für die Zeremonie vorbereitet. Ihr Körper ist mit Kaolin bestrichen.

SiKA

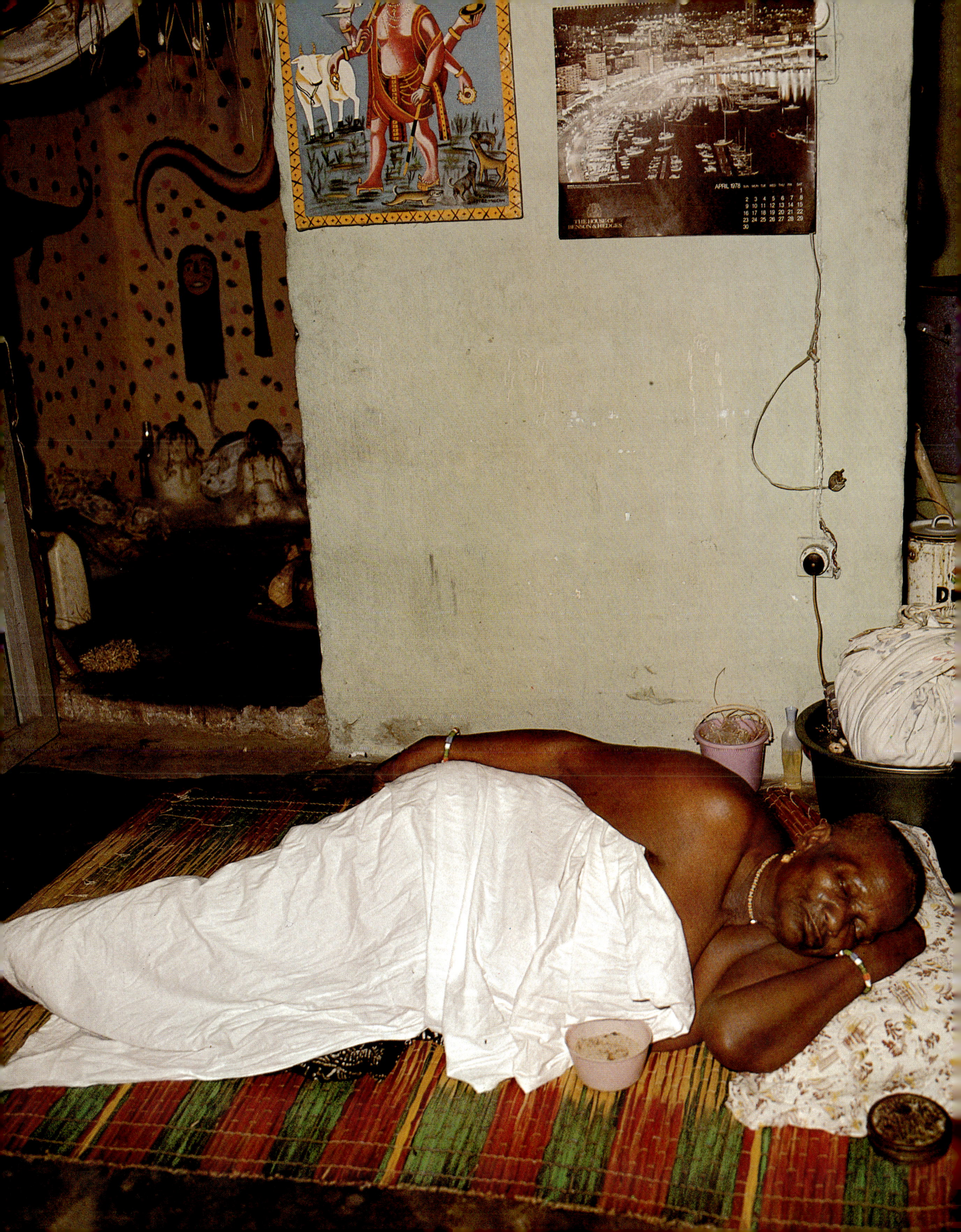
APRIL 1978
THE HOUSE OF
BENSON & HEDGES

COUSCOUS
HEPAX

TOGO

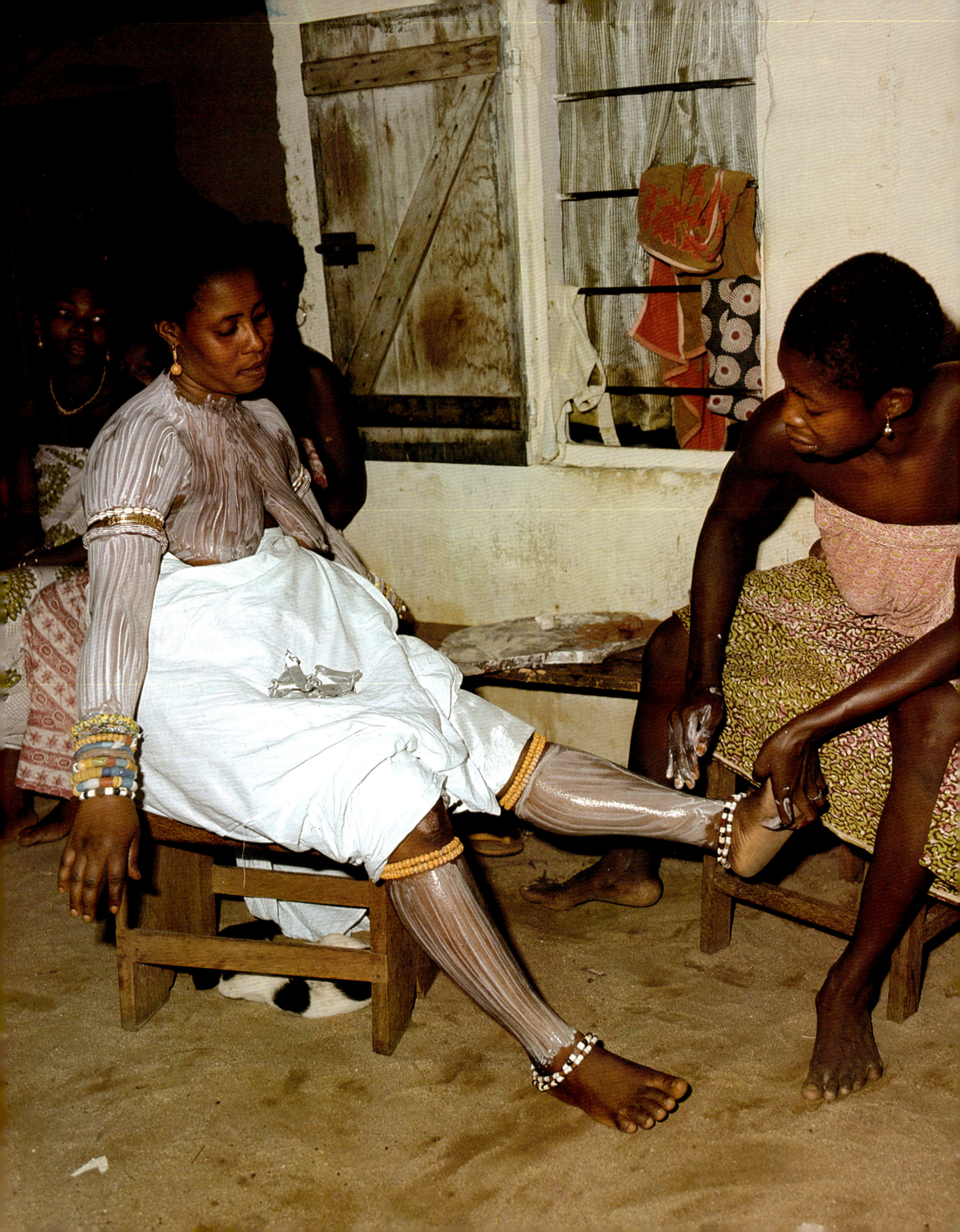

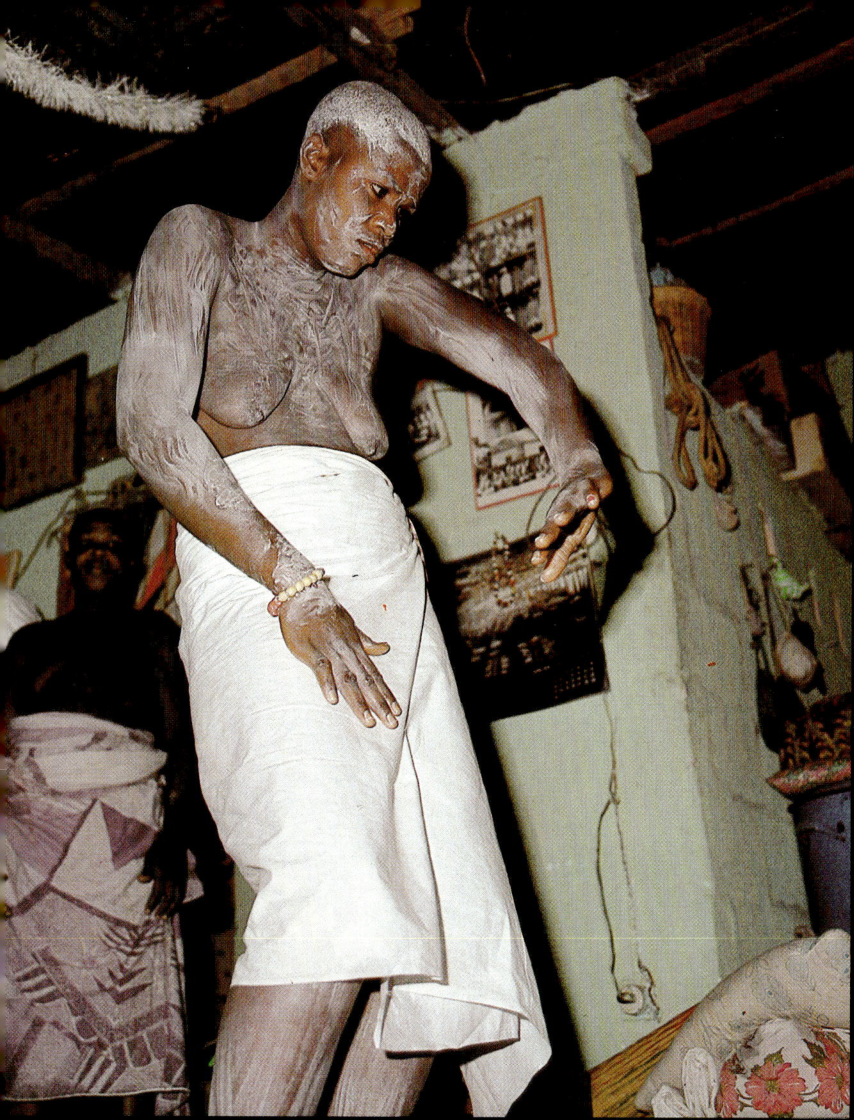

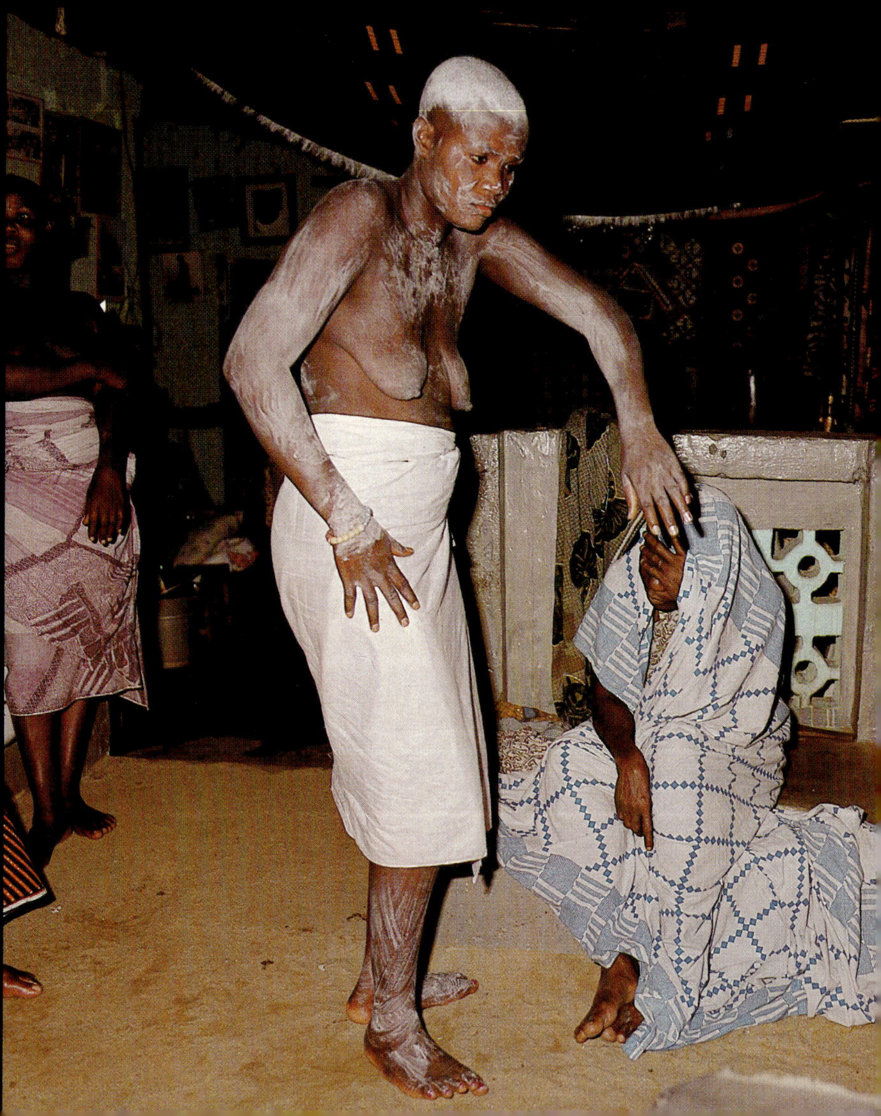

73 Die »Einstuhlung« ist erfolgt. Nach langen geheimen Handlungen sitzt sie auf dem Thron und darf sich Mamissi nennen. Ihr verstorbenes Kind, verkörpert durch die Totenpuppe, hat an der Zeremonie teilgenommen und ist posthum in einen höheren Rang aufgestiegen. Es wird in Zukunft an allen sakralen Festen teilnehmen.

74, 75 Mamissi Kokoe bereitet die Heilung einer Kranken vor. Die Patientin wird mit zauberkräftigem Schmuck behängt, ihr kahlgeschorener Kopf mit medizinischem Puder bestreut. So erwartet sie die Behandlung, die Tage oder Wochen dauern kann. Mamissi Kokoe behandelt nur Krankheiten, die übernatürlichen Ursprung haben. Dazu gehören auch Geisteskrankheiten. Der Erfolg von Mamissis Therapie ist mit dem der Universitätsklinik gleichzusetzen (nach Angaben gläubiger Voodoo-Anhänger sogar bedeutend besser).

76, 77 Die Behandlung psychisch bedingter Krankheiten wird in der Regel mit einer Trance eingeleitet, in der die Fetische Gelegenheit haben, Dämonen und böse Kräfte aus dem Körper der Kranken zu vertreiben. Der rituelle Tanz wird von Mamissi Kokoe überwacht und geleitet, denn nur so kann der gewünschte Erfolg eintreten.

78 Der Tänzer Kofi hat sich in seinen Gott Kunde verwandelt. Jetzt wird er von Kunde geritten; seine Bewegungen und Tanzschritte sind die des Gottes. In der Hand hält er einen Spieß, der zum Arsenal Kundes gehört. Die rote Kleidung wurde ihm beim Eintritt der Trance, nachdem Kunde ihn ergriffen hatte, angezogen.

79 Es gehört zum Repertoire seines Tanzes, daß er sich gelegentlich auf die Spitzen des Spießes setzt. Die nadelscharfen Zacken lassen sein Hinterteil unversehrt, obwohl er sein Eigengewicht noch mit Zuschauern und Passanten erhöht, die sich auf ihn draufsetzen. Dabei können bis zu acht Personen auf seinem Schoß Platz nehmen. Es ist nachweisbar, daß keine wie immer gearteten Einlagen seinen Hosenboden verstärken.

80 Der Fetisch Kunde tanzt. Seine wilden, zügellosen Schritte treiben Zuschauer in die Flucht. Er beherrscht die Tanzfläche, gefährlich und rücksichtslos fordert er seinen Platz. Wenn sich Kunde zwei Stunden später aus Kofis Körper zurückzieht, hat dieser jede Erinnerung verloren. Bescheiden und freundlich verabschiedet er sich, um seinen Dienst als Taxifahrer anzutreten.

Ich gehe mit Charles an den Frauen vorbei, wir erreichen die Kammer von Amegan. Sie ist voll von Fetischen, in einer Ecke viele Ewe-Totenpuppen. An den Wänden Edan, die Schlange, die todbringend für Amegan durch die Felder kriecht. An der anderen Seite des Vorhofes das Zimmer der Nixe Mami. Auch hier muß die Tür verschlossen bleiben. Das gleiche gilt für Atchamba. Vor seinem Zimmer ist ein Altar errichtet, auf dem Emailschüsseln mit Ketten, Stoffe, Zeremonienstäbe, weiße Kreidestücke, Kerzen, Trommeln und Porzellanfiguren aufgebaut sind.

Bevor ich den Raum von Kunde betreten darf, werde ich mit Wasser bespritzt. Hinter dem Zimmer liegt ein zweites, in das man durch ein Fenster sieht. In der Öffnung erscheint der Kopf eines Schafes, das auf seinen Opfertod wartet. Kunde verlangt Blut.

Wir gehen weiter, den schmalen Gang zurück zu einer Nische, auf deren roter Hinterwand das Bildnis von Kpodogli erscheint. Wie ein schottisches Gespenst. Mit Punkten übersät, die Pocken darstellen. Zu seinen Füßen ein runder Fetisch, mit einem blau-weiß-roten Tuch und einigen Eisenzacken.

Wir verlassen das Areal, gehen zur Lagune und sehen in einer gemauerten Umrandung einen weiteren Fetisch. Akiti sieht aus wie Legba, er hat einen Deckel übergestülpt. Charles weiß nicht, ob er hohl ist oder massiv.

Wir gehen zurück ins Haus. Die Zeremonie hat ihren Lauf genommen. Die geheilte Frau ist nun zur Gänze bemalt, ihr Hals ist mit zwölf schweren Ketten behängt. Sie tanzt langsam im Rhythmus einiger Trommeln und Metallglocken. Dann wird sie auf einen Hocker gesetzt. Sie hält einen vergoldeten Dreizack in der einen Hand, in der anderen ein Messer. So sitzt sie regungslos einige Zeit, dann steht sie auf und geht. Nach drei Monaten geht sie wieder auf die Straße. Weiß bemalt, überhäuft mit Schmuck. Mit nackten Brüsten, über die rote Streifen gemalt sind. Wohin sie geht? Ich erfahre es nicht.

Dienstag, 2. Mai 1978 Mein Weg führt mich wieder ins Kloster zu Mamissi Kokoe. Ich erscheine unangemeldet, trotzdem bin ich willkommen.
Am Eingang in der ersten Kammer, in der Sobo wohnt, wird ein Opfer vorbereitet. Zwei Männer sind bestohlen worden. Sie baten Mamissi um Rat. Der Diebstahl ereignete sich nicht innerhalb eines Hauses, sondern auf offener Straße. Das erschwert die Arbeit der Priesterin. Hätte sich der Vorfall innerhalb eines Personenkreises ereignet, der den Verdächtigen mit einschließt, wäre es für die Fetische ein leichtes gewesen, den Dieb ausfindig zu machen. So aber ist die Gefahr gegeben, daß sich der Zorn der Götter gegen den Falschen richtet. Auch Götter können irren. Nachdem Sobo aber einen Dieb mit dem Tode bestraft, will Mamissi nicht das Leben eines Unschuldigen aufs Spiel setzen. Nach längerem Gespräch entschließt man sich für eine Zeremonie, die nicht die Auffindung und Bestrafung des Diebes zur Aufgabe hat, sondern die Arbeit der Polizei unterstützt. Diese weniger riskante Variante erfordert auch einen geringeren Einsatz. Vier Hühner, zwei weiße und zwei schwarze, zwei Flaschen Gin und eine Summe von 2000 CFA-Franc werden verlangt.
Ich gehe durch die Gänge und Räume. Fetische, die vorgestern noch sichtbar waren, sind heute mit Tüchern abgedeckt. Kammern, die verschlossen waren, sind geöffnet, und tabuisierte Fetischräume sind plötzlich zugänglich geworden. Einiges hat sich verändert, einiges weist auf vorhergegangene Zeremonien hin. Es sind andere Menschen hier, Frauen mit Kindern und Männer. Vor dem Haus bemerke ich ein Voodoo-Mädchen, das ich von früher kenne. Heute trägt es Plateausohlen und eine rotgestreifte modische Hose. Über dem hohen Kragen der weißen Bluse lacht unbeschwert ihr von Skarifikationen gezeichnetes Gesicht. Die Bemalung und die schwarzen Punkte auf der Stirn sind verschwunden.
An der Eingangstür zu Sobos Fetischkammer beginnt die Zeremonie. Vier Hühner liegen auf dem Boden, im Dunkel des engen Raumes agiert der Priester. Mamissi beteiligt

sich nicht am Opfer. Einige Frauen und Männer knien, der Priester beginnt eine Glocke zu schlagen. In seine hastig wirkende Rede klingen die Stimmen der Gläubigen, sie sagen: »Yao! Yao! Yao!« Die Zeremonie dauert lang. Der Priester spricht schnell und laut, seine Stimme überschlägt sich in der Erregung, er spricht länger als eine halbe Stunde. Unerbittlich hämmert die Glocke in seinen Monolog.
Ich darf nicht fotografieren. Sobo verträgt kein ›klares‹ Licht. Mit drei stark akzentuierten Schlägen endet die Anrufung. Nun beugt sich der Fetischpriester zu Boden, ergreift eines der Hühner, hebt es hoch in die Luft, bricht krachend Flügel und Beine. Er greift zum Messer und schneidet eine breite Wunde in den Hals des Tieres. Das blutende, zappelnde Huhn wird auf den Fetisch geworfen. Nach einer kurzen Rede zu den Göttern wirft der Priester es den Bestohlenen vor die Füße. Sie müssen sich bücken, dann das Huhn und die Stirn berühren. Das gleiche geschieht mit einem Hahn. Sobo verlangt eine weiße Henne und einen schwarzen Hahn.
Bevor der Vorhang zu Egous Fetischhaus aufgezogen wird, befragt man das Orakel. Zerbissene Kolanüsse werden auf den Boden geworfen. Die äußerst rechte und eine aus der Mitte werden zusammen mit einigen Samenkörnern von den Bestohlenen gegessen. Das Orakel hat wie gewünscht reagiert.
Egou ist der böse Gott, der Unfälle verursacht. In seiner Kammer ist ein Amboß zur Hälfte in den Boden gegraben. Der Fetischpriester schlägt mit einem schweren Eisen den Rhythmus in seine Rede. Der Monolog dauert lang. Die Frauen knien vor dem Haus Egous und rufen in unregelmäßigen Abständen: »Yao! Yao! Yao!« Wieder das grausige Flügelbrechen, wieder der Schnitt durch die Kehle des Opfertieres. Blut spritzt über meine Hose und über die abgelegten Magazine meiner Kamera. Eine der dicken Frauen spricht. Erregt fordert sie Egou auf, den Dieb zu fangen. Sie nennt die Namen der Bestohlenen, sie bittet um Rache für die böse Tat. Während sie spricht, stimmen die anderen einen Gesang an. Zarte Frauenstimmen, langgezogene, klagende Phrasen, überlagert von den aggressiven Verwünschungen der Priesterin. Die Atmosphäre wirkt bedrohlich. Ich spüre die Energie, die sich zusammenballt, wenn viele an das gleiche denken, es ist wie in einem Jazzkonzert, wenn sich die Musiker in einem Chorus gefunden haben, wenn der Rhythmus alles gleichschaltet und alles Denken und Fühlen auf ein Ziel gerichtet ist. Ich fühle für Momente in einer anderen Bewußtseinsebene, die weit weg ist von rationalen Empfindungen und erklärbaren Vorgängen.
Ein Schrei durchdringt meine Gedanken, führt mich zurück in die Wirklichkeit. Eine der Frauen ist in Trance gefallen. Egou hat

von ihr Besitz ergriffen. Sie beginnt schnell und ekstatisch zu tanzen, sie eilt an uns vorbei in den Tempel von Mami und kommt wieder zurück. Ihre Augen wirken starr wie im Wahnsinn, ihre Bewegungen sind fließend und weich, eine Choreographie, die unerlernbar bleibt. Die anderen sind zur Seite getreten, es tanzt nur die eine Frau ihren Göttertanz.
Ein zweiter Schrei, gleich danach ein dritter. Mit einem Mal wird der Vorhof zum Hexenkessel. Eine Frau zieht eine andere hinter sich her, die zweite geht nicht, sie springt. Es kommt zu Begegnungen, die sich nur mühsam entknoten, ein Mann ist plötzlich unter ihnen, er fällt, steht wieder auf und fällt wieder.
Mamissi sitzt indessen im Tempel von Mami. Ihr breiter Rücken lehnt an dem gedeckten Tisch. Vor ihr auf dem Boden kniet eine fast nackte, weiß bemalte Frau. Ihr Schädel ist kahl geschoren. Sie hält Mamissis Hände und hört auf ihre Anweisungen. Dann steht sie auf und beginnt zu tanzen. Sie tanzt für Mami und ihre Priesterin. Sie ist in schwerer Trance, doch ihre Schritte wirken wie von einer fremden Kraft gelenkt, tänzerisch, fast elegant.
Draußen wird der Lärm stärker, der Gesang lauter. Die Tänzer sind in einen Rhythmus gefallen, der sie in ekstatisches Zucken versetzt. Sie schlagen mit den flachen Händen ihren Oberkörper und den Bauch. Die Tür

85 Nach all den Bildern, die gemacht wurden, verlangt Mamissi Kokoe, man möge sie mit ihren engsten Vertrauten ablichten. Charles, der deutschsprechende Verkehrsplaner, hält einen Sonnenschirm, um der Szene die nötige Wichtigkeit zu geben.

86 Details aus dem Zimmer von Tro Kunde. Fetischfiguren und rituelles Werkzeug (oben) vermitteln das Bild mittelalterlicher Folterkammern. Unten Behälter von Medizinen vor viereckigen Ausnehmungen, die zum Orakel gehören. Unten rechts ein wichtiger Fetisch im magischen Kreis. (Der Begriff ›Fetisch‹ wird sowohl für die Voodoos, die Götter, aber auch für die sie symbolisierenden Gegenstände gebraucht.)

87 Der Priester bereitet im Tempel von Tro Kunde das Opfer vor. Frische Eier werden über die magischen Gegenstände geschlagen, die vorher mit dem Blut von Opferhühnern beträufelt wurden. Die Glocke dient zur Anrufung der Voodoos.

TOGO

zur Straße hin steht offen. Ein Dutzend Neugieriger schaut dem Treiben zu. Niemand ist gestört, die Tür bleibt offen.
Die weiß bemalte Frau ist zusammengebrochen. Ein Kräuterelixier wird herbeigeschafft und ihr auf den Kopf geträufelt. Sie steht auf und reibt sich die Augen. Ihr Körper wirkt nicht mehr weiß, sondern grau und leblos: der Schweiß hat die Bemalung verfärbt. Die Frau ist auf einer Bank eingeschlafen. Auch die anderen Tänzer erlangen nach und nach das Bewußtsein, sie wirken müde und ausgebrannt.
Um Mitternacht gehe ich. Auf der Straße begegnet mir das Voodoo-Mädchen mit den Plateausohlen. Ihr Freund hat sie bis ans Tor begleitet. Ich nicke ihr zu, und während ich die Tür zum Wagen öffne, geht die graue Frau über die Straße, sie winkt und ruft: »Jowo, bon soir!«
Der Gesang der Priester wird leiser, bis er schließlich im ohrenbetäubenden Lärm einer Boeing untergeht, die knapp über Mamissis Kloster Lomes International Airport anfliegt.

88 Das Opfer hat begonnen. Vor der Fetischkammer knien die Gläubigen und murmeln ihre Gebete. Sie berühren den Boden mit der Stirn, um ihre Demut gegenüber den Göttern auszudrücken.

Blut für Hebiesso

Bevor wir zum Fetischpriester gehen, muß der Dorfchef besucht werden. Leider ist er auf Reisen und kommt nur am Sonntag nach Anyronkope. In diesem Fall ist sein »kleiner« Bruder zu befragen.
Eine Gruppe roter, vom Regen verwaschener Lehmhäuser, Bäume, die zwei Meter über dem Erdboden wachsen, so hat das vergangene Gewitter das Terrain unterspült, und dann die Legbas, einer nach dem anderen, ein ganzes Dorf voll. Keine Ecke, keine Gasse, kein Platz und kein Haus, in dem nicht einer der betonierten Legba-Fetische stünde. Alle frisch beopfert mit Blut und einer Speise, die sie Ahume nennen.
Dann der »kleine« Bruder des Chefs. Er hört unsere Wünsche und nickt mit seinem grauen Kopf. Ein sehr kleiner Mann, eine archaische Gestalt mit angeboren finsterem Gesicht, sonst freundlich und hilfsbereit.
Es gibt zwei Fetischpriester in Anyronkope. Beide sind auf dem Feld, einer kann geholt werden. Es folgt die Erklärung, wozu, für wen und warum. Edoh Dossa ist vom Feld zurückgekommen, um uns seinen Tempel zu zeigen. Ein freundlicher Mann, der Englisch spricht; er hatte zwanzig Jahre in Lagos als Wäscher gearbeitet.
Bevor man uns Einlaß gewährt, die übliche Verkleidungszeremonie. Barfuß, ohne Hemd, mit einem Hüfttuch. Meine Begleite-

rin darf das Tuch über ihren Busen binden. Durch einen kleinen Hof erreichen wir das Fetischhaus. Ein Rundbau mit einer Kammer in der Mitte. Der Überboden hängt voll von Ziegenschädeln – Opfertiere, die einst von Gläubigen hier geschlachtet wurden. Ritualeisen, mit roten Tüchern überzogen, Berge von Federn, Blut, Schüsseln und Holzfiguren. Der Fetischpriester ist bereit, seinen Tempel zu erklären.

»Unser Gott, der Hauptgott, ist Hebiesso. Er hat einige Götter unter sich, Agbate, Agoue, Acloboe und Egou. Wenn ein Kranker hierherkommt und sein Hühneropfer bringt, dann helfen ihm alle Götter gemeinsam, den Krankheitsdämon zu vertreiben. Gott hat auch unsere Hände mit zehn Fingern ausgestattet, und wenn wir eine Arbeit tun, gebrauchen wir sie alle, so, wie der Kranke alle Götter braucht, um gesund zu werden.

Unser Tempel ist sehr alt. Er stand schon, als ich noch ein Kind war. Mein Vater hatte ihn von meinem Großvater übernommen. Ich habe es von meinem Vater gelernt, Zeremonien zu leiten. Unsere Zeremonien sind Voodoo-Zeremonien! Wir verwenden aber keine Spiegel, kein Parfum und kein Kreuz. Insofern unterscheiden wir uns von den Voodoo-Leuten in Lome.

Unser Hebiesso-Kult wird in einigen Dörfern am See in gleicher Weise betrieben. Hebiesso braucht Blut. Die Menschen, die zu ihm kommen, bringen ihre Opfertiere mit. Der Kadaver bleibt dann hier, und kleine Teile werden im Tempel zurückgelassen.«

Heute früh hat jemand zwei Hühner geopfert. Nach dem Opfer wurde Ahume gegessen. Reste von dem gelben Brei wurden über die Ritualeisen gestreut. Ein Teil der Eisen ist mit roten und weißen Futteralen aus Stoff überzogen. Edoh Dossa gibt an, nicht zu wissen, was in den Futteralen steckt, er habe sie bei der Übernahme des Tempels schon so vorgefunden.

Der runde Raum in der Mitte des Tempels bleibt den rituellen Waschungen vorbehalten. Dazu wird reines Wasser verwendet, keine Kräuter, kein magisches Pulver. Nach den Waschungen wird getrommelt und getanzt, allerdings nur, wenn ein Ziegenbock geopfert wurde. Wegen einer Henne tanzt man nicht. Bei diesen Tänzen kommt es zu keinen Trancen. Wenn jedoch jemand in Trance fällt, dann geschieht das ohne Absicht des Fetischpriesters.

Im Tempel gibt es eine Vielfalt von Fetischen. Auf dem Boden ein blutverkrusteter Krokodilschädel und Donnersteine. Von ihnen geht die Sage, man finde sie dort, wo der Blitz eingeschlagen hat. Edoh Dossa erklärt dazu, weder seine Vorfahren noch er hätten jemals bei einem Blitzschlag einen Donnerstein gefunden. Er hält diese Version für reinen Aberglauben. Woher die Steine kommen, weiß er nicht genau. In Anyronkope nennt man sie Voodoo-Hebiesso-Steine.

Es gibt einen ghanesischen Zeremonienstab im Tempel. Eine Frau hat ihn aus Dankbarkeit hierher gebracht. Vor dem Eingang zur runden Kammer sind Hunderte Holzpflöcke in den Boden geschlagen. Das tut man, wenn man etwas wissen will. Während man fragt, muß der Holzpflock in den Boden geschlagen werden.
Unter einem Berg blutverschmierter Gegenstände liegen auch zwei Ibedji-Zwillingspuppen, wie sie von den Yoruba in Nigeria verwendet werden. Viele Jahre kamen Zwillinge zu dem Fetisch. Bevor sie starben, verfügten sie, daß man ihre Seele zum Fetisch bringen möge. Das geschah dann in Form dieser Puppen*.
Die beiden Häuschen am Ende des Hofes gehören dem Gott Agoue. Dieser erlaubt sogar das Fotografieren, allerdings ist ein Geschenk zu machen.
Edoh Dossa erklärt: »Wir sind hier, um Gutes zu tun, nicht um Verbote auszusprechen. Sie sind mit guten Gedanken zu uns gekommen, und wir haben Sie respektiert. Wenn Sie sich an unsere Gesetze halten, dürfen Sie hier tun, was Sie wollen. Fotografieren Sie alles!«

---

* Ibedji-Puppen wurden von den Yoruba nach dem Tod von Zwillingen gefertigt. Die Puppen ersetzen die verstorbenen Körper und beherbergen die Seelen (den Geist) der Toten. Sie werden gefüttert und gepflegt und von den Frauen mit auf den Markt genommen, als würden sie noch am Leben sein.

Ein Fest bei Sassa Messhan

Am Samstag sollte das Opferfest für Hebiesso stattfinden. Der Weg nach Anyronkope war blockiert. Ein Lastwagen voll Sand stand mit gebrochener Achse mitten auf der einspurigen Brücke, die zwischen Glidji und Togoville die Lagune überbrückt. Der Weg über Vogan war durch die schweren Gewitter des Vortages unpassierbar, es gab keine Alternative.
Zwei Tage später: Die Opferhühner, die ich bezahlt habe, leben noch. Allgemeines Staunen über meine unerwartete Ankunft. »Sie haben Glück, Monsieur, das Opfer findet erst heute statt.«
Ich betrete das Haus und werde umgekleidet, diesmal in ein weißes Lendentuch, wie es die Voodoosi, die Fetischmädchen auf dem Markt von Lome, tragen.
Der Bruder des Alten wird das Opfer leiten. Das Fetischhaus gleicht dem von Edoh Dossa. Ein weißgekalkter Rundbau mit einer Kammer in der Mitte. Wieder die Stöcke, die in den Boden geschlagen werden, wieder Ritualeisen in Stoffutteralen und Hunderte Tierschädel an der Decke. Der heilige Platz, an dem geopfert wird, ein Haufen von Beilen, übereinandergeschichtet, blutverklebt. Meine Spende an die Kirche wird diskret entgegengenommen. Nicht der Priester nimmt das Geld an sich, sondern der Fetisch bekommt es untergeschoben.

Vier Voodoosi agieren in einem anderen Haus, das ich nicht betreten darf. Die Mädchen dürfen nicht fotografiert werden. Sonst alles!
In einem der umliegenden Gebäude wird das Maisopfer vorbereitet. Rotes Öl, Paprikaschoten und Maismehl, aber auch Gin und Palmschnaps gehören zu den Ingredienzen.
Der Fetischeur läßt mich rufen. Ich steige barfuß durch eine Blutlache und werde aufgefordert, vor dem Heiligtum niederzuknien. Alle Anwesenden knien nun, und ich mache ihre Bewegungen nach, ich berühre den Boden, dann die Stirne. Das mache ich insgesamt dreimal. In gebückter Haltung wird Hebiesso angerufen.
Der Fetischpriester spricht: »Heute rufen wir dich, um dir einen Weißen vorzustellen, der gekommen ist, dir ein Opfer zu bringen.«
Er unterbricht, er will meinen Namen wissen. Er stellt mich seinem Gott vor.
»Wir bitten dich auch für ihn, für den Fremden, um Gesundheit und Glück, beschütze seinen weiten Weg!«
Nach der Anrufung ergreift er das schwarze der beiden Hühner, reißt ihm ein Büschel Federn aus und verstreut sie im Tempel. Dann greift er zum Messer, biegt den Hals des Tieres nach hinten und schneidet ihn durch. Hellrotes Blut rinnt über die Beile. Der Fetischeur beginnt herumzutanzen und markiert mit dem Blut des Opfertieres heilige Plätze im Haus; einen Altar, die Holz-

93 Edoh Dossa bringt ein Hühneropfer in seinem Tempel. Hebiesso, der gewalttätige Donnergott, hat ein weißes Huhn verlangt. Der Hebiesso-Kult ist besonders in den Dörfern um den Lac Togo sehr verbreitet. Er zählt zu den »harten« Kulten, denn seine Anhänger sind in der Regel nicht bereit, auch andere Kulte, beispielsweise die der benachbarten katholischen Mission, zu akzeptieren.

94 Der Eintritt in den Tempel ist nur mit nacktem Oberkörper gestattet. Auch die Schuhe müssen im Hof deponiert werden.

95 Ein Wächter sitzt vor der heiligen Kammer, in der rituelle Waschungen vorgenommen werden. Verschiedene Futterale verbergen geheime sakrale Gegenstände. Edoh Dossa, der Hüter des Tempels, erzählt, daß die Futterale schon dagewesen seien, als er den Tempel von seinem Vater übernommen habe. Niemand hätte es jemals gewagt, in die Stoffbehälter hineinzuschauen. Am Überboden hängen die Schädel der geopferten Ziegenböcke. Es sind mehrere Hundert.

96 *Oben links:* Die Ritualbeile Hebiessos. Mit diesen Geräten tötet der gefährliche Gott Feinde und Verbrecher. Damit sie nicht gegen Unschuldige gerichtet werden, ist ein wöchentliches Blutopfer angeordnet. Das Blut des Opfertieres wird über die Beile gegossen.
Oben rechts: Eine Figur, die von einer Geheilten als Dank im Tempel aufgestellt wurde. Die Art der Schnitzerei erinnert an die Bildwerke der Ashanti von Ghana.
Unten links: Der Priester läuft mit dem getöteten Opferhuhn ums Haus und betupft die Legba-Fetische mit frischem Blut.
Unten rechts: Die Opferhühner werden auf einem Altar niedergelegt. Die Zeremonie hat damit ihr Ende gefunden.

Cussons
IMPERIAL
LEATHER
TALC
FOR MEN
NET 200g

IMPERIAL LEATHER

97 Der Knabe wurde dem Fetisch geweiht. Er hält ein heiliges Gefäß am Kopf und erwartet die Ankunft der Götter. Diese Zeremonie basiert auf einem Traum seiner Mutter, in dem sie die Befehle und Anweisungen empfangen hat.

98 *Oben:* In dem kleinen Gehöft nahe bei Avepotzo hat sich ein interessanter Privatkult entwickelt. Auf einem Altar finden sich hinduistische und christliche Symbole gemeinsam. Die Zeremonie wurde nach Voodoo-Vorbildern gestaltet, Puder und Parfum dienen als Ingredienzen.
Unten: Die Fetische werden vor jedem Opfer neu bemalt. Dabei ist man um ihr physisches Wohl besorgt und bestückt sie unaufhörlich mit Zigaretten und wohlriechenden Essenzen. Die kleinen Ritualeisen am Kopf des Fetischs rechts sind die Antennen, die die Kontaktaufnahme mit den Göttern erleichtern sollen.

99 Über eine Stunde steht der Knabe im heiligen Bereich der Fetische. Die Zeremonie endet ohne Höhepunkt. Das scheinbar Wenige, was passierte, war den Göttern genug. Ein anderer Traum wird neue Antworten und Befehle bringen.

100 Vor dem Haus wachen die Legbas. Eine Mannschaft bewaffneter Beschützer wird das Eindringen von Feinden oder bösen Geistern melden. Dann beginnt der erbitterte Kampf imaginärer Kräfte. Der Sieg des Guten muß oft teuer bezahlt werden. Die verbündeten Fetische verlangen für ihre Hilfe gewaltige Opfer.

pflöcke, einen Eisenstab. Er eilt in den Hof und markiert einen Baum, den Legba-Fetisch und einen Opferstock; er eilt aus dem Gehöft auf die Straße und beträufelt mit den letzten Tropfen Blut die kleine Lehmfigur an der Außenwand des Hauses. Diese Zeremonie wiederholt sich mit dem weißen Opferhahn. Das ist vorerst das Ende.
Ich darf nun Fragen stellen. Mein Tonband erweckt reges Interesse, nun möchten sich die Priester selbst im Radio hören. Inzwischen ist der Hof voller Menschen. Das Opfer hat sich herumgesprochen und wohl auch die Tatsache, daß ein Jowo* daran beteiligt ist. Ich muß ein Kind halten und verschiedene Familienmitglieder fotografieren. Der Alte reklamiert, daß er zuwenig oft fotografiert wurde. Es macht Mühe zu erklären, daß der Blitz inzwischen entladen ist. Einige Voodoosi haben sich zu nahe an mich herangemacht, sie werden zurechtgewiesen. Eine alte Frau, der die Nase fehlt, ist dabei, ihr Gebet nachzuholen, sie kniet im Fetischhaus und murmelt Unverständliches.
Zwei Stunden später wird das Opfer fortgesetzt. Gelber Maisbrei, mit Hühnerklein vermischt, Paprika und Sodabi**, aber auch

---

* Jowo ist ein Ewe-Wort und bedeutet Weißer. Diese Bezeichnung ist in Togo allgemein üblich und hat keine abwertende Tendenz.
** Sodabi wird auch als Afrika-Gin bezeichnet. Es ist ein Schnaps, der sich in Voodoo-Kreisen großer Beliebtheit erfreut.

rotes Palmöl werden zur Götterspeise geknetet. Dann ein drittes Mal dasselbe Ritual. Der Priester springt von einem Heiligtum zum anderen und beklebt die Münder der Fetischfiguren und die Äste des heiligen Baumes mit Maisbrei.
Die Zeremonie ist vorbei. Glanzlos endet das Opfer an einem regnerischen Abend.

Eine Nonne als Pannenhilfe Als ich den alten Mietwagen aus dem Schlamm fahren will, stelle ich fest, daß einem Vorderrad die Luft fehlt. Diese Banalität verhilft mir zu einem Kontakt, den ich aus Voreingenommenheit freiwillig auf keinen Fall gesucht hätte.
Ich lande in einer Missionsstation. Vier Schwestern betreiben in Anyronkope ein Dispensaire. Ohne elektrisches Licht, abseits der Zivilisation und umgeben von einer Voodoo-Gesellschaft, die sie fürchten, arbeiten sie im Dienste ihrer Kirche.
Ich werde eingeladen, man bietet mir Hilfe an. Eine Schwester fährt mich zum Mechaniker.
Auf dem Weg nach Anecho, wo ich das Rad reparieren lasse, rufen Schulkinder ins Auto: »Schwester, wo ist das Kreuz, das Sie uns versprochen haben?«
Die Schwester nimmt das eigene vom Hals und reicht es mitsamt einem Marienbildnis den Kindern. »Es ist schön, daß sie Jesus lieben. So wird unsere Arbeit belohnt.«
Die Schwestern arbeiten hart in Anyronkope, und als wir in der Dunkelheit zurückkommen, wird gerade der letzte Patient nach Hause geschickt. Dann erzählt die Älteste:
»Wissen Sie, warum die Hebiesso-Tempel die Farben Rot, Weiß und Blau tragen? Unser Monsignore hat es einmal erzählt. Als die Deutschen nach Togo kamen, haben sie alle Fetischkulte verboten. Später kamen die Franzosen und haben sie wieder erlaubt. Aus Dankbarkeit schmücken die Hebiesso-Priester seit damals ihre Tempel mit den französischen Farben.
Wir sind jetzt seit fünf Jahren hier, aber wir waren noch in keinem der Tempel. Unser Monsignore hat davon abgeraten; es ist zu gefährlich, es werden zu viele Menschen vergiftet. Außerdem muß man sich entkleiden, wenn man in den Tempel will.
Wir haben hier schon mehrmals Leute behandelt, die von den Medizinmännern vergiftet wurden. Zuletzt war es ein siebenundzwanzigjähriger Mann, der in einen Streit um ein Grundstück verwickelt war. Ihn hatte man vergiftet. Er starb, noch bevor wir das Krankenhaus in Anecho erreichten. Es sterben hier jedes Jahr einige an solchen Vergiftungen. Die Polizei hält sich da raus.
Jetzt haben wir uns mit den Fetischleuten arrangiert. Wir kümmern uns nicht um ihre Angelegenheiten, und sie respektieren unsere Arbeit. Zu Beginn hatten wir es schwer, aber heute mögen uns die Leute.«

Der Gott, der tötet

Ein zweiter Besuch bei Sassa Messhan in Anyronkope. Diesmal komme ich nicht allein, ich bringe zwei Bekannte mit. Begeisterte Aufnahme. Das obligatorische Umkleiden. Wir bekommen weiße Tücher um die Hüften, Schuhe und Kleider bleiben im Vorraum. Ich erkläre, daß wir nur gekommen sind, um Sassa Messhan und seinen Stellvertreter Dzossouir Koumacou zu grüßen.

Nach höflichem Wortwechsel werden wir genötigt, eine Flasche Sodabi zu kaufen. Wir könnten nicht einfach weiterfahren, ohne uns des Segens von Hebiesso zu versichern. Gamado Sossa hält die Ansprache. Er erbittet Schutz und Gesundheit für uns drei.

Bei diesem zweiten Besuch sehe ich Gegenstände, die mir früher entgangen waren. Eine alte Pistole, eine schlangenförmige Stichwaffe, die mit einem Doppelhaken durch eine dicke Stoffkordel verbunden ist. Sassa Messhan bemerkt mein Interesse und nimmt Pistole und Eisenschlange vom Altar. »Damit tötet Hebiesso schlechte Menschen.« Er nimmt die Eisenschlange und sticht in die Luft, dann dreht er das Gerät um und reißt mit dem Doppelhaken einer imaginären Person Fleischstücke aus dem Leib. Hebiesso ist gefährlich, »il est dangereus«!

Nach längerem psalmodierendem Gemurmel wird die Flasche geöffnet, Sodabi wird auf die Ritualbeile, die Holzpflöcke und die Ritualeisen gespien. Dann eilt der Priester in den Hof. Den Mund voll Palmschnaps, bläst er in weitem Bogen sprühende Fontänen ins Gesicht von Legba und auf den Opferaltar vor dem Tempel. Er verläßt das Gehöft, eilt auf die Straße und bespuckt auch noch den Legba-Fetisch an der Außenmauer.

Wieder im Tempel, wird eine Kokosschale voll Schnaps herumgereicht. Erst trinken Dzossouir Koumacou und Sassa Messhan,

Im Hof vor dem Fetischhaus steht Legba, der Soldat und Wächter. Sein Gesicht ist von Opfergaben verfärbt.

um zu zeigen, daß kein Gift im Becher ist. Dann trinken wir. Am Eingang sechs Frauen, sie bekommen ebenfalls einige Becher ab. Der Bodensatz wird dem Baby in die Kehle gekippt.
Nächstesmal sollen wir vier Hühner mitbringen, zwei Flaschen Gin und 4000 CFA-Franc, dann würde man eine große Zeremonie mit Rückversicherung bei allen Göttern veranstalten.

Ein Schiff zum Trommeln Auf dem Rückweg halten wir in Toklo. Ich zeige meinen Freunden den Krokodilgott Hoenu, dem man inzwischen zwei Eier unters Kinn gelegt hat. Das kleine Fetischhaus ist mit weißen Tüchern verhängt. Dann passieren wir auf dem Marktplatz den heiligen Baum, aus dessen Ummauerung die Priesterin hervorklettert, mit weißem Tuch und riesigen nackten Brüsten. In der Hand hält sie eine Schale, in der bunte Ketten liegen. Goulimine*, Glas, Kaffeekernholz und Plastik. Die Ketten sind mit Blut übergossen. »Sie kommen zu spät, das Opfer ist vorbei.«
Fünfzig Meter weiter in Richtung Lagune werden wir in ein Haus gezogen. Den Leuten war längst unser Interesse für Fetische aufgefallen. Für 1000 CFA-Franc erbittet man Segen für alle drei.

* Goulimine = venezianischer Glasschmuck, benannt nach der gleichnamigen südmarokkanischen Stadt; von dort gelangte er in den gesamten westafrikanischen Raum.

Umkleidung. Die Tür des Fetischhauses wird geöffnet, wir müssen davor knien und mit der Stirn die Erde berühren. Während Felice Mbati zum Fetisch spricht, warten wir vor der Tür. Er bittet um Gesundheit und, weil er weiß, daß ich unverheiratet bin, um eine Frau für mich. Im gleichen Atemzug macht er in meinem Namen Versprechungen. »Er wird dir zum Dank vier Hühner, ein Schwein und zwei Enten opfern!«
Jetzt dürfen wir eintreten. Der Fetisch in der Mitte des Raumes ist Tatokpe Dabe; er wurde, wie uns gesagt wird, am Donnerstag, dem 3. Oktober 1907, nach Toklo gebracht. Tatokpe Dabe zählt zu den starken Fetischen von Toklo. Er bestraft und entscheidet unerbittlich, aber er belohnt auch. Neben ihm steht eine Kalebasse mit undefinierbarem Inhalt. Sie wird bis zu zehn Tagen auf dem Kopf getragen, dann ist die Krankheit auskuriert. Welche Krankheit? Felice Mbati will sich nicht festlegen.
An der Decke hängt ein kleines Schiff, Sperrholz und grüne Ölfarbe. Das ist kein Fetisch, es wird bei den Zeremonien verwendet, um darauf zu trommeln.
Beim Weggehen sagt einer der Schüler zu mir, daß das mit der Frau nicht klappen würde, Felice Mbati sei kein starker Priester.
Wir gehen zur Lagune. Unser Begleiter spricht eine Frau an, die vor dem Haus auf der Bank liegt. Sie will ihren Fetisch nicht zeigen.

Gespräch mit Kokoubi

»Ich bin leitender Angestellter am Hafen von Lome. Vorher habe ich in Bremen Seefahrt studiert. Als ich vor zwei Jahren hier zu arbeiten begann, mußte ich mich um einen Matrosen kümmern, der vom Blitz erschlagen wurde. Mit ihm eine Prostituierte, in deren Hütte sich die beiden während des Gewitters befanden. Die Todesursache wurde ärztlich bestätigt, die Leichen wurden für den Abtransport freigegeben.
Noch bevor man die Toten abtransportieren konnte, kam es zu Streitereien mit einigen Fetischpriestern, die am Unglücksort erschienen waren. Sie verlangten, daß in der Hütte erst nach einem Donnerstein gesucht würde*. Das taten sie auch und fanden schließlich im gespaltenen Stamm einer Palme den gesuchten Stein. Nach der Entdeckung wollten sie den Abtransport der Leichen verhindern. Die Polizei mußte geholt werden, dann erst konnte man die Leiche des italienischen Seemannes wegschaffen. Die tote Afrikanerin allerdings blieb in der Hütte und wurde nachts von den Fetischpriestern abgeholt.

Ich habe damals erfahren, daß der gefundene Donnerstein als Beweis für eine vollbrachte böse Tat gilt und daß die zu Recht vom Blitz Erschlagenen nicht bestattet werden dürfen. Es gibt in der Nähe von Keta in Ghana ein Dorf, in das die Leichen gebracht werden. Man sagte mir damals, die Frau würde auf einem Holzgestell aufgebahrt und bliebe dort liegen, bis sie verfault sei.
Es gibt auch in Benin ein Dorf, in dem solche Aufbahrungen stattfinden. Ich selbst bin Christ und glaube nicht an Fetische. Ich habe allerdings selbst schon Medizinmänner bei der Arbeit beobachtet und festgestellt, daß viele Dinge, die sie tun, funktionieren. In Togo glauben alle an den Voodoo, auch wenn sie es nicht zugeben wollen.«

Die Namen

Mamissi und Dansi bedeutet dasselbe: beides sind Schlangenpriesterinnen. Kokoc ist ein Nachname, der auf die zweitgeborene Tochter hinweist. Die erstgeborene würde Dede heißen, die dritte Kayi oder Massan, die vierte Adaku und die fünfte Tsotso. Wären es Knaben, hießen sie der Reihe nach Ayete, Amah, Ameque oder Messan. Wenn Ayete an einem Donnerstag geboren wird, so muß er den Zunamen Kokouvi bekommen. Nach diesen Grundsätzen benennen die Ewe und Minah ihre Kinder.

---

* Donnersteine wurden in vorkolonialer Zeit als Zahlungsmittel verwendet. Es sind Quarzsteine, die rundgeschliffen und durchbohrt wurden, damit man einen Faden anmachen konnte. Seit der Einführung europäischer Währung gelten sie als zauberkräftig. Sie werden unter anderem ins Waschwasser gelegt, um böse Geister zu vertreiben, die beim Baden in die Körperöffnungen gelangen könnten.

Samstag in Bé

Ich lasse das Wagenfenster offen und fahre langsam durch die dunklen Straßen. Rauchende Öllampen an den kleinen Verkaufsständen, schlafende Menschen auf Strohmatten vor den Haustüren, die Beine auf der Fahrbahn, in eine Decke gewickelt. Laute Kofferradios und Mopeds. Wie können die Leute hier schlafen? In weißen Emailschüsseln stehen Kinder, die sich waschen, voll Seifenschaum, fröhlich und ausgelassen. Größere Mädchen halten schamhaft ihre Hände vor den Schoß, wenn sie ins Scheinwerferlicht des Autos geraten.
Staub liegt über Bé. Das Blechtor des Fetischhauses in der Rue Akisso steht weit offen. Im Hof vollbesetzte Bänke, Neonlicht, blau und grün, im Tempel ein kleines Ölfeuer vor dem Altar. An der Hauswand die Götternamen Mawu* und Aglo, im Inneren auf dem Altar die Aufschrift: ›Amoulu aglo, gebaut im Jahre 1973.‹
Wir werden erwartet. Ein kleines Tischchen mit weißer Decke und drei polsterlose Fauteuils, eine Flasche ›Teacher's Whisky‹, drei Gläser und Soda, alles unter der Neonröhre aufgestellt, direkt im Mittelpunkt des Geschehens, fast zentraler als die Götter selbst. Im Innenraum werden Bastmatten aufgelegt, ein alter Mann beginnt aus einem indigoblauen Tuch sein Orakelzubehör auszuwickeln. Bunte Steine, Muscheln, Knochen einer menschlichen Hand, Samenkörner, Goulimine-Ketten, der skelettierte Kopf eines Marders, Zähne und Kauris.
Ich muß einen der Fruchtkerne nehmen und ihn an Stirn und Brust drücken. Dann darf ich eine Frage stellen. Mir fallen wieder einmal nur die gestohlenen Pässe meiner Landsleute ein, ich erkundige mich danach.
Wir sitzen im Kreise alter Männer. Der Orakelpriester wirft eine Handvoll Kerne und Knochen auf die Matte. Langes Diskutieren der Alten. Es wird nochmals geworfen, schließlich ein drittesmal. An einer Kette hängen gespaltene Fruchtkerne, dazwischen feine Glasperlen und Kauris. Der Wahrsager nimmt die Kette, läßt sie pendeln und legt sie schließlich neben die geworfenen Gegenstände. Lange Beratung.
Immer mehr gewinne ich den Eindruck, daß an dem Ergebnis manipuliert wird, jedenfalls erreicht es keine befriedigende Aussage. Nach einem längeren Zeitraum wendet sich der Alte an mich: »Jemand aus deiner Familie liegt im Sterben!« Ich schaue auf die Uhr, ich merke mir das Datum: Freitag, 5. Mai 1978, 21.12 Uhr. Dann soll ich einen ver-

* Mawu ist der Begriff für Gott schlechthin. Mawu ist ein abstraktes Temperament, er ist der Schöpfer der Menschen und der Erde, aber für den Menschen unerreichbar. Im traditionellen, animistischen Togo wandte sich der hilfesuchende Mensch an die Trowos, die Untergötter, die für ihn beim unerreichbaren Mawu als Fürsprecher auftraten. Diese Funktion haben nun die Voodoos und die Fetische übernommen, die die Nachfolger der Trowos und vergleichbar mit den Orishas der Yoruba sind.

storbenen Verwandten nennen. Ich sage den Namen meines Onkels Alfons.
Die Kette wird erneut geworfen. Uneinigkeit über das Ergebnis. Dann, nach geraumer Zeit: Onkel Alfons sieht die Pässe meiner Landsleute, sie werden sie zurückerhalten. Verwirrung über den angekündigten Todesfall, Onkel Alfons warnt mich und rät mir zur Vorsicht.
Inzwischen hat sich die Menge vor dem Tempel verdoppelt. Auf Metallglocken wird ein schneller Rhythmus geschlagen, mehr als fünfzig Menschen singen. Lautes Klatschen, das Aneinanderschlagen von Klapperhölzern, Trommelklänge zerhacken den Gesang der Frauen.
Wir sitzen jetzt vor dem Tempel, am Tanzplatz, und beobachten die Installation eines verkehrt auf dem Boden liegenden Tisches, an dessen Beine ein Stoffetzen an seinen vier Enden angeknüpft wird. Der Fetischpriester schüttet in das wie ein Beutel durchhängende Tuch schwarzen Puder, Öl und einen zerhackten Entenmagen. Darunter setzt er ein Ölfeuer, das die Ingredienzien zum Kochen bringt, ohne daß das Tuch verbrennt. Neben diese Kochstelle wird ein Stuhl gestellt, eine Frau, die eine bunte Emailschüssel auf dem Kopf hält, nimmt darauf Platz.
Der Gesang steigert sich. Die Frau starrt in das kochende Öl, der Rhythmus ergreift sie nicht, sie sitzt ruhig und konzentriert sich. Sie will bereit sein, wenn Aglo von ihr Besitz ergreift. Es dauert etwa eine halbe Stunde, bis die Frau mit dem Kopf zu wanken beginnt. Sie senkt die Schüssel bis nahe ans Feuer und wird von einem Helfer wieder aufgerichtet. Stärkere Bewegungen, es scheint, daß sie das Gleichgewicht verliert, sie rutscht vom Stuhl, aber sie wird wieder hingesetzt.
Die Tänzer und Sänger sind nun näher an die Frau gerückt, einer der Männer klopft auf die Emailschüssel und murmelt Unverständliches. Immer wieder will sich die Frau erheben, wieder und wieder wird sie auf den Stuhl gedrückt. Dann schreit sie auf. Sie springt von ihrem Sitz, daß ihre Bewacher zur Seite fliegen. Rasend verläßt sie den Tanzplatz. Immer noch die Schüssel auf dem Kopf, erreicht sie einen Fetisch, der zwanzig Meter weiter an einer Hauswand steht. Sie wirft sich vor den Fetisch, steht auf und fällt wieder. Ihre Bewacher haben sie eingeholt, sie stehen an der Seite der Frau, um zu verhindern, daß sie auf die Straße läuft oder sich verletzt. Einige Zuschauer lachen. Nicht über die ekstatischen Tänze der Frau, sondern über mich, weil ich wie ihre Bewacher hinterhergerannt bin, um zu sehen, was sie tut. Wieder fällt mir die Indiskretion auf, mit der solche Feste gefeiert werden. Viele Kinder stehen herum; Leute von der Straße, die nicht zur Familie gehören, beobachten das Schauspiel. Was sie mehr verwirrt als die Trance der Frau, sind die weißen Gäste, deren Interesse man nicht einschätzen kann.

Die Frau wird in den Tempel gebracht, sie kommt zu sich. Sie wäscht sich das Gesicht und setzt sich, als ob nichts gewesen wäre, zu den Sängern auf die Holzbank.

Offizielle Mitteilung

Am 10. Mai 1978 erscheint in der ›Togo Press‹ folgender Bericht:

ERMAHNUNG UND EMPFEHLUNG
AN DIE RELIGIÖSEN SEKTEN

In Anbetracht des friedlichen Klimas und der politischen Stabilität, die in Togo nunmehr seit zwölf Jahren unter der erleuchteten und gegenwartsbezogenen Leitung des großen Führers General Eyadema herrschen;
aufgrund der Tatsache, daß die überall sprossenden religiösen Sekten diesen Frieden und die öffentliche Ordnung empfindlich stören;
in Anbetracht der Tatsache, daß die Sicherheit des Staates möglicherweise bedroht wird;
in Erinnerung an die Resolution Nr. 10 der 2. Statutentagung von Lama-Kara, welche nachdrücklich anordnet, daß strenge Vorkehrungen getroffen werden müssen, um dem starken Anwachsen religiöser Sekten in Togo ein Ende zu bereiten, um die moralische Gesundheit unseres Volkes zu gewährleisten, ergeht die Aufforderung an das Polit-Büro, nachstehende Sekten zu verbieten:

Apostolische Kirche von Togo
Glaubensgemeinschaft der Zeugen Jehovas
Kirche des himmlischen Christentums
Weltmission der Christen
Christian Gospel Church International
Pfingstkirche
Heiliger Orden des ewigen Cherub von Seraphius
Orden der Erlösung
Christliche Glaubensgemeinschaft Togos
Spirituelle Bruderschaft Christi
Kirche der Erlösung
Internationale Glaubensgemeinschaft der Gedeonen
Mission der Arche Christi
Weißes Kreuz
Hosanna
Christliche Kirche

Außer der katholischen und der protestantischen Religion sowie islamischen Religionen sind von nun an nur mehr nachstehende Religionen erlaubt:

Afrikanische Kirche der vereinigten Götter
Togos Glaubensgemeinschaft der Adventisten
Baptistische Kirche Togos

Die afrikanischen Religionen sind nicht unter den erlaubten. Müssen von nun an alle Voodoo-Gesellschaften Togos als illegal betrachtet werden?

Politisches

Am 11. Mai empfängt General Eyadema den Präsidenten der Volkrepublik Benin. Transparente auf dem Boulevard Circulaire heißen den Vater der Revolution, Lieutenant-Colonel Mathieu Kérékou, willkommen. Kérékou hat schon vor Jahren die Fetischeure einsperren lassen. Er hat die animistischen und die Voodoo-Gruppen seines Landes verboten. In einer Erklärung hieß es damals, sie hätten sich gegen das Volk von Benin gewandt und den Regen monatelang zurückgehalten. Ich erinnere mich:

4. Januar 1977. Vor dem Schlangentempel von Ouidha werde ich am Fotografieren gehindert. Über Benin wurde ein Fotoverbot verhängt. Ausgenommen ist nur das Pfahlbautendorf Ganvié, Eintritt 2500 CFA-Franc, nur mit Führer, eine vorbestimmte Strecke mit zwei Aufenthalten.
In Abomey sehe ich ein Mädchen, dessen Körper reich mit Skarifikationen geschmückt ist. Es gibt Ärger wegen meines Interesses. Ein eingeschüchterter Tankstellenchef erklärt, es sei verboten, andere als die Hauptstraßen zu befahren.
Zwei Tage später werde ich mit meiner Begleiterin Opfer eines Raubüberfalls. Bewaffnete Wegelagerer schlagen uns zusammen, wir werden gefesselt und all unserer Habe beraubt.
Buchstäblich nackt erscheinen wir Stunden später auf dem Polizeiposten in Cotonou. Mitleidiges Achselzucken; die Beamten müssen hierbleiben, für den Fall, daß etwas passiert. Wir verlassen Benin in Richtung Togo.
Einige Tage später werden die Grenzen gesperrt, bewaffnete Söldner haben einen Putschversuch unternommen. Ausnahmezustand. Hunderte werden in Gefängnisse geworfen, Europäer zu Dutzenden in einer Halle festgehalten, und erst nach Tagen gelingt es, einige von ihnen freizubekommen. Die Eingesperrten leiden an Darminfektionen.
Eine zweite Attacke gegen die Medizinmänner. Im Norden werden die Fetischeure eingesperrt. Ob sie etwas mit dem Putsch zu tun haben? Viele flüchten nach Togo. Die Dörfer entlang des Mono-Flusses sind zu neuen Zentren afrikanischer Religionen geworden. Fetische auf den Feldern, in den Höfen, vor und in den Häusern. Tausende.

Impressionen

Ich gehe von der Kathedrale zum Grand Marché. Drückende Hitze über Lome. Es wird mir klar, daß ich alles viel bewußter betrachten muß, daß das Interesse am Detail der Schlüssel zu vielem sein kann. Hunderte Male bin ich zu diesem Markt gegangen,

habe die Vielfalt an Fremdartigem an mir vorbeiziehen lassen. Es wird alles zur Routine, was man oft gemacht hat. Heute sehe ich die Fetischmädchen anders. Ab heute gehören sie nicht mehr zu den erlaubten Vertreterinnen einer legalisierten Kirche. Wann werden sie verschwunden sein?
Beim Vorübergehen bemerke ich eine Fünfzehnjährige, die sich schwarzen Bindfaden um die Brustspitzen wickelt. Ich verlangsame meinen Schritt, bleibe stehen. Mit europäischer Neugierde stelle ich mir die Frage, ob das einen Sinn hat, ob sie es bewußt tut oder nur spielt. Sie bemerkt, daß ich ihr zuschaue. Sie spielt weiter.
Dann begegnet mir ein Mann mit einem fournierten schmalen Kasten, an dem eine Fahrradklingel angeschraubt ist. Durch zwei Gläser darf ich in den Kasten schauen. Stereofotos: das Brandenburger Tor, eine Straßenschlacht, Kanonen, eine Afrikanerin. Er singt mir ins Ohr, dann klingelt er, die Serie ist durch. Was hat er gesungen? Niemand hat es verstanden, der Mann kommt aus dem Norden. Die Kinder müssen 10 CFA-Franc fürs Durchschauen bezahlen. Für den Jowo war's diesmal gratis.
Auf dem Markt türmen sich Berge von Kaolin, Ritualeisen, Fetischketten und Kauris. Wird ein Gesetz das alles wegwischen können? Oder hat sich die Regierung ein Ventil offengelassen, indem sie die Voodoo-Bewegung unerwähnt ließ?
Nach dem Sturz von Leo Mba in Gabun gab es hartnäckige Gerüchte, man hätte Gläser mit Blut und Leichenteilen in seinen Wohnräumen gefunden. Er war nicht nur Staatspräsident, sondern auch oberster Chef der Bwiti, einer religiösen Gruppe, die im Jahre 1927 von den Mizogo als Reaktion auf die ungeliebte Missionierung christlicher Kirchen ins Leben gerufen wurde. Die Bwiti existieren heute noch. Sie sind mit den Voodoo-Leuten der Westküste vergleichbar, sie bedienen sich christlicher Symbole und vermischen diese mit animistischen Elementen. Eine Religion, die Parallelen zum Voodoo hat: Weihrauch, Blut und viele Ekstasen. (Siehe dazu die Bilder auf den Seiten 225–228.)
Als ich 1965 in Gabun war, habe ich viele Nächte in Kreisen der Bwiti verbracht. Heute weiß ich, daß mich die Form mehr als der Inhalt interessierte. Der Tanz, die Musik, der Hokuspokus. Nun bietet sich mir eine gleichwertige Chance. Kann ich den Voodoo diesmal verstehen, oder bleibt er nur eine faszinierende Impression, an deren Inhalt jeder Europäer scheitern muß?

Rechts: Auf allen Märkten Togos arbeiten traditionelle Friseurinnen, die mit bunten Tafeln eine Auswahl der gängigen Frisuren anbieten. Für den Preis von 1500 CFA-Franc (15 DM) bearbeiten sie den Kopf der Kundin stundenlang. Die zu feinen Zöpfchen gedrehten Haare werden mit glänzenden Fäden eingesponnen und können dadurch zu bizarren Formen verfestigt werden.

OMO
A. Komla
Tokoin
Doumassesse
LUX

Eine Schlange für Hounkpe Agbagla

In Glidji steht zwischen umgefallenen Lehmmauern und Bäumen der Schlangentempel von Hounkpe Agbagla. Der weißhaarige Mann ist in seinem Wohnhaus. Am Eingang fliegen uns Tauben entgegen. An den Wänden hängen Körbe, in denen Tauben nisten. An der Ecke ein Altar mit kleinen Deckeln, die Öffnungen ins Innere verschließen. Das ist für die verstorbenen Zwillinge.

Hounkpe Agbagla bittet uns ins Haus. Ein ungeheures Sammelsurium von Flaschen, Säcken, verschnürten Bündeln, Holzfiguren, Stoffresten, Kalebassen, Knochen und Gläsern. Er läßt uns warten. Inzwischen kommt sein Sohn, er spricht französisch und möchte wissen, woher wir kommen und was wir wollen.

»Mein Vater kannte alle Heilpflanzen, die hier vorkommen. Jetzt ist er vergeßlich geworden, er arbeitet nicht mehr viel. Die Kammern da hinten sind Krankenzimmer. Früher waren sie immer belegt, jetzt sind sie es nur mehr vereinzelt. Mein Vater züchtet die Tauben, es werden manchmal welche vom Fetisch verlangt. Ich selbst arbeite in der Phosphatmine in Aglome. Ich komme nur zu den Feiertagen nach Toklo.«

Der Alte ist zurück. Er ist bereit, den Schlangentempel zu zeigen. Beim Hinausgehen blicke ich durch den Spalt einer angelehnten Tür. Eine Gruppe von Totenpuppen auf einem Schemel, weißes Holz, schwarzgemalte Haare, weiße Kleidchen. Das sind seine verstorbenen Kinder. Sechs. Es fällt mir auf, daß die beiden größten in der Art der Ibedji-Puppen der Yoruba geschnitzt sind, die kleineren hingegen Ewe-Stilistik aufweisen. Sie sind von verschiedenen Schnitzern angefertigt, man achtet nicht auf den Unterschied.

Der Schlangentempel ist von einer hohen Mauer umschlossen. Große Bäume ragen aus der Umfriedung. Schlangensymbole, dreiköpfige Figuren und anthropomorphe Gestalten schmücken die Mauer. Umkleidung. Hounkpe Agbagla ist vorausgeeilt, er durchstöbert hastig das Gebüsch, er hebt Matten auf, wälzt Steine zur Seite. Er kriecht in den runden Tempel in der Mitte der Anlage, kommt wieder hervor und beginnt einen Berg leerer Flaschen umzuschichten. Hounkpe Agbagla kann die Schlangen nicht finden. Zum Trost will er für uns beten.

Der übliche Obulus wird entrichtet. Hounkpe Agbagla verschwindet im Schlangentempel, und wir hören ihn mit den Göttern reden. Er erbittet Schutz und Sicherheit,

---

Rechts: Der Schlangenpriester sitzt mit seinen engsten Vertrauten vor dem Schrein. Die Opfer werden mit Anrufungen und dem Verschütten von Getränken eingeleitet. Schnaps- und Limonadepfützen werden von Göttern und Geistern getrunken und stimmen diese den Gläubigen gegenüber mild.

besonders beim Autofahren, Gesundheit und vieles mehr. Glockengerassel, Gemurmel, Glockengerassel, Gemurmel. Der Priester kommt mit dem Hintern voran aus dem Tempel. Wir sind zufrieden, aber die Zeremonie geht weiter.

Er nimmt eine Handvoll Kauris auf, klatscht sie auf den Boden und legt sie in Zweiergruppen. Er lacht. Unser Besuch sei positiv. Er nimmt eine zweite Handvoll, knallt sie aufs Pflaster, ordnet sie in Zweiergruppen und zweifelt kurz. Eine ist übriggeblieben! Wir werden nicht wie versprochen am Samstag wiederkommen. Er räumt schnell zusammen, als sei ihm das Orakelergebnis peinlich, und wirft die Kauris ein drittesmal. Wir haben Glück, das Orakel ist bei uns, wir haben sein Gebet und seine Wünsche verdient, wir sind alle mitsammen gute Menschen.

In den Schlangentempel darf niemand hinein. Nur Hounkpe Agbagla und seine älteste Schwester. Aus dem Tempelinnern holt uns der Priester eine Kokosschale voll geweihtes Wasser. Wir trinken reihum. Der Rest wird auf den Boden gegossen. Wir dürfen wiederkommen, die nächste Zeremonie sei am Samstag in zwei Wochen.

Der alte Fetischpriester sitzt beim Mittagessen. Kinder, Fliegen und der süßliche Geruch nach Moder und Gewürzen. Unser letzter Besuch in seinem Schlangentempel ist ihm lebendig in Erinnerung geblieben. Er hatte verzweifelt nach seinen Tieren gesucht und sie nicht gefunden. Jetzt spielen wir Schicksal. In einem Leinenbeutel habe ich ein Geschenk mitgebracht: eine Python regius für Hounkpe Agbagla, den letzten Schlangenpriester von Togo. Er lacht, er freut sich, er ist sichtlich überrascht. Er hebt die Schlange behutsam aus dem Sack, legt sie sich auf den Schoß und spricht mit ihr. Dazwischen lacht er vor Freude. Sein Bruder ist eingetreten, auch er spricht lange mit der Schlange, bevor er uns begrüßt.

Hounkpe Agbagle schickt ein paar Kinder voraus in den Tempel; sie sollen saubermachen, bis wir mit dem Tier kommen. Vor der Mauer zum Schlangentempel Verkleidung und Gemurmel. Im Tempelhof wird die Schlange vor den Eingang des Fetischhauses gelegt und besprochen. Sie löst sich langsam aus ihrer Verknotung und kriecht das Fetischhaus entlang auf den Priester zu. Er hebt sie auf, hängt sie sich um den Hals und beginnt mit seiner Beschwörung.

Inzwischen hat sich der Tempelhof mit zahlreichen Menschen gefüllt, die Ankunft der Weißen hat sich herumgesprochen. Dann artet alles zum Theater aus. Der Priester will fotografiert werden. Nicht einmal – hun-

Links: Schon im Babyalter wird der Umgang mit der heiligen Schlange gelernt. Der alte Schlangenpriester und sein Enkel bei den ersten heiligen Übungen.

dertmal, in allen erdenklichen Posen. Nach kurzer Zeit gibt er mir bereits Anweisungen, sagt, wo ich stehen soll und was alles aufs Bild gehört. Er ruft seine Gemeinde zusammen und baut eine Gruppe: die Kinder vorn, die Alten hinten. Die Schlange wird zum Spielzeug. Dann besteht er darauf, daß auch der Legba-Fetisch* vor dem Haus fotografiert wird. Er stellt sich dazu, verscheucht die Kinder; er ist in seinem Element.

Beim Abschied fragt er uns, ob er die Schlange behalten darf. Er will sie nicht im Tempel lassen, weil es Löcher in der Mauer gibt, durch die sie verschwinden könnte. Er fragt, wann wir wiederkommen. Er wird Sorge tragen, daß die zweite Hälfte der Außenmauer frisch gestrichen wird, damit sie auf dem Foto besser kommt.

Es macht mir große Mühe, zu erklären, daß die Farbbilder in Europa ausgearbeitet werden. Ich werde sie bei meiner nächsten Reise mitbringen.

Hounkpe Agbagla ist enttäuscht, daß er so lange auf die Fotos warten muß. Es kann Monate dauern, bis ich wiederkomme.

* Legba nimmt unter den Fetischen eine Sonderstellung ein. Er ist der Wächter und teilt seine Beobachtungen den Voodoos oder dem Priester mit. Dieser wird nach der Befragung des Orakels Maßnahmen ergreifen.

117 Der Schlangenpriester von Glidji stellt sich dem Fotografen. Die Python regius, eine der freundlichsten und harmlosesten Schlangen Afrikas, war auch den Yourba von Dahomey heilig. In Ouidah gibt es heute noch einen Schlangentempel, der von einem kleinen Kultkreis erhalten wird.

118/119 Die Familie hat sich fürs Gemeinschaftsfoto eingefunden. Das Spiel mit der Schlange dient profanen Freuden. Die heiligen Feste des Schlangenpriesters sind selten geworden, mit seinem Tod wird diese alte, dem Animismus entspringende Tradition zu Ende gehen.

120 Leere Flaschen sind keinenfalls das Überbleibsel feuchtfröhlicher Partys. Schnaps, Whisky und Limonade wurden für die Götter im Tempelhof verschüttet. Die Flaschen bleiben oft monatelang liegen, um den Besuchern eine Vorstellung von der Häufigkeit und Intensität der Opfer zu geben.

BENIN

Tod in Bé

Pfingstsonntag in Lome. Die Stadt wirkt ausgestorben. Ein paar Straßenhändler und Passanten, ein Rudel streunender Hunde, viele Jugendliche vor dem ›Club-Cinema‹. Es wird ein Film über die letzten Tage Hitlers gezeigt. Am ›Hotel de la Paix‹ vorbei dirigiere ich mein Taxi in Richtung Lagune. Hinter dem Marché du Bé lasse ich anhalten. Eine riesige Menschenmenge, Trommelrhythmen, Gesang und das Aufjaulen einer Trompete. Ich dränge mich an die Musiker heran, werde eingekeilt zwischen schwitzenden Frauen, zum Tanzen animiert und zu Gin eingeladen. Gabriel Avouete war erst sechsundzwanzig Jahre, als er starb. Er verblutete auf dem Vordersitz eines R4, der auf einen unbeleuchteten Lastwagen auffuhr. Ganz Bé ist gekommen, um seinem Begräbnis beizuwohnen.

Der kleine Platz ist zur Hälfte von einem Mangobaum überschattet, vorn an der Straße steht ein kleiner Rundbau, ein Fetischhaus, dem Wächter Avlegeti gewidmet. Über dem Lattenrost, der den Eingang verschließt, kann man lesen, woher der Fetisch stammt: aus Nouadja, einer kleinen Ortschaft nördlich von Lome.

Drei Gruppen von Musikern agieren unabhängig voneinander, dazu eine Gesellschaft von Voodoo-Frauen, die singen, begleitet von einer Doppelglocke. Einige trommeln auf geschlossenen Hartholzkisten, aus denen runde Löcher gesägt wurden. Viele sind traditionell gekleidet, einige europäisch. An der Wand einer Ruine hängt das gerahmte Foto des Verunglückten. Zwischen Weinenden einige Frauen und Männer, die lauthals lachen und schreien.

Von der Straße her teilt sich die Menschenmasse, ein europäischer Priester mit Bart und weißen Haaren drängt sich unter die Leute. Ihm folgen afrikanische Ministranten, Kreuze tragend, in langen Kleidern. Einige der Voodoo-Frauen rufen halleluja und lachen. Dann verstummen die Trommeln und die Gesänge, aus der Ruine wird ein Sarg getragen, ein Strauß Plastikblumen und ein weißes Tuch. Der Priester spricht, ein anderer übersetzt das Gesagte.

Die nahen Verwandten an der Seite des Sarges singen christliche Lieder. Einige weinen. Manchmal wird der Gesang von vorbeifahrenden Autos übertönt, dann wieder geht er im Gelächter anderer unter. Ich stelle mir die Frage nach der Pietät, nach der Anteilnahme der Lärmenden. Ich bewundere die Toleranz der Trauernden, die sich nicht stören lassen in ihrer Andacht. Es fällt mir auf, daß diese kollektive Anteilnahme, die man in Europa erwarten würde, hier ganz allgemein fehlt. Ich erinnere mich an Zeremonien, bei denen eine Gruppe in tiefer Ergriffenheit beim Fetisch kniete, während eine andere unbeeindruckt lärmte. Dieselben Leute, dieselben

Anlässe, und trotzdem so verschiedene Reaktionen.
Vor einigen Jahren erlebte ich an der Elfenbeinküste das ›Fête de Tabaski‹. An diesem hohen mohammedanischen Feiertag waren Zehntausende in das Fußballstadion von Man gekommen, um ihre Andacht zu halten. Vor dem weit geöffneten Tor standen drei Männer und wollten sich schier totlachen über das wogende Auf und Ab der Frommen. Drei gegen Tausende. Niemand hat sie verprügelt.
Der Sarg mit der sterblichen Hülle von Gabriel Avouete wird wieder aufgehoben. Langsam quillt die Menschenmasse auf die Straße, dem kleinen Friedhof zu, der an der Lagune beim Wasserwerk liegt. Die Trauergemeinde wirkt nun still und ergriffen, dem Sarg und seinen christlichen Begleitern folgen mit mehr als hundert Meter Abstand die Voodoo-Gruppen.
Der Friedhof ist erreicht. Hunderte waten bis zu den Knöcheln durch die Scheiße, die auf Wegen und Gräbern liegt*. Der Geruch einer riesenhaften Latrine überlagert den der blühenden Bäume und Pflanzen, die noch regennaß in der Nachmittagssonne glänzen. Wieder stellt sich mir die Frage nach der Pietät. Wie kann ein Volk, das seine Ahnen wie die Götter liebt, einen Friedhof so entehren?
Die Grube ist ausgehoben, der Sarg versenkt. Eine von Weinkrämpfen geschüttelte Frau wird weggeführt. Die Mutter von Gabriel Avouete. Wenig später verlassen der europäische Priester und seine Helfer das Grab. Die Christen gehen, jetzt treten die Voodoo-Leute auf den Plan.
Auf der schmalen Straße kommt es zu einer unvermeidlichen Begegnung. Die Christen in Weiß, die Voodoo-Kirche mit nackten Oberkörpern und grünen Zweigen, singend und tanzend. Ein Mann löst sich aus der Gruppe und dreht sich, er breitet die Arme aus mit dem Ausdruck der Verzweiflung im Gesicht. Dann begegnen sich zwei Welten. Die Voodoo-Frauen nicken dem Missionar zu, dieser erwidert die unerwartete Freundlichkeit mit einem unbeholfenen Kußhändchen. Dann grüßt er mich, er will stehenbleiben, geht aber schließlich doch weiter. Was hätte er auch sagen sollen?
Nach einer Stunde ist der Versammlungsplatz vor der Ruine wieder mit Menschen gefüllt. In vier Tagen soll die eigentliche Feierlichkeit stattfinden. Wäre der Mann an einer Krankheit gestorben, so hätte man acht Tage vergehen lassen.

* Pietät wird weltweit verschieden ausgelegt, ebenso die Begriffe ›Unrat‹ und ›Entehrung‹. Bei den Yoruba von Nigeria ist Gott Eshu der Besitzer der Müllplätze und Misthaufen. Aufgrund von Eshus enormer geistiger Kapazität und Allmacht verliert auch der Mist seinen negativen Aspekt, nicht zuletzt deshalb, weil er ein Symbol des Verfalls und in die Gesamtheit der Schöpfung eingebunden ist. Aus dieser Sicht ist auch der Kot Produkt einer göttlichen Schöpfung, und daher ist es nicht beleidigend, wenn er am Grab des Ahnen zu liegen kommt.

Geldprobleme

Wenn ein Patient des Krankenhauses in Tokoin stirbt, bedeutet die Überstellung nach Anecho für die Angehörigen oft eine nicht tragbare finanzielle Belastung. Viele verzichten daher auf das offizielle Leichenauto und bringen ihre Toten in Binden oder Leintücher gehüllt auf dem Rücksitz eines Taxis nach Hause.

Ein Hausangestellter verdient monatlich 7000–10 000 CFA-Franc (das sind 70–100 Mark), ein Lehrer 15 000–50 000 CFA-Franc. Ein Sarg kostet 25 000–90 000 CFA-Franc. Für einen Kranz aus Plastikblumen muß man 25 000 CFA-Franc hinlegen, das sind drei Monatsgehälter eines Hausangestellten! Die Zeremonien von Mamissi Kokoe kosten ohne die zahlreichen durch den Kranken zu beschaffenden Zutaten zwischen 3700 und 157 000 CFA-Franc, die beizubringenden Gegenstände bis zu 100 000 CFA-Franc, das sind 1000 DM. Eine der Zeremonien kostet rund zwanzig Monatsgehälter der unteren Einkommensschicht.

Die Stadtfahrt eines Sammeltaxis wird mit 50–100 CFA-Franc berechnet; ein Coca-Cola im ›Hotel du Golfe‹ kostet 200 CFA-Franc; ein Diebstahlprotokoll wird von der Polizei für 250 CFA-Franc ausgestellt; das Einzelzimmer im ›Hotel de la Paix‹ wird mit 13 000 CFA-Franc in Rechnung gestellt.

Entbindungen

Die ghanesische Tageszeitung ›Daily Graphic‹ bringt in jeder ihrer Ausgaben zahlreiche Ankündigungen von Begräbnisfeierlichkeiten. Viele davon beruhen auf Todesfällen, die sich vor Jahren oder Jahrzehnten ereignet haben. Die Totenfeste sind so aufwendig, daß manche Familien nur für sie arbeiten.

Im Jahre 1973 haben in der Universitätsklinik von Lome etwa 8000 Frauen entbunden. Ihnen standen damals zwei Ärzte zur Verfügung. 1979 wurden über 12 000 Geburten erwartet. Die Entbindungsanstalt verfügt über sieben Betten. Die meisten Frauen entbinden in den Gängen auf dem Boden und werden zwei Stunden später nach Hause geschickt. Nur bei nächtlichen Entbindungen dürfen sie bis in die Morgenstunden auf dem Boden schlafen, weil die ersten Taxis nicht vor sechs Uhr verkehren. Bei Komplikationen müssen weniger Gefährdete das Bett zugunsten der Kranken räumen und auf den Boden übersiedeln.

Die Säuglingssterblichkeit wird nicht registriert, man hat alle Hände voll zu tun, die Mütter am Leben zu erhalten. Der Tod eines Säuglings ist ein Alltagsereignis. Ein Krankenhelfer sagte mir, es mache nicht viel Unterschied, ob eine Familie zwölf oder vierzehn Kinder habe. Die jungen Togolesen denken fortschrittlicher, sie befassen sich mit Familienplanung und verlangen die Pille.

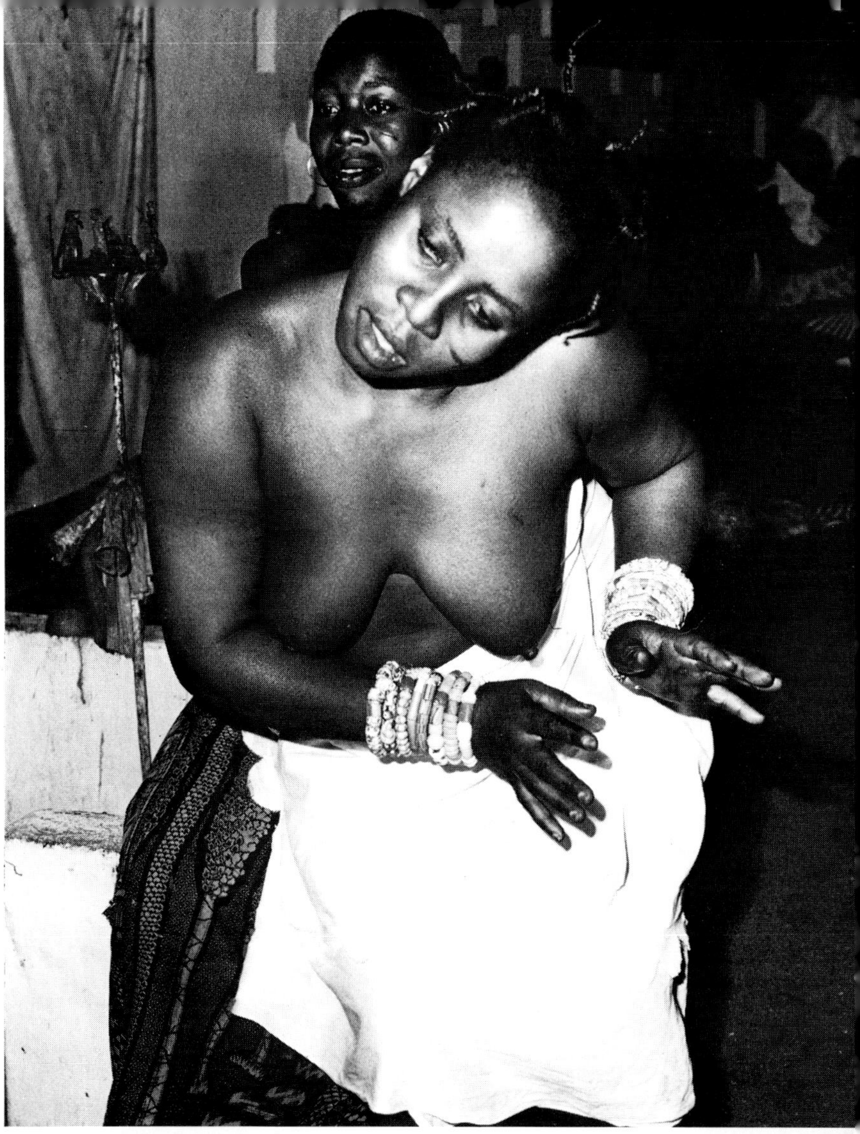

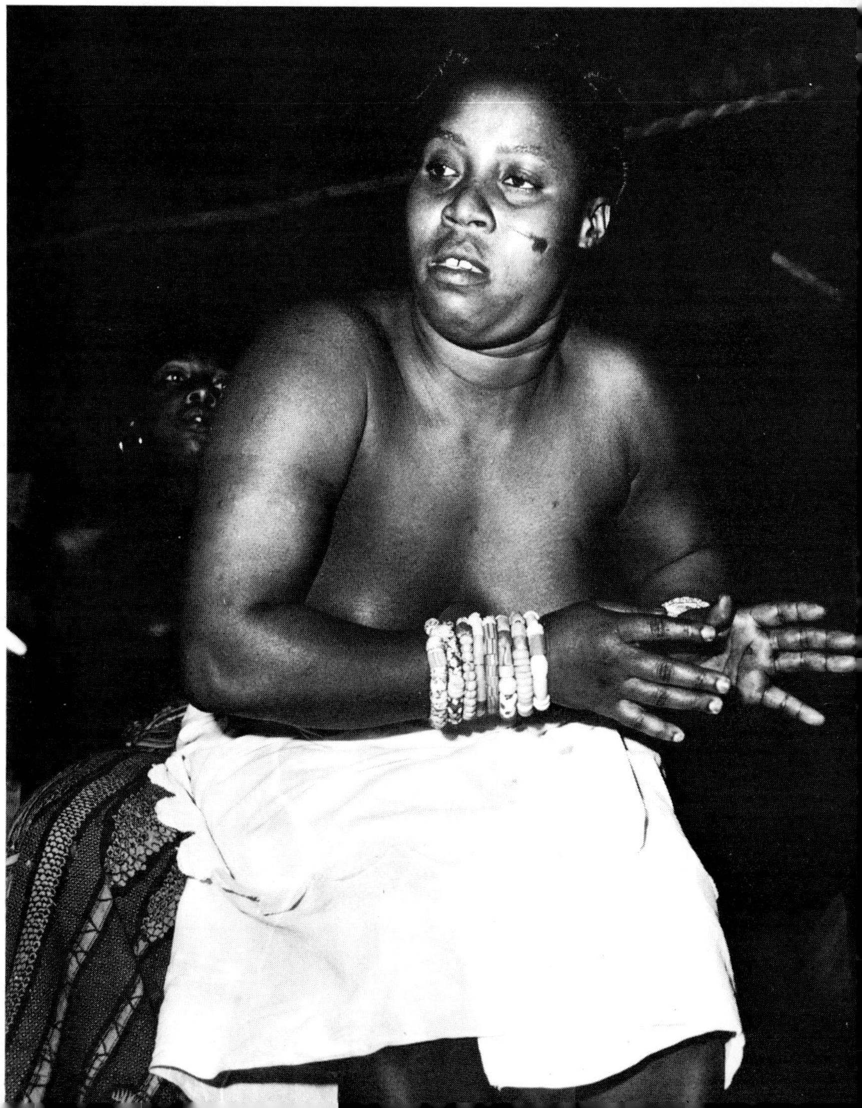

Im Wartezimmer von Mamissi

Mamissi Kokoe umarmt mich. Die Fotos haben ihr gefallen, aber es waren zuwenig. Am Abend wird Mamissi, die Schlangen- und Nixenpriesterin, einen Tanz geben. Wie sie sagt, zu unseren Ehren. Ihr Haus hat sich verändert. Die reich gedeckten Tische mit den Figuren, den Parfumflaschen und den Whiskygläsern sind verschwunden, die Blechhütte wirkt heruntergekommen. Einige Leute liegen in den Gängen, schlafend, meist Frauen, deren dicke Brüste wie frischer Teig über den peinlich sauber gefegten Lehmboden rinnen.
Mamissi Kokoe war einige Wochen verreist. Wir haben Glück, sie zu treffen.
Am Abend hektisches Treiben. Im Zimmer von Tro Kunde kniet die Priesterin und verstreicht ein Ei am Altar. Fetische, die sonst an der Wand hängen, liegen jetzt auf dem Boden, blutbeträufelt und mit rohen Eiern beschmiert. Eine kahlgeschorene Frau stößt kurze, scharfe Schreie aus, ihre Augen sind so weit nach oben gedreht, daß die Pupillen nicht mehr sichtbar sind. Ihr Gesicht ist naß vom Schweiß und von dem Weihwasser, das über ihren Kopf geträufelt wird. Eine zweite Frau sitzt unbeteiligt im Vorraum, ihr Kopf ist kahlgeschoren, ihr Oberkörper nackt, mit Kaolin weiß gefärbt. Sie ist schwanger, das Kind hätte längst zur Welt kommen sollen. Mamissi wird die Geburt beschleunigen.
Aus Tro Kundes Kammer tönen Schreie und Trommelschlagen. Jetzt kommt Mamissi und setzt sich auf ihren Zeremonienstuhl. Die weißbemalte Frau kniet vor ihr, Mamissi spricht ein Gebet. Andere Frauen umlagern die Szene, singen, klatschen und reichen Medikamente. Mamissi berührt den Kopf der Patientin – ein Schrei, sie bäumt sich auf, fällt nach hinten und wird aufgefangen. Die Frauen halten sie mit Gewalt. Die Besinnungslose tobt, sie brüllt wie ein Tier, ihr Gesicht ist wie im Krampf verzerrt, sie fällt zu Boden. Mamissi sitzt auf ihrem Stuhl, sie zeigt nicht die Spur einer Anteilnahme. Was wir erleben, was uns fasziniert und erschreckt, ist ihr Alltag.
Über einem Schemel in der Dunkelheit der engen Hütte liegt ein junger Mann. Sein Gesäß ist entblößt, mit einem bunten Stoff diskret verdeckt. Er hat ein Problem mit seinem Geschlecht. Welches, das erfahre ich nicht. Nachdem die Schwangere den Vorraum verlassen hat, wird der Mann behandelt. Mit einer Klinge ritzt einer der Priester kleine Schnitte ins Gesäß. In der Dunkelheit glaube ich zu erkennen, daß ihm ein Stock in den

---

Seiten 124 und 125: Eine Frau fällt in Trance. Ihr Körper beginnt in leichte Schwingungen einzupendeln, ihr Gesichtsausdruck verändert sich, ihre Hände schreiben Zeichen und Symbole in die Luft, dann spricht der Gott, der sie genommen hat, aus ihr. Ihre Stimme hat sich verändert, sie erhebt sich und beginnt zu tanzen. Sie tanzt den Tanz ihres Gottes, alles ist voll von Botschaften und Symbolen, die nur der Eingeweihte versteht.

After geschoben wird. Er verbeißt sich den Schmerz, er gibt keinen Laut von sich. Die Prozedur dauert zwanzig Minuten. Der Patient bleibt quer über dem Schemel liegen, bis seine Helfer mit den Ingredienzien eintreffen, die Mamissi gefordert hat. Die Behandlung kostet 110 Mark, das Geld wird im voraus bezahlt.
Auf dem Tanzplatz vor dem Haus haben sich Menschen versammelt, der Tanz beginnt um acht. In den Fetischkammern herrscht hektisches Treiben, Frauen und Männer in bizarren Kostümen laufen wirr durcheinander. Das sind die Fetische, die nun auftreten. Die Götter haben von den Menschen Besitz ergriffen und reiten sie wie Pferde, machen sie zu ihren Untertanen.
Tro Kunde erscheint in Frauengestalt, mit einem Lederstirnband und Hörnern, mit einem rotgestreiften Kleid und weißbemalten Füßen. Der Gott wirbelt durch die Menge, Zuschauer und Kinder werden umgeworfen. Soboto kommt mit einem Dreizack. Nach wilden Sprüngen setzt er sich auf die Spitzen der Gabel, auf seinen Schenkeln sitzen zwei Trommler. In den Handflächen einer anderen Gottheit wird Schießpulver entzündet. Eine Frau kniet auf dem Boden und sticht mit einem Messer in den Sand. Mit rasender Geschwindigkeit läßt sie die Klinge über ihren Arm gleiten, mit schlafwandlerischer Sicherheit verfehlt sie die Schlagader nur knapp. In kurzen Abständen fallen Zuschauerinnen und Tänzer in Trance. Eine Frau wird steif wie ein Brett hinausgetragen, eine andere fällt vor meine Füße und windet sich wie in einem Anfall. Ich schaue ihr in die Augen, ich sehe nur gelbliches Weiß unter den zuckenden Lidern.
Im Kloster sind alle Zimmer belegt. Die Götter sind außer Rand und Band, sie verlangen ein Opfer nach dem anderen. Mehr als ein Dutzend Menschen werden schon von ihnen beherrscht, jede Minute kommt ein neues Opfer dazu. Mamissi hat alle Hände voll zu tun. Sie bringt Kräuterbäder und Getränke, weißen Puder und Parfum. In grauen Bahnen läuft den Tänzern die Farbe vom Gesicht, die Kostüme kleben schweißdurchnäßt, zwischen den Zähnen knirscht Sand, der von den nackten Füßen durch die Luft geschleudert wird.
Immer neue Masken, immer neue Tänze, ein unerschöpfliches Repertoire, eine unnachahmliche Choreographie. Totales Theater, absurder als Tardieu, abstrakter als Ionesco. Der Tanzplatz ist eine einzige Bühne, und es gibt keinen Zuschauer. Jeder spielt seine Rolle, jeder ist Marionette, von Götterhand gelenkt, zu grotesken Verrenkungen gebeugt, in die Luft geschleudert und auf den Boden geworfen. Ein Tumult, der kein Ende zu haben scheint.
Eine Frau tritt auf, eine Kalebasse auf dem Kopf, weiß bemalt; sternförmig verlaufen die Linien auf ihrem Gesicht. Über farbigen Un-

terröcken trägt sie ein weißes Hochzeitskleid, auf dem Rücken einen Pfeilbogen und einen Köcher. Unter den Arm hat sie eine Flasche geklemmt, sie läßt das Publikum trinken, sie verschüttet, verprustet und verspritzt Limonade. Eine Ladung Pulver wird unter ihrem Rock entzündet. Ein weißer Rauchpilz hüllt sie ein, ein wilder Schrei, dann fällt sie zu Boden und wird weggetragen.
Mamissi erlaubt mir zu fotografieren. Ich hole meinen Apparat und blitze einmal zwischen die Tänzer. Ein Mann reklamiert, ich lasse es bleiben. Ich werde zu Mamissi geholt. Der Mann war ein Spitzel, er droht mit Polizei und spricht von Verboten. Es ist mit dem Voodoo wie mit der Pornografie. Die Sache selbst ist erlaubt, nur ihre Darstellung ist verboten. Wer einen legalen Tanz fotografiert, handelt illegal.
Ich bin verärgert. Ich verlasse das Fest. Einige begleiten mich zum Auto. Ich soll nächsten Freitag wiederkommen.

Voodoo-Fest auf dem Kirchplatz

Wir erreichen Glidji. An der Straße, die vom Dorfplatz an der Kathedrale vorbei zum Hauptplatz führt, haben sich Hunderte Menschen versammelt. Das ganze Dorf ist voll von weißgekleideten Fetischpriestern und Initiierten.

129 Verzückung und die selig lächelnde Erwartung einer Trance stehen auf den Gesichtern dieser Frauen. Es kann nur mehr Minuten dauern, bis die erste von ihrem Gott ergriffen wird und in Ohnmacht fällt. Das ist der Auftakt einer Zeremonie, die ohne diese Ekstasen nicht auskommen kann. Sie sind der Beweis, daß die Götter das Rufen der Gläubigen erhört haben.

130/131 Das Initiationsfest in Glidji nimmt seinen Lauf. Die Voodoo-Gemeinde kehrt der katholischen Kirche im Hintergrund den Rücken. Sie haben ihre eigenen Götter, die Voodoos, denen sie vertrauen. Im festlichen Schmuck erwartet man die »Einstuhlung« einer neuen Mamissi.

132 Die neu aufgenommene Mamissi sitzt auf dem rituellen Hocker, den die Minah und die Ewe verwenden. Nun beginnt eine Sammelaktion, bei der alle Gäste ihren Anteil bezahlen. Das Geld wird für die Installation eines neuen Tempels verwendet. Glidji hat eine Mamissi mehr.

Der alte Schlangenpriester ignoriert den Auflauf. Das sind nicht seine Leute, die da feiern. Zum erstenmal spüre ich einen Konkurrenzkampf zwischen den Voodoo-Leuten. Der Schlangenpriester will uns aufhalten, es paßt ihm nicht, daß wir hinauf wollen, um uns zu integrieren in die Ansammlung, die nicht die seine ist. Eifersüchtig überwacht er unsere Aktionen. Er bittet uns in den Tempel.

Wir ziehen Hemd und Schuhe aus, wir knien auf der Erde, wir trinken Palmschnaps und heiliges Wasser. Einer der Götter wird angerufen. Man opfert zwei weiße Tauben für unsere Gesundheit und unser Wohlergehen.

Oben im Dorf beginnen die Trommler. Unaufhörlich treffen Ehrengäste ein. Unter einem strohbedeckten Sonnendach gibt sich die Voodoo-Prominenz ein Stelldichein. Der Tanz hat mit Anrufungen begonnen. Wie bei allen Voodoo-Festen dominieren die Frauen, dicke, barbusige Priesterinnen, weiß bemalt und mit Ketten behängt. In dem Fetischhäuschen hinter dem Sonnendach aufgeregtes Getuschel; Gebete, Schreie, Ekstasen. Ein alter Priester bereitet einen Kräuterabsud, eine junge Frau ist durchs Zuschauen in Trance gefallen.

Zwei hellhäutige Transvestiten tanzen als Weiber verkleidet, unbeachtet von der Menge. Männer in Frauenkleidung – ich sehe das hier zum erstenmal.

Von einer Gruppe weißbemalter Frauen wird eine Priesterin hereingeführt. Ihretwegen findet das Fest statt. Es ist der Tag ihrer Inthronisation, das Initiationsritual, durch das sie in den Kreis der Voodoo-Gemeinde aufgenommen wird, mit allen Privilegien einer Priesterin.

Wen die Götter rufen

Ein Mann, der nicht in Trance fallen will, windet sich in Krämpfen. Ich sehe zum erstenmal, daß ein Gott von einer Person gegen deren ausdrücklichen Willen Besitz ergreift. Von der Ecke des Hofes aus beobachte ich den Mann. Er trägt eine rot-weiße Hose mit dem Aufdruck ›Coca-Cola‹, er wirkt intelligent, städtisch und selbstbewußt, und dennoch war er dem Angriff des Gottes nicht gewachsen. Zwei Männer haben ihn in den Hof gezerrt, als er draußen auf der Straße neben den Trommlern in Trance fiel. Alles, was er seinen Helfern noch sagen konnte, war, daß er nicht von Hebiesso besessen werden wolle. Dann begann sein Körper in motorische Bewegungen einzupendeln, und seine Augen suchten verzweifelt einen Retter, ehe sie sich so weit nach oben drehten, daß die Pupillen ins Hirn starrten und nur ausdrucksloses Weiß in seinem Gesicht stand. Jetzt sitzt er auf der Bank, gestützt von Freunden, die ihn immer wieder

mit Wasser bespritzen und schütteln. Sie nehmen seine Hände und werfen sie grob nach unten, sie drehen an seinem Kopf, daß ich die Wirbel krachen höre, sie blasen in seine Ohren wie in die Seele eines Fußballs. Der Mann bleibt im Besitz seines Gottes. Für Sekunden scheint er das Bewußtsein zu erlangen, dann fällt er zurück in die Finsternis einer ungeliebten Trance, die er fürchtet wie einen Horrortrip. Er stößt einen tierischen Schrei aus wie jemand, der seinem Mörder gegenübersteht und lahm vor Angst auf den Todesstoß wartet.
Die Voodoo-Götter sind nicht freundlich. Sie sind keine lieben Götter wie die anderer Religionen. Sie sind menschlich und unmenschlich zugleich, sie sind Tier, Pflanze oder Stein, sie sind alles. Sie benutzen den Menschen für ihre Zwecke, wie sie der Mensch für die seinen benutzt, sie sind physisch und metaphysisch, sie haben so viele Aspekte, daß sie mit sich jonglieren lassen. Wer sie beherrscht, ist selbst ein Gott, wer von ihnen beherrscht wird, bleibt Werkzeug und Spielball, er ist der Bauer auf dem himmlischen Schachbrett des Voodoo, der in der Gefahr lebt, geopfert zu werden.
Nach einer Stunde hat der Gott den Mann verlassen. Benommen sitzt er auf der Bank, beschämt, er spricht kein Wort. Ehe ich noch mit ihm reden kann, ist er verschwunden. Erst in der tanzenden Menge, dann in der Nacht.

Die Weißen fragen zuviel

Mamissi Dossa sitzt vor ihrem Haus, Egou, der Eisenfetisch, ist frisch beopfert, Spuren von rotem Palmöl rinnen die kaolinweiße Umrandung entlang. Sie hat nicht am großen Mami-Wata-Fest teilgenommen, denn ihre Beine machen Probleme, obwohl sie erst neunundvierzig ist. Sie fragt nach Rheumasalbe.
Ihr Sohn Folie, der 170 Mark im Monat verdient, kann gerade seine Frau und seine Kinder erhalten. Er ist der einzige, der Arbeit gefunden hat, und so erwartet die ganze Familie, daß er sie unterstützt.
Mamissi Dossa greift nach dem Kultgefäß, das hinter ihr im ›Heiligenwinkel‹ liegt. Das Krokodil auf dem Deckel ist Hoenu. Es gehört wie die anderen Figuren in die Reihe der Fetische, die um Mami, die Nixe, angesiedelt sind. Eine Figur mit drei Köpfen trägt den Namen Nana Densu, sie zählt zu den mächtigen Fetischen, die für das Wohlergehen, das Glück und auch den Gelderwerb verantwortlich sind.
Ich stelle Fragen, und Mamissi antwortet.
Ich interessiere mich für die Gestalt der Nixe, und damit ich schneller begreife, holt sie eine kleine Plastikpuppe hervor, eine Frauengestalt mit Fischschwanz, eine durchsichtige Kugel haltend, in der grüne Seepferdchen schwimmen – Kinderspielzeug aus Europa, hier hat es den Wert eines Heiligtums. Mami

hat große Hände. Ihre Darstellung auf dem Deckel des Kultgefäßes wirkt sehr expressiv. Damit sie besser nach den Frauen greifen kann, die sie ins Wasser ruft? Mamissi lächelt mitleidig. Natürlich nicht! Die großen Hände sind nur eine der Eigenheiten, die ihr Gott mitgegeben hat. Ich frage nach dem Namen des Schöpfergottes. Mamissi überhört die Frage, später sagt sie dann, daß niemand diesen Schöpfergott gesehen hat, daß es also auch keine Darstellung und keinen Namen gibt. Gott ist ein abstrakter Begriff, nur die Fetische, die er schuf, sind darstellbar, denn sie waren selbst einmal Menschen, sie waren Tiere oder Pflanzen, sie haben schon einmal gelebt, sie sind Realität, die immer weiter existiert, solange die Menschen für sie ihre Opfer bringen.

Ich frage, wie die Menschen mit den Fetischen in Kontakt treten und wie diese die Art der Zeremonien festlegen, die sie wünschen. Mamissi lächelt. Es gibt Menschen, viele Menschen, die werden nachts, wenn sie schlafen, von einem Fetisch besucht. Das kann Densu sein oder Mami selbst. Diese Menschen werden Angst bekommen, denn sie wissen nicht, wie sie sich zu verhalten haben. Sie werden zu einem Fetischpriester gehen, zu einer Mamissi, und diese wird mit Hilfe des Orakels und verschiedener Opfer feststellen, welcher der Fetische von dem Menschen Besitz ergriffen hat und was zu tun ist. Sie wird dem Besessenen Empfehlungen geben, Opfer zu bringen und möglicherweise dem Kultkreis dieses Fetischs beizutreten, damit er ihm dienen kann und sich dadurch seinen Angriffen entzieht.

Meine Fragen verwirren Mamissi sichtlich. Sie unterbricht unser Gespräch und sagt, sie sei verwundert über die Fragen, die ich stelle, und sie sähe eine Gefahr in meiner Neugierde. Üblicherweise begnügt man sich mit einigen Informationen. Wer zuviel weiß oder wissen will, begibt sich in Gefahr. Dann spekuliert sie und meint, daß ich vielleicht in Europa selbst einen Fetisch hätte, der mich beschützt. Nochmals spricht sie von der Gefahr des Wissens, und mein Übersetzer bestätigt mir, daß er selbst nicht den Mut hätte, all diese Fragen zu stellen.

Mamissi Dossa ist in einer christlichen Kirche getauft. Sie trägt den Namen Lucia und ist erst, als sie zwanzig war, ins Voodoo-Lager übersiedelt. Ihr Gottesbegriff ist noch vom Christentum geformt. Sie glaubt an einen Gott, der die Erde geschaffen hat und die Menschen, einen Gott, den niemand gesehen hat, einen abstrakten Gott, der seine Existenz ununterbrochen beweist, indem er die Natur in Bewegung hält, die Menschen und die Fetische schafft und sterben läßt. Auch Fetische können sterben, wenn niemand mehr Opfer für sie bringt.

Meine Frage nach der Heimat von Mami weckt Verwunderung. Mami ist so alt wie die Erde, und sie lebt überall, wo es Meere und

Wasser gibt. Meine Vermutung, Mami könnte vorzugsweise in Togo und Ghana angesiedelt sein, wird zurückgewiesen. Mamissi scheint mich wegen meiner kleinlichen Fragen für einen Hinterwäldler zu halten. Die Kulte seien so alt wie die Menschheit, ihre Vorväter hätten sie schon in grauer Vorzeit praktiziert. Meine Einschränkungen wischt sie mit einem Lächeln vom Tisch, mein Zweifel, der aus den Fragen spricht, macht mich lächerlich.
Ich stelle eine letzte Frage. Was weiß Mamissi über den Mami-Wata-Kult* in Anecho? Jedes Jahr im September beginnt die große Zeremonie für Mami. Dabei wird ein heiliger Stein gezeigt, der eine Reihe von Zeremonien verlangt. Drei Monate später, im Dezember, kommt dann das Abschlußfest, bei dem der Stein an Mami zurück ins Wasser gegeben wird. Diese Zeremonie ist uralt. Der Stein gilt als Sohn eines Mannes, der vierzig Kinder zeugte. Alle starben sehr früh. Als letztes Kind wurde der Stein geboren, der ihn so entsetzte, daß er selbst starb. Damals schon wurde der Mann als göttlich angesehen, und sein letztes Kind, der Stein, wird seither verehrt.

* Der Mami-Wata-Kult hat seinen Ursprung am Cross-River in Nigeria (siehe Seite 253ff.).

Voodoo-Erinnerungen

Vor dem alten Fetischbaum in Anecho steht ein Rudel Ziegen. Die Tiere sind mit roten und weißen Stoffbändern gekennzeichnet. Sie gehören Egou und Aholu, den beiden mächtigen Göttern des afrikanischen Voodoo-Himmels.
Der alte Mann mit der Brille sagt, er sei zweiundsiebzig und im Jahre 1906 in Anecho zur Welt gekommen. Im Vertrauen erzählt er, daß er nicht so recht an die Lauterkeit seines Nachbarn glaube, der seine Ziegen den Göttern weihe. Vielmehr hege er den begründeten Verdacht, daß dieser durch die Widmung lediglich Diebe davor abschrecken will, die Tiere nachts verschwinden zu lassen.
»Es ist mit allen Dingen dasselbe. Die ganze Gesellschaft ist im Begriff zu degenerieren. Als ich so alt war wie dieser Junge da drüben, haben in Anecho noch große Zeremonien stattgefunden. Das ist heute vorbei. Die Menschen sind nicht mehr sauber, sie belügen sich selbst und ihre Götter. Damals hat ein Priester fünf Monate nicht mit einer Frau geschlafen, wenn er eine große Zeremonie zu leiten hatte. Heute nimmt man das nicht mehr so genau.
Als ich fünf Jahre alt war, feierte man die Mami-Wata-Zeremonie ganz früh am Morgen. In der Dämmerung gingen Tausende zum Meer, um dabeizusein, wenn die beiden

Kinder mit den Kalebassen voll Palmwein in den Wellen verschwanden. Man hat zwei Kinder ausgewählt, einen Buben und ein Mädchen. Sie brachten der Mami die Geschenke und gingen direkt ins Meer, vor aller Leute Augen. Als sie nach einer Stunde wiederkamen, waren die Kalebassen noch voll vom Palmwein. Sowas gibt es heute nicht mehr!«

Der Alte lacht. Warum erzählt er das alles dem Weißen? Vielleicht, weil sich von den eigenen jungen Leuten niemand mehr so recht dafür interessiert.

Dann erzählt er mir die Geschichte, die ich schon so oft gehört habe. Er redet vom Stammeskrieg in Ghana und von der Flucht seiner Familie. Immer werden andere Daten genannt. Der Krieg hätte Mitte des neunzehnten Jahrhunderts stattgefunden. Die Flüchtlinge hätten damals den Fetisch Ata Kpessou mitgebracht.

Die Zeremonie mit dem Stein beschreibt er anders als Mamissi Dossa. Der Stein wird zum Meer getragen und wieder zurück an die heilige Stätte seiner Aufbewahrung gebracht. Es sei Unfug, zu behaupten, man werfe ihn ins Wasser.

Er bedauert, nichts mit dem benachbarten Fetischhaus zu schaffen zu haben. Der Priester käme von der anderen Seite der Lagune, immer am Samstag morgen, um sein Opfer zu bringen. Die nächste große Feier sei im kommenden Jahr am 14. Jänner.

Wenn Fetische reden

Spätnachmittag in Bé. Die Sonne ist vom Hamadan* verdunkelt, nur als rote Scheibe sichtbar. Staub liegt über der festlich geschmückten Stadt. Es ist Montag, der 8. Januar. In wenigen Tagen wird das große Unabhängigkeitsfest Tausende Togolesen nach Lome führen. Die Hotels sind seit Tagen ausgebucht, große Gruppen singender Jugendlicher ziehen durch die Stadt, Vorbereitung für den 13. Januar 1979. Vor Lomes vornehmstem Hotel sind Tribünen errichtet, tausend Fahnen und Transparente spannen sich über die Straßen. Bunte Lampen und viele Sprüche, auf Häuser, Mauern und Fahnen gemalt, preisen den Staatspräsidenten, General Eyadema.

Bé liegt etwas abseits vom festlichen Glanz. In der Nähe des Fetischmarktes, vor dem Friedhof, wird die Trommel geschlagen. Der Vater von Nestor ist gestorben, der alte Fetischpriester und Voodoo-Mann. Ich stehe im Kreis der Sänger, in der Staubwolke, die die Szene einhüllt. Eine Flasche Sodabi wird herumgereicht, der Jowo soll mittrinken. Volksfest für einen Toten, Gelächter, Tanz und kein bißchen Trauer. Nur Nestor, der Sohn, weint. Über sein schwitzendes Gesicht rinnen Tränen, und so steht er im Kreise der

* ein Sandsturm, der, von der Sahara kommend, zu bestimmten Zeiten den Himmel trübt

Gäste, er breitet seine Arme aus, dreht sich, als würde er von einer unsichtbaren Hand bewegt. Ein Mann mit einer Trompete und einem Militärhut bläst schaurige Zapfenstreiche in das monotone Hämmern der Trommeln.

Ich soll tanzen. Ich wehre mich, werde aber in die Mitte gezogen, umtanzt und animiert. Ich schäme mich vor Nestor, den ich von früher kenne und der einer der ersten war, die mich zu einem Familienfest einluden.

Um halb fünf wird der Sarg zum Friedhof getragen. Einer spricht am offenen Grab. Ich verstehe nichts, denn der betrunkene Trompeter zerzapfenstreicht den Nekrolog. Die Trauergäste kehren zurück, über die Müllhalde, sie durchwaten stinkende Kloaken, die grün über den Weg rinnen. Ich denke an Susanne Wenger, die von den Müllhalden der Yoruba sagt, Eshu sei ihr Besitzer. Kraft seiner überwältigenden geistigen Kapazität erfahren diese Plätze nicht dieselbe Beurteilung wie die Müllplätze und Kloaken in Europa, Exkremente am Grab des Chefs sind den Ewe keinen Gedanken wert.

Die Verbindungsstraße zur Rue Atakpame liegt im Halbdunkel. Die Öllichter der Marktfrauen erfüllen die Luft mit schwarzem Gestank, Motorräder und Autos tasten sich durch das nebelige Grau der anbrechenden Nacht. Ich biege nach rechts in die Rue Amemaka Libla und stehe vor dem Haus des Schnitzers Agbagli Kossi. Dieser Mann hat in Voodoo-Kreisen einen großen Namen, er ist einer der angesehensten Künstler von Bé, der Lieferant von Totenpuppen, Fetischen und Götterfiguren.

In dem kleinen Raum hinter seiner Werkstatt liegt ein nacktes Kind auf einer Matte. Sein Körper ist übersät mit aufbrechenden Blasen. Pocken, vielleicht Schafblattern, ich weiß es nicht. Agbagli Kossi ist nicht nur Schnitzer. Seine Fähigkeiten gehen weit darüber hinaus, er ist Gerriseur, Medizinmann, Herbalist, Wahrsager und ein Mann, dem die Astrologie vertraut ist. Ich sehe mich im Dunkel des Raumes um. In einer Ecke erkenne ich eine Gruppe von Totenpuppen, ein halbfertiges Götterbild und schließlich den Hausfetisch, den er Fé nennt und der sprechen kann.

Es werden Stühle geholt, ein Licht wird angezündet, und man verabreicht Sodabi. Dann wendet Agbagli Kossi sich an Fé, den Fetisch, der zu den kraftvollsten der Gegend gehört. Er kratzt seinen verklebten Mund mit einem Messer aus und steckt ihm eine Zigarette an. Der Fetisch raucht. Dann nimmt er die Glocke und läutet unentwegt, bis der Fetisch laut zu pfeifen beginnt.

Der Dialog zwischen dem Priester und dem Fetisch wirkt hastig, ein hektisches Hin und Her von Worten und Pfiffen. Ich beobachte den glockenrasselnden Agbagli und sehe, wie sich sein Hals bläht, wenn der Fetisch pfeift. Ein Taschenspielertrick, ein Zauberkunststück wie im Kasperltheater und doch viel wichtiger, viel skurriler, ein Spaß zwischen dem Gott und seinem Priester, der selbst nicht zu glauben scheint, daß er es ist, der da pfeift. Ist Agbagli Kossi ein Betrüger? Ist er ein Taschenspieler, der mit seinem Talent Hoffnung und Kummer verbreitet, der sich bezahlen läßt von Leuten, die an seine göttlichen Fähigkeiten glauben? Ich beobachte die anderen. Es sind sechs erwachsene Personen im Raum. Sollte keiner von ihnen bemerken, was hier vor sich geht?

Ich muß wohl versuchen, die Situation gesamtheitlich zu verstehen. Mir kommen die Orishas der Yoruba in den Sinn, die von Anfang an am Entstehen des Voodoo mitgewirkt haben. Ich sehe eine überraschende Parallele zwischen den Orishas und den Fetischgöttern des Voodoo, die halb Mensch, halb Gott sein können, also beide Aspekte zu gleichen Teilen in sich tragen. Wenn Agbagli zu dem Fetischgott spricht, dann tut er es als ein Mensch, der aufgrund seiner Erziehung und der ihn protegierenden Rituale einen Anteil an Gott in sich trägt, wie auch sein Fetisch, der gerne Mensch sein möchte, einen menschlichen Aspekt hat und diesen wechselseitig mit seinem irdischen Vertreter austauscht. Das heißt, daß Agbagli Kossi, der als Mensch ruft und als Gott pfeift, kein Betrüger ist, weil er im Moment des Rituals sowohl Mensch als auch Gott ist. Beide Aspekte sind durch ihn vertreten.

Ich habe Mühe, mich zu dieser Erkenntnis durchzuringen, weil ich als Europäer erzogen wurde und die Logik eines Gedankens nur dann zu finden glaube, wenn der Kausalzusammenhang durchschaubar bleibt. Die Voodoo-Anhänger sehen die Welt des Metaphysischen als einen Bestandteil der physischen Welt, also gesamtheitlich, und es bedarf keiner gesonderten Betrachtungsweise, wenn man sich einen Menschen göttlich oder einen Gott menschlich vorstellen möchte.

Beim Hinausgehen erklärt mir einer der Mitarbeiter, daß die Totenpuppen auch anderen Ritualen dienten. Etwas verschämt erzählt er dann, daß man mit diesen Puppen auch Mädchen an sich binden könne. Eine vom Medizinmann beopferte Schnur würde unter Beschwörungsreden um die Puppe gewickelt. Dabei sei immer der Name des Mädchens zu rufen. Die so präparierte Puppe würde dann unters Bett gestellt, und alsbald dürfe mit dem Besuch der Begehrten gerechnet werden.

Während ich diese Geschichte vernehme, kommt Agbagli Kossi nachgelaufen, er hält ein verschraubtes Marmeladeglas in der Hand und fuchtelt aufgeregt. Ob ich das schon gesehen hätte? Nein, hätte ich nicht! Dann schraubt er das Glas auf. Um einen Wattebausch ist ein Haar gewickelt, in dem Wattebausch steckt eine rote Feder. Das sei ein Stück des Haares von Fé, dem Waldgeist. Das Originalhaar sei über achthundert Meter

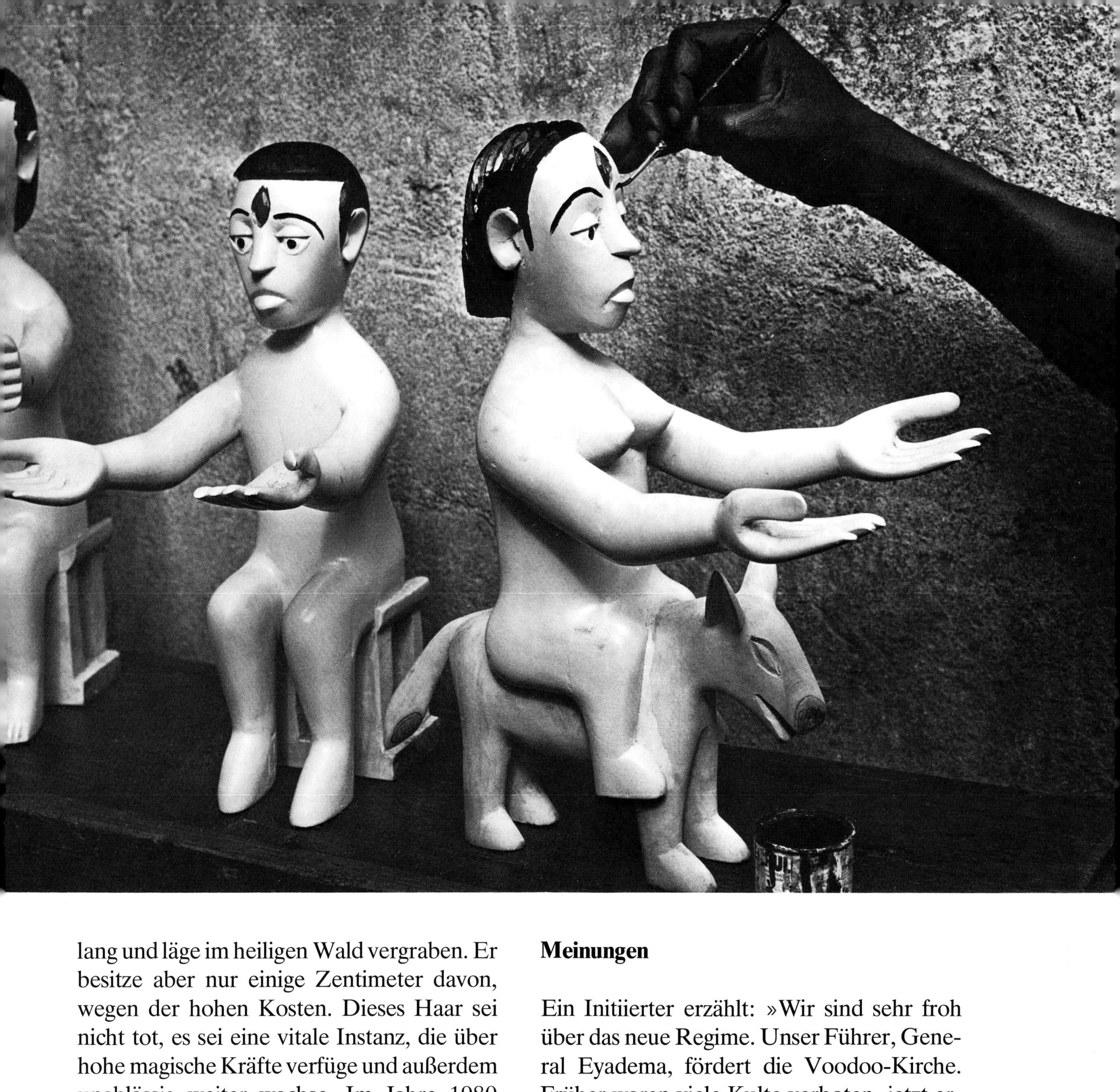

lang und läge im heiligen Wald vergraben. Er besitze aber nur einige Zentimeter davon, wegen der hohen Kosten. Dieses Haar sei nicht tot, es sei eine vitale Instanz, die über hohe magische Kräfte verfüge und außerdem unablässig weiter wachse. Im Jahre 1980 werde es über einen Meter lang sein.

Oben und rechte Seite: Agbagli Kossi ist der bedeutendste Bildschnitzer der Voodoo-Kreise Lomes. Er arbeitet vor seinem Haus auf der Straße und stellt ausschließlich Figuren zum rituellen Gebrauch her. Die mit Ölfarbe und Autolack bemalten Voodoos sind von Priestern bestellt, deren Wünsche er gewissenhaft ausführt.

Meinungen

Ein Initiierter erzählt: »Wir sind sehr froh über das neue Regime. Unser Führer, General Eyadema, fördert die Voodoo-Kirche. Früher waren viele Kulte verboten, jetzt erleben sie ihre Reinkarnation. Ich bin in Glidji geboren, aber meine Familie kommt wie alle anderen aus unserem Kultkreis aus Ghana. Wir sind Gha aus Accra, und die ersten von uns kamen 1680 mit dem Fetisch Ata Kpessou nach Glidji. Meine Mutter kam vor vierzig Jahren hierher und ist heute als Mamissi Oberhaupt unserer Gemeinde. Ich selbst bin

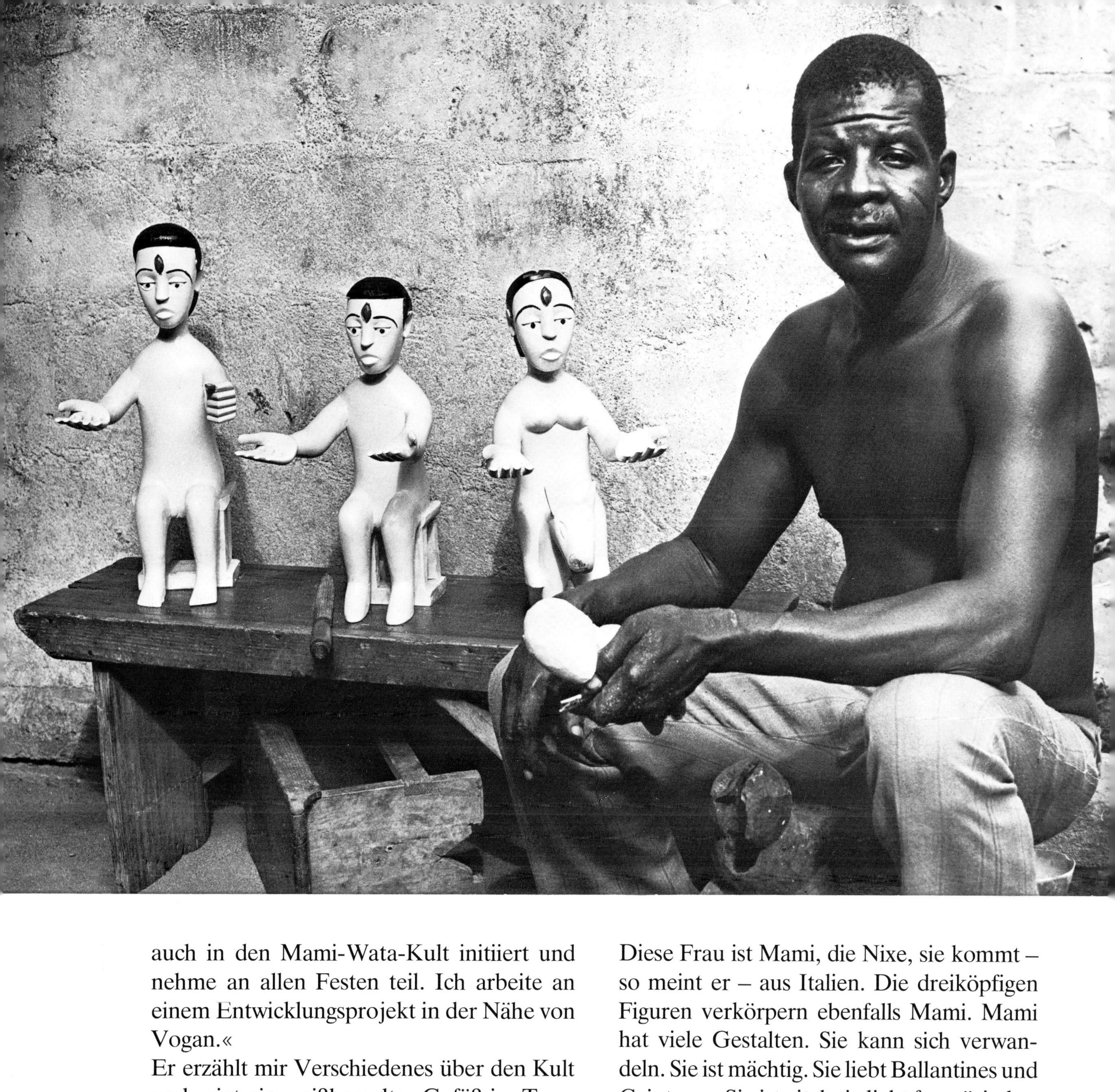

auch in den Mami-Wata-Kult initiiert und nehme an allen Festen teil. Ich arbeite an einem Entwicklungsprojekt in der Nähe von Vogan.«
Er erzählt mir Verschiedenes über den Kult und zeigt ein weißbemaltes Gefäß im Tempel seiner Mutter. Sechsundzwanzig Figuren zieren den Deckel des Gefäßes: Schlangen, Eidechsen, Schildkröten, ein Skorpion, eine Kröte, ein Hund und ein Fabelwesen, vier menschliche Gestalten, jede mit drei Köpfen, und dann, etwas außerhalb des Reigens, eine Frauenfigur mit riesenhaften, dem Beschauer entgegengestreckten Händen.

Diese Frau ist Mami, die Nixe, sie kommt – so meint er – aus Italien. Die dreiköpfigen Figuren verkörpern ebenfalls Mami. Mami hat viele Gestalten. Sie kann sich verwandeln. Sie ist mächtig. Sie liebt Ballantines und Cointreau. Sie ist eitel, sie liebt französisches Parfüm: Ramage, Phantom und Rêverie. Sie ist sehr beliebt. Alle Bewohner von Anecho und Glidji verehren sie.
Die Voodoo-Anhänger Togos glauben, daß ihre Bewegung trotz fortschreitender Technisierung von Jahr zu Jahr stärker wird. Führende Politiker haben durch ihre Solidarität das Selbstvertrauen der Voodoo-Leute gestärkt.

Ritualeisen

Im kleinen Hof des Schmiedes Ayaoui Woalagnan brennt die Petroleumlampe und taucht die mit Fotografien behängte Hauswand in ein unwirkliches Gelb. Familienfotos, Porträts von Freunden, von Kindern und von seiner Frau. In größeren Formaten der Schmied als Muskelmann, Freunde stemmend, die schwer an seinen Armen hängen. Auf einem Bild beißt er in den Hinterreifen eines Fahrrades und hebt dieses balancierend über seinen Kopf.

Wir sitzen auf der etwas zu kleinen Bank, und Ayaoui erklärt die Bedeutung der Ritualeisen, die er schmiedet. Er nennt die Gebilde ›Göttertische‹, denn sie werden in den Boden gerammt, und die kleine Plattform am obersten Ende bietet sich wie ein Teller den Göttern an, die dankbar aus der Luft nach den Opfergaben greifen. Dornenartig ist dieser Teller von Symbolen umgeben, die aus dem Alltag der Voodoo-Gläubigen stammen.

Ayaoui dreht das Eisen in der Hand, er zeigt auf eines dieser Symbole. Dann geht er und kommt mit einer Zange wieder, die er beim Schmieden verwendet, um das glühende Eisen festzuhalten. Das Symbol auf dem Eisen ist mit dem auf der Zange identisch.

Er dreht das Eisen ein kleines Stück und zeigt einen Dolch. Das nächste Symbol nennt er Egui, ein Messer für den Gott Egou. Edjo erklärt er als Ackergerät, mit dem die harte Erde zerrissen wird. Ebi ist ein Schlangensymbol für den Gott Edan. Sofio ist das berühmte Ritualbeil der Voodoo-Priester, es scheint mir, als hätte man in modifizierter Form die Doppelaxt Shangos übernommen. Efio ist ein Gerät, um Holz zu bearbeiten, im Prinzip ein großes Messer mit einer Schneide. Jigbo ist das Symbol für ein anderes Holzmesser, schließlich als letztes im Reigen der Symbole Efan, der Speer des Kriegers. Dieses Eisen, so sagt Ayaoui, werde hauptsächlich für den Gott Apeli verwendet. Die Vorväter der Voodoo-Anhänger seien sehr konsequent gewesen. Heute halte man sich nicht mehr so genau an die Bestimmungen, und es komme zu groben Verstößen.

Ich bitte den Schmied, mir einen dieser möglichen Verstöße zu nennen. Er lehnt sich zurück, als müßte er genau überlegen, was er mir erzählen soll. Dann wird seine Miene ernst, und er spricht mit scharfen Worten: »Die Frauen, schau sie dir an, wie sie auf dem Markt die Ritualeisen verkaufen! Kein wirklich ernster Priester würde heutzutage sein Eisen bei einer Frau kaufen, denn es ist ein wichtiges Gesetz, daß eine Frau rein sein muß, wenn sie Eisen verkauft. Heute sind die Frauen nicht mehr gewissenhaft, und sie sitzen aus Angst vor der Konkurrenz selbst an den Tagen auf dem Markt, an denen sie menstruieren. Das wäre früher nicht vorgekommen.«

Das Ritualeisen der Voodoo-Anhänger verkörpert einen Tisch, auf dem den Göttern die Opfergaben dargeboten werden. Speisen und die Köpfe geopferter Hühner warten darauf, von Vögeln weggenommen zu werden. Tiere werden nach Ansicht der Gläubigen von den Voodoos als Vehikel verwendet. In anderen Fällen verwandeln sich die Götter in Tiere und gelangen so in den Genuß der für sie bestimmten Opfergaben. Die schmiedeeisernen Symbole sind den verschiedenen Göttern zugeordnet. Man findet unter ihnen Waffen, Ackergeräte und Tiere.

Ayaoui legt das Eisen beiseite und holt unter der Bank, zwischen seinen Beinen, einen Lederbeutel hervor. »Kennst du Afan?« Als ich verneine, öffnet er das Behältnis und legt eine Orakelkette auf den Tisch. Jetzt erinnere ich mich des Namens: ich habe dieses Orakel bei den Yoruba in Nigeria, aber auch bei den Voodoo-Leuten in Benin und Togo immer wieder gesehen. Diese Kette funktioniert nicht ohne Afan.

Afan ist der Sammelbegriff für eine ganze Folge von Ritualen, an deren Ende das Auswerfen der Kette steht. Bevor man die Kette benutzen darf, sind Opfer mit rotem Palmöl oder Erndußöl notwendig. Dazu dienen Palmkerne, deren Zahl auf den Fragesteller abgestimmt ist. Eine gewissenhafte Afan-Zeremonie dauert zwei Tage. In dieser Zeit werden die Palmkerne, die auf einem bestimmten Teller liegen müssen, mit Öl und dem Blut eines Opfertieres befeuchtet. Das Fleisch des Tieres wird über die Kerne gelegt, und erst einen Tag später darf es entfernt werden. Dem folgt eine Waschung der Orakelgeräte.

Erst eine zweite Zeremonie, die bei den Minah ›Okananou‹ genannt wird, bringt dann die ersehnte Antwort. Das Okananou ist in der Kette verkörpert, an der verschiedene Perlen und eine Reihe von Schalen einer afrikanischen Frucht hängen. Beim Werfen dieser Kette kommen die Schalen in eine Lage, aus der man die Antwort lesen kann.

Links: Die Kerne der Ölpalme werden den Betroffenen an Stirn und Brust gedrückt. Der Priester teilt die Kerne mit den Händen und ersieht aus dem sich ergebenden Bruch Hinweise für das Orakel.
Links unten: Das Ifa-Orakel hat das Leben der Yoruba von Nigeria und Dahomey weitgehend mitbestimmt. Auch die Minah und Ewe von Togo haben dieses Orakel für ihre Voodoo-Kirche übernommen. Der reich geschnitzte Orakelteller zeigt den gefährlichen Gott Eshu, dessen einzige allgemein geschätzte Tat es war, daß er den Menschen das Ifa-Orakel gebracht hat. Nach einem komplizierten Schema werden Striche auf dem mit Kaolin bestreuten Teller angelegt, aus deren Anordnung man Empfehlungen und Antworten ablesen kann.

Ayaoui holt ein kleines Notizheftchen aus dem Beutel und schlägt es auf. Einige Schemen sind mit den Namen der Wochentage und der Sterne beschriftet. Nach diesem Prinzip wird die Antwort oder eine Empfehlung formuliert. Nachdem er diese Erklärung abgegeben hat, steckt er das Heftchen verschämt in den Sack zurück, so, als sei er schon zu weit gegangen in seiner Erklärung und Schwatzhaftigkeit. Er legt statt dessen einige Armreifen auf den Tisch, um zu zeigen, was er sonst noch an heiligen Geräten produziert. Der größte Armreifen ist für Mama Tchamba. Er ist aus zwei verschiedenen Metallen zusammengedreht und gilt als mächtiger Schutz vor Gefahren, er kann aber auch bei der Suche nach Arbeit behilflich sein.

Rechte Seite: Der Ewe-Priester hält sich nicht an die Regeln des Yoruba-Orakels. Obwohl er einen traditionellen Yoruba-Orakelteller benützt, hat er seine eigenen Regeln geschaffen. Das Original-Ifa-Orakel ist eine unerhört komplizierte und intelligente Einrichtung, die für die gesamte Kultur dieses Volkes mitbestimmend war.

Ich erinnere mich an eine der letzten Zeremonien, die ich gesehen habe: Man hat den Frauen, die in Trance gefallen sind, die Armreifen abgenommen. Die Erklärung, die man mir dafür gegeben hat, war unbefriedigend. Nun frage ich den Schmied, warum das geschieht.

Die Antwort, die ich hier bekomme, ist einleuchtend: »Diese Reifen und Ringe sind bestimmten Göttern geweiht. Wenn nun ein Tänzer in Trance fällt, dann wird er nicht immer von dem Gott besessen, dessen Symbole er trägt. So nimmt man vorbeugend alle Schmuckstücke und Amulette weg, damit es nicht zu einer Rivalität unter den Göttern kommt, denn der Mensch könnte dadurch Schaden erleiden.«

Der Schmied ergreift den Reifen von Mama Tchamba und zeigt ihn mir: »Dieser Reifen wird am Arm des Trägers kleiner, wenn die Übereinstimmung der Götter nicht gegeben ist. Das Material ist eine vitale Instanz, die lebendig werden kann. Andere Ringe oder Reifen werden heiß, oder sie bereiten dem Träger ungewöhnliche Schmerzen. Wenn die Götter reklamieren, dann lassen sie es den Menschen spüren.«

Seine Vorliebe für die starken Kulte ist deutlich spürbar. Bei den Anhängern von Mami stört ihn, daß sie alles gleichzeitig machen. »Sie gehen in die christliche Kirche und verehren gleichzeitig Mami. Die Hebiesso-Leute machen das nicht.«

Die Zahl der Kultgruppen ist seiner Meinung nach nicht klar zu umreißen. Er kennt sechzehn wichtige Götter, doch jeder von ihnen habe viele Hilfsgötter und kleinere Fetische zur Hand. Die religiöse Landschaft sei außerdem in einem ständigen Wandel begriffen, besonders die Mami-Wata-Zeremonie bekäme ständig neue Impulse und werde heute bereits anders als früher durchgeführt.

Während wir noch miteinander plaudern, kommt der Schnitzer Agbagli Kossi herein. Er hat einen kleinen Reiter mitgebracht, den er eben fertiggestellt hat. Er hätte mein Auto vor dem Haus des Schmiedes gesehen und sei deshalb vorbeigekommen. Gleich beginnt er seine Sprüche zu machen, er sagt, daß der Schmied und er eins seien, Freunde fürs Leben und vieles mehr. Der Schmied sagt ungerührt, daß Kossi nur Blödsinn redet.

Kossis Reiter interessiert mich. Er hat große Hände mit sechs Fingern. Was hat das zu bedeuten?

Ich erfahre, daß diese Figur ein Mann bestellt habe, dem ein Kind geboren worden sei. Der Mann selbst habe so viele Fetische in seinem Haus, wie er brauche, um nach allen Richtungen abgesichert leben zu können. Das Neugeborene aber habe gleich nach seiner Geburt einen neuen Fetisch erhalten, der nun auch ihm, dem Vater, diene. So ist das Symbol dieses neuen Fetischs eine komplette Hand, die durch einen sechsten Finger überkomplett geworden ist.

Ein Fest für Mami

Am 21. Dezember, drei Tage vor Weihnachten, findet ein großes Fest für Mami in Anecho statt. Bereits Stunden vor Beginn sind wir da. Wir grüßen ein paar Dutzend Chefs, viele weißgeschürzte Frauen, Initiierte, Kinder und Musiker. Wir sind vorerst in eigener Sache unterwegs, denn ich möchte Stimmung machen, um später ungehindert zu fotografieren. Ich zahle kleine Beträge, mache Spenden und kaufe Kultgefäße. Dieses Fest ist ein Jahresschlußfest, bei dem die alten Fetische verräumt, die neuen vorgestellt werden.

Der Eingang zum Haus des Chefs wird von zwei Figuren flankiert, die mich an Yoruba-Götter erinnern, doch derber, unbeholfener geschnitzt. Sie sind schneeweiß, wie so vieles aus dem Arsenal der Voodoo-Kirche. Weißbemalte Frauen, schwer mit Ketten behängt, kommen in langen Kolonnen herein. Sie verkörpern die Götter, sie *sind* die Götter, denen das Fest geweiht ist. Erst kommen dreißig, dann hundert, später Hunderte, ich kann sie nicht mehr überblicken. Dazwischen die Chefs, würdevoll mit weißen Kappen, die wie Schuppen geschnitten und genäht sind. Unglaublich dicke Frauen quellen herein. Ihre riesenhaften Brüste hängen bis weit über den Wickelrock, ihr Hals ist mit Ketten behängt: schwere Glas- und Steinketten, aber auch Silber- und Goldschmuck. Viele von ihnen tragen den Dreizack und einen goldenen Dolch, Symbole der Nixe. Auch die beiden Transvestiten sind wieder da, diesmal über und über mit Silber behängt. Sie tragen Brokaträckchen, und um ihre Augen sind weiße Brillen gemalt. Der nackte Oberkörper und die Beine sind wie die der Frauen in einem längsgezogenen Streifenmuster mit Kaolin bestrichen. Etwa fünfzig der Mamissis haben weißbemalte Schemel, wie sie die Ashanti verwenden, mitgebracht, gelegentlich mit einem farbigen Punktmuster.

Der Zeremonienchef tritt auf die Tanzfläche. Er ruft und begrüßt die Gäste, er fordert sie zum Singen auf und gibt Regeln bekannt. Dann beginnen die Trommler ihren Rhythmus zu schlagen, das Kollektiv fällt in ekstatische Inkantationen, dabei schlagen die Frauen mit den flachen Händen ihren Oberkörper, daß man die Vibration der Luft wahrnehmen kann.

Nach wenigen Minuten schon die ersten Trancen, eine Alte dreht sich schreiend wie ein Kreisel, andere versuchen sie zu halten. Nun beginnen sich die Tänzerinnen in Götter zu verwandeln, eine nach der anderen wird ergriffen. Ein Gott rast mit solcher Kraft in eine vollbesetzte Bank, daß alles in sich zusammenstürzt. Menschenmassen, quietschend, nach Luft ringend, sich aus dem Knäuel befreiend, sich gegenseitig haltend, schiebend, zerrend. Ich werde am Rand des

Unruheherdes an die Wand gedrückt. Einen Moment lang habe ich Platzangst inmitten dieses tobenden Kessels, der von den Göttern erbarmungslos umgerührt wird, der überschwappt und für Momente einfriert, wenn die Trommeln verstummen, um andere Rhythmen für andere Götter anzustimmen.
Es war naiv von mir, anzunehmen, daß die Fotoerlaubnis hier etwas genutzt hätte. Allein das Auspacken der Kamera bringt mich in Gefahr. Mauern von Menschen bauen sich vor mir auf, sie tadeln mich, beschimpfen mich, lassen all die Höflichkeit missen, die ihnen sonst eigen ist. Ich breche aus dem Kreis aus und gehe hinunter zum Strand, wo die Zeremonie ihre Fortsetzung finden soll.
Das Wasser des rauhen Atlantiks ist schwefelgelb verfärbt. Das ist kein Fingerzeig der Götter, das sind die Abwässer der Phosphatmine, die von Aglome her Anecho erreichen. Hunderte warten auf das Kommen der Götter. Vielleicht sollte ich noch einen Versuch machen, die Szene zu fotografieren? Wieder beginne ich meinen Beruf zu hassen, der mich in den Augen dieser Leute zu einem der unsympathischen Touristen werden läßt, die keine Augen mehr haben, nur mehr Linsen, durch die sie die Dinge erleben, nicht ihrer selbst wegen, sondern um anzugeben bei den Freunden, denen so unerhörtes Geschehen versagt bleibt.

149 Eine der alten Mamissis ist zum Strand gelaufen, um die Nixe zu rufen. Mit Mamis Dreizack in den Händen beschwört sie die Wassergottheit.

150/151 Die ehrwürdige Gesellschaft der Priester hat sich zwischen Hunderten von Neugierigen am Strand von Anecho versammelt. Die Zeremonie im Haus des Priesters ist beendet, alle Beteiligten wandern zum Meer, um zu sehen, wie Mami, die Wassergöttin, ihre Töchter ruft.

152, 153 Eine Priesterin läuft am Strand entlang, um die Stelle zu suchen, an der die Nixe die Frauen rufen wird. Die Fischer von Anecho haben sich eingefunden, um die Gläubigen, die dem Ruf folgen, zu bergen. Neugierige und Zuschauer drängen sich um die Priester und warten auf das Erscheinen von Mami. Schon nach einigen Minuten ruft sie die ersten. In schwerer Trance stürzen sich die Weißgekleideten in die hohe Brandung. Die bewußtlosen Körper treiben in der hochgehenden See, bis sie von herbeigeeilten Fischern geborgen werden. Es soll angeblich immer wieder vorkommen, daß Frauen, die dem Ruf der Göttin folgen, nicht mehr zurückkehren.

154, 155 Die große Mami-Wata-Zeremonie von Anecho findet zweimal jährlich statt. Mit dem Fest der Nixe sichert man sich Erfolg und Glück für das bevorstehende Jahr. Früher sollen die Zeremonien von Wundern begleitet gewesen sein. Kinder, die mit Opferschüsseln ins Meer gingen, kamen Stunden später unversehrt zurück.

Wie eine überreife Frucht, die aufplatzt, deren Inhalt sich ergießt, bricht die Formation der eng gedrängten Menschen auseinander, Kinder rennen voraus, ganze Gruppen werden in Seitengassen gedrängt, dann zeigt sich der Kern, die würdige Gesellschaft der Chefs, die gemessenen Schrittes dem Meer entgegengehen. Aufregung, Geschrei, Hysterie unter den Hunderten, die sie begleiten. Drei alte Frauen gehen zum Strand. Weiß geschürzt, mit nacktem Oberkörper. Jede hält einen Dreizack in der Hand. Sie stellen sich in die Brandung und rufen Mami an, sie schwingen ihre Spieße, sie halten Dialoge mit der Nixe, die nun viele der anderen Frauen rufen wird. Umringt von tausend Neugierigen, ein paar hundert Frauen, die dem Ruf der Nixe ins Wasser folgen werden. Junge Männer sind mitsamt den Kleidern in die Brandung gesprungen, um die Frauen zu bergen, wenn sie sich, von der Nixe gerufen, in die hohe See stürzen.

Ein Aufschrei der Menge: Die erste Frau wurde von der Nixe gerufen. In schwerer Trance reißt sie sich aus den Armen der Helfer und stürzt sich in die schäumende Brandung. Die Männer halten sie, doch die Nixe ist stärker. Die Frau reißt sich los, sie verschwindet in einer riesigen Welle, taucht wieder auf, ist bewußtlos. Man trägt sie an Land. Die Bemalung ist weggewaschen, der Schmuck verloren, die weißen Tücher hängen ihr in Fetzen vom naß glänzenden Körper.

Es folgt eine zweite, eine dritte Frau. Nun wird die Masse erfaßt vom Lockruf der Nixe, Hunderte Frauen sind in den magischen Kreis der gefährlichen Gottheit geraten. Es ist ein einziges Ertrinkenwollen und Geborgenwerden. Werden alle überleben, oder wird die Nixe eine für sich behalten?

In diesem Moment ist mir klar, daß der Voodoo in Afrika kein ärmliches Mißverständnis fremder Religionen ist, sondern eine selbständige vitale Bewegung. Die Eigendynamik, die vom Voodoo ausgeht, ist so stark, daß jede Frage nach seiner Existenzberechtigung überflüssig ist.

Ein Tag nach dem Fest der Mami Anecho liegt in der brütenden Mittagssonne, der Markt ist verwaist, nur die drei Stände mit Voodoo-Bedarf sind von Frauen umringt. Ich gehe durch den Sand, vom Markt in die kleine Gasse, die zum Meer führt. Ich erreiche das Haus, in dem gestern das Fest stattgefunden hat. Vor der Tür liegen ein Dutzend Menschen und schlafen, hingebreitet auf ihre Strohmatten. Das Dach, das gestern noch die Straße überspannte und der Festgemeinde Schutz vor der Sonne bot, ist de-

---

156 Die Lagunen sind wie das Meer und die Flußläufe der Wohnsitz von Mami. Auch ihr Mann, Nana Densu, lebt im Wasser und wird besonders von den Fischern und den Einwohnern der Dörfer an der Küste und am Lac Togo verehrt. In den Fischreusen stauen sich Wasserpflanzen und bilden einen grünen Teppich.

montiert worden. Ich schaue in den Hof, auch hier viele Schlafende auf dem Boden, Erschöpfte, die dort liegengeblieben sind, wo sie ihr Gott verlassen hat.

Einen unter ihnen erkenne ich sofort wieder: einen der beiden Transvestiten, die mir schon bei mehreren Anlässen aufgefallen sind. Er erkennt mich, steht auf, grüßt mich und beginnt mich in ein Gespräch zu verwikkeln. Als er erfährt, daß ich nach Glidji will, werde ich spontan zu seinem Freund. Er ruft vier Frauen herbei, und nun fahren wir nach Glidji, winkend und singend, ein rollender Tempel, ein göttliches Fuhrwerk. Er heißt Gilbert. Er dirigiert mich, zeigt mir, wo und wie ich zu fahren habe, und stoppt mich abrupt, weil er jemanden grüßen will, der sehen soll, daß er Auto fährt.

Nachdem alle abgeladen sind, bittet er mich in sein Haus. Unter den Menschen, die dort wohnen, erkenne ich einige wieder. Die Frau, die in so schwere Tance fiel, war seine Schwester. Alle, die hier wohnen, waren gestern auf dem Fest. Zehn Personen, vielleicht auch mehr. Dann öffnet er die Tür zu seinem Zimmer. Es schlägt mich fast zurück, so aufdringlich ist der Geruch, der wie eine Wand im Zimmer steht.

Der Raum ist winzig klein. Zwei mal drei Meter vielleicht, gerade groß genug für ein Bett und einen riesenhaften Altar. Es ist der Altar für Mami, der gedeckte Tisch, auf dem Hunderte verschiedener Gegenstände ste-

159 Gilbert, der Transvestit, zeigt seinen Hausaltar. Indische Götterbilder neben französischem Parfum und europäischen Puppen sind als Geschenke für die Nixe aufgebaut worden. Normalerweise wird der Mami-Wata-Kult von Frauen praktiziert. Einige wenige Männer, die man Mamissos nennt, bilden eine Ausnahme.

160, 161 Die Mutter von Gilbert wird für eine Zeremonie geschmückt. Ihr Körper muß mit gelöstem Kaolin eingerieben werden. Schmuck und eine besondere Frisur sind die vorschriftsmäßigen Attribute einer Mamissi während des Rituals.

162 Gilbert und seine Mutter sind bereit für die Zeremonie: schmuckbehängt und geschminkt verlassen sie das Haus.

LAIT

hen. Europäische Puppen mit Wintermänteln, indische Götterbilder, Reliefpostkarten mit Pin-up-girls und Heiligen und selbstverständlich das ganze Arsenal von Parfum-, Cognac- und Whiskyflaschen. Ich soll mich aufs Bett setzen. Es ist eine harte Liege mit blau-weiß gestreiften Tüchern. Sitzend sehe ich erst, daß der Altar auch Türchen hat, hinter denen die Wohnzimmer der Götter liegen. Am Bettende entdecke ich noch sechs weißbemalte Kultschalen, aus denen der aufdringliche Parfumgeruch kommen mag.
Gilbert ist Kaufmann, nur ruht sein Gewerbe gegenwärtig, weil ihn der Zoll erwischt hat, als er mit einer Ladung Stoffen über die grüne Grenze kam. Er sollte 50 000 CFA-Franc (500 DM) Strafe bezahlen, das konnte er nicht. Im Februar wird er nach Abidjan gehen und seinen Handel wiederaufnehmen. Bis dahin wünscht er mit mir zu korrespondieren, er hat das früher schon mit einem Kanadier getan.
Bei Gilbert scheint alles verkehrt zu laufen. Nicht daß ich ihn bitte, sich fotografieren zu lassen, *er* bittet mich darum. Ich hole meinen Apparat, aber das war wohl doch zu voreilig. Erst muß er sich waschen, schminken und schmücken. Es dauert eine Ewigkeit. Zwei Frauen flicken an ihm herum, er läßt sich kämmen und die Beine waschen, er liegt mehr in seinem Stuhl, als er sitzt, er scheint seine Schönheit zu genießen, wenn er sich wieder und wieder den kleinen gelbgerahmten Spiegel vorhält und Anweisungen gibt. Narziß wäre sich ärmlich vorgekommen neben ihm.
Nun wird auch seine Schwester geschminkt. Es dauert eine zweite Ewigkeit, und ich sehe, wie die Sonne tiefer und tiefer sinkt, ich sehe schon die rotstichigen Fotos, die ich gar nicht mag, weil sie genauso auf mich wirken wie Gilbert: süßlich, penetrant und unsympathisch lieblich.
Als die Schwester bemalt ist, reklamiert Gilbert. Ihre Bemalung sei schöner als die seine. Er verlangt, neu bemalt zu werden.
In den letzten Sonnenstrahlen erwische ich noch ein Bild von Gilbert, eines von seiner Schwester und schließlich ein drittes mit beiden. Nun haben sie am Fotografieren Gefallen gewonnen. Sie verlangen mehr Bilder, immer dieselben Posen, aber sie freuen sich jedesmal, wenn ich auf den Auslöser drücke. Dann verräume ich meine Geräte, die Filme seien fertig, die Sonne dahin. Gilbert nimmt mich und seine Schwester bei der Hand. Wir sollen mitkommen, es sei wichtig.
Wir überqueren die Straße, erreichen ein Fotogeschäft. Gilbert bestellt Fotos, auf denen ich mit drauf sein muß. Der Fotograf rückt uns zurecht, er dreht an meinem Kopf, zieht die Bügelfalten meiner Hose gerade. Gilbert steht neben mir, seinen vergoldeten Spieß in der Hand. Die Schwester auf der anderen Seite. Ich kämpfe mit mir. Werde ich so dasitzen können, ohne laut loszulachen?

Gespräche mit Eingeweihten

Die Luft in Mamissi Kokoes Haus ist stickig und heiß. Mamissi hat mir zugesagt, einige Fragen zu beantworten. Wie immer liegen einige Frauen schlafend auf ihren Matten, und eine Mitarbeiterin stillt ihr Kind zwischen Körben, Altären und gackernden Hühnern. Mamissi ist nervös, da sie eben von einer Reise zurückgekehrt ist. Ich bin überzeugt davon, es wäre besser, später zu kommen, wenn sich die Aufregungen der Ankunft gelegt haben. Doch endlich setzt sie sich auf ihren Stuhl, fächert sich einige Fliegen aus dem Gesicht und ist dann bereit, mir zu antworten.

Bevor ich noch dazu komme, mein Tonbandgerät einzuschalten, tritt ein europäisch gekleideter Mann ein, kniet vor Mamissi nieder und berührt mit der Stirn den Boden. Dann spricht er. Seine Frau sei krank, er brauche jemand für den Haushalt. Er nennt die Summe, die er zahlen möchte, und unterbaut die Wichtigkeit seines Anliegens mit weiteren Kniebeugen.

Das akute Problem beschäftigt Mamissi so sehr, daß sie zu vergessen scheint, was sie mit mir vorhatte. Sie geht, kommt wieder, setzt sich einen Augenblick, verschwindet schließlich ganz. Inzwischen kommt eine der Tänzerinnen durch den Hof, eine Frau, die besonders aggressiv war, als ich unlängst versucht hatte, sie zu fotografieren. Heute ist sie besonders nett, und ich nütze die Gelegenheit, sie auf ihr unterschiedliches Verhalten hinzuweisen. Damit begehe ich einen Fauxpas und werde von einer Helferin Mamissis angepfiffen, mein Benehmen sei völlig daneben.

Die Tänzerin geht, die Helferin sagt mir, daß es zum Schlimmsten gehört, was man tun kann, wenn man einem Menschen erzählt, was er in Trance gemacht hat. Das könne zur Folge haben, daß er augenblicklich in eine unerwünschte Trance falle, in der sein Gott große Opfer verlange.

Nun interessiert es mich natürlich, ob ein Tänzer Erinnerungen an seine Trance hat und wie sie aussehen. Ich erfahre, daß sich niemand an seine Trance erinnern kann, ganz gleich, ob diese Minuten, Stunden oder Tage gedauert hat. Gott wird den Menschen so lange in seinem Besitz behalten, solange er etwas zu sagen hat. Wenn aber der besessene Tänzer alles vergißt, wie gelangt die Botschaft unter die Leute? Während des Tanzes, in der Zeit seiner Besessenheit, spricht der Gott aus ihm. Gebärden, Gesten und Worte sagen den anderen, welche Wünsche der Gott hat. Sehr wichtig sind dabei die Lieder, die er durch den Menschen singt. Die Bewegungen und der Tanz können Hinweise sein, die von allen verstanden werden.

Jetzt begreife ich auch, warum Mamissi Kokoe meine Fotos den Tänzern, die darauf zu sehen sind, nicht gezeigt hat.

Ich möchte gern wissen, was für ein Gefühl es ist, in Trance zu fallen.
»Es ist ein schönes Gefühl, das ein unbestimmtes, undefinierbares Glück über den Tänzer bringt. Ein Gefühl, das ihn stark macht, weil er den Gott in sich fühlt, ein Gefühl, das Zeit und Raum verschwimmen läßt zu einer Einheit, in die er eingebunden ist, körperlich und geistig. Trotzdem bleibt alles, was er erlebt, undefinierbar und unfaßbar. Es ist so, wie ich schon gesagt habe, daß er außer diesem Gefühl nichts herüberbringen kann ins Irdische.«
Mamissi Kokoe hat ihr Palaver mit dem Mann noch nicht beendet. Ich lasse ihr ausrichten, daß ich wiederkomme, wenn sie mehr Zeit hat.

Ein Opfer für Epeta Tro-Tro Mein vorletzter Aufenthalt in Togo geht bald wieder zu Ende. Nach sechs Reisen, die ich in den letzten zwei Jahren hierher unternommen habe, ziehe ich folgendes Resümee: Ich habe vieles über Voodoo erfahren, manches mag mir verborgen geblieben sein. Vielleicht würde es noch Monate oder Jahre dauern, bis man all die wichtigen Familien besucht hat, und auch dann bleibt immer noch die Frage offen, wieviel man erzählt bekommen hat, und was einem verschwiegen wurde. Einmal ist aber der Zeitpunkt erreicht, an dem man eine Arbeit in einem so populären und breiten Rahmen beenden muß.

Diese Gedanken gehen mir durch den Kopf, während ich am späten Nachmittag die Rue Atakpame entlang zum Haus meines Freundes fahre. Massive Gewitterwolken ballen sich zusammen, schwarze Türme, aus denen weitverzweigte Blitze fahren. Weit vorn kommt mir eine Prozession entgegen. Der Anführer trägt eine Fahne – Weiß-Rot-Blau, die Farben des Voodoo. Ihm folgen etwa hundert kauribehangene Männer und Frauen. Sie gehen in Richtung Stadt, deren Zentrum knappe fünf Kilometer entfernt liegt. Ich bleibe stehen, versuche sie anzusprechen, zu fragen, welcher Anlaß sie angesichts dieses Gewitters auf die Straße treibt. Sie beachten mich nur mit höflichem Nicken. Ein Passant kommt ans Auto und meint, daß das nahende Gewitter nicht etwa ein Hindernis für den Umzug sei, die Voodoo-Leute hätten vielmehr durch ihre Prozession das Gewitter heraufbeschworen. Die Fahne, so erfahre ich, sei Hebiesso, dem Donnergott, geweiht.
Ich reversiere, die Neugierde plagt mich, wohin der Umzug geht und was der Anlaß dafür ist. Der Passant möchte mitkommen. Ich stimme zu, denn ein Französisch sprechender Ewe kann ein brauchbares Bindeglied zu den Voodoo-Leuten sein.
Wir fahren lange hintennach. Bevor es über die Bahn geht, biegen wir in eine Pistenstraße, durch schmale Gassen, über Hügel und Müllberge nach Bé und weiter in Richtung

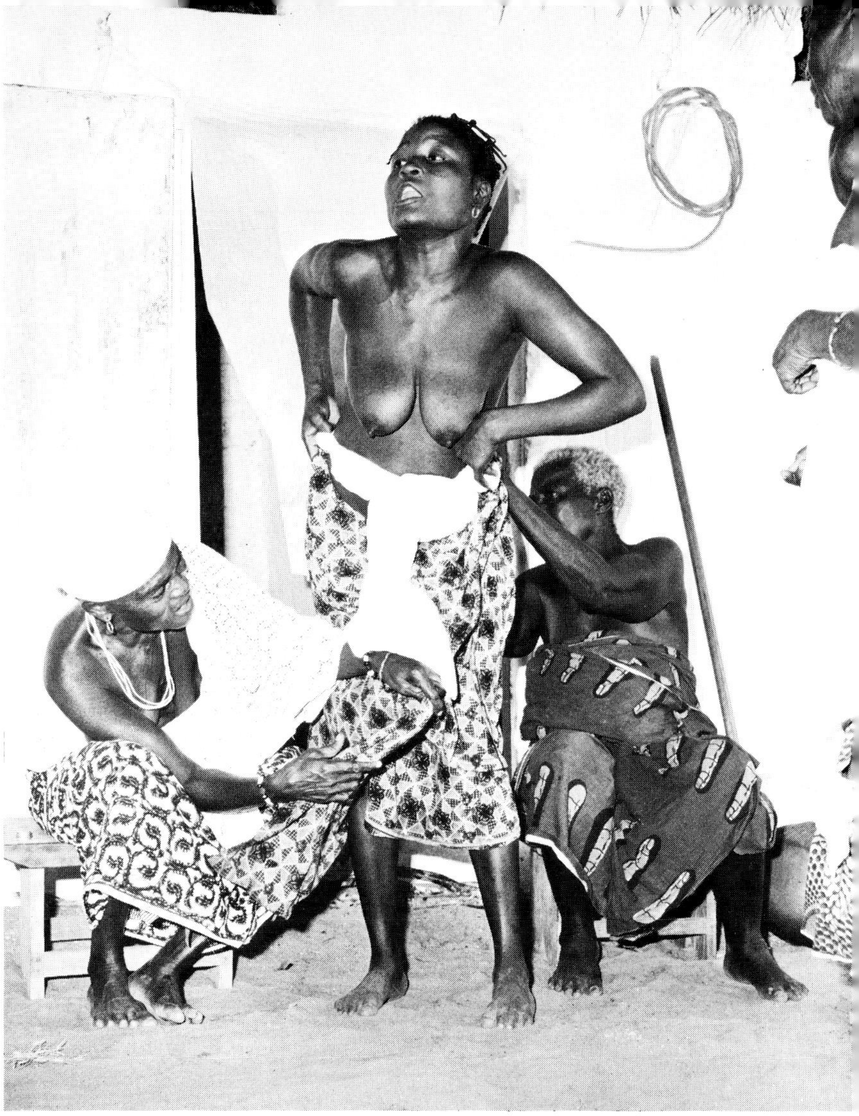

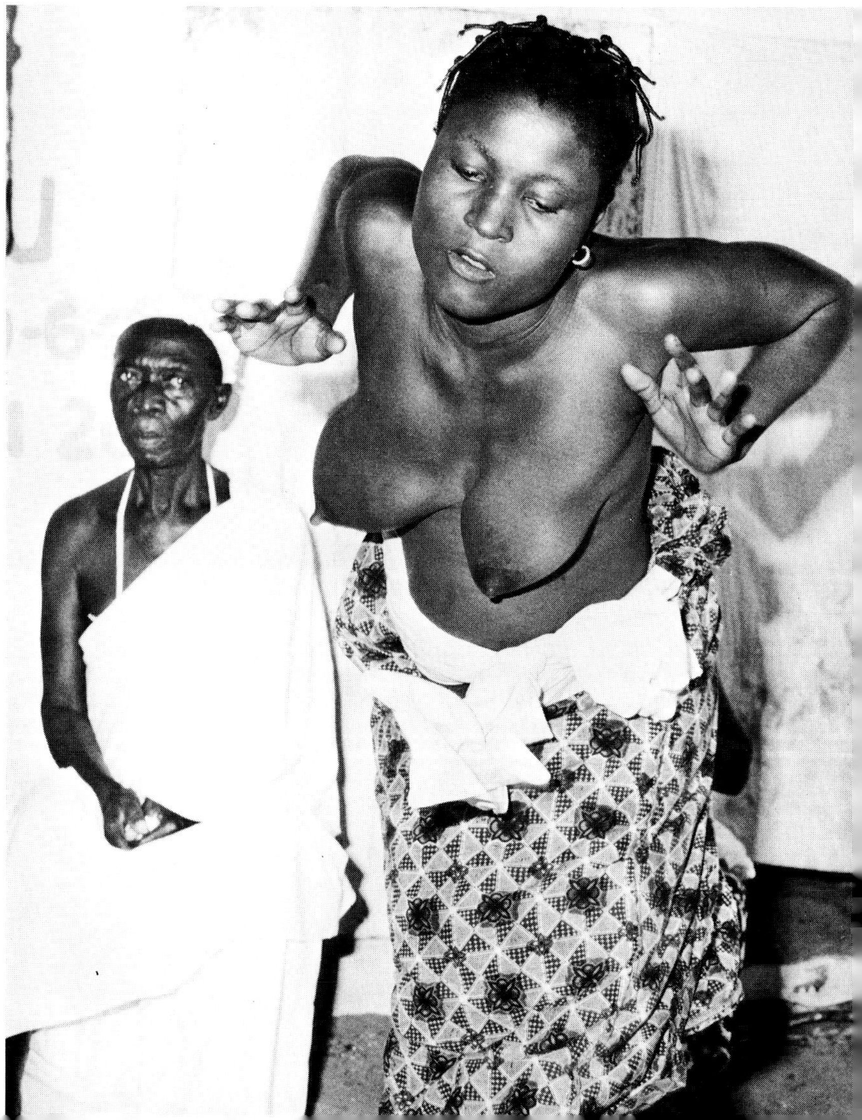

Baguida. Die ersten dicken Tropfen fallen, und ich gelange zu der Auffassung, daß ich umdrehen sollte. Als mein Beifahrer mir erklärt, der Festplatz liege noch etwa zehn Kilometer entfernt in Devego, mache ich ernst. An dieser Stelle höre ich hinter der Mauer eines Gehöftes Gesang und Trommelmusik. Ich halte an, gehe über den Hof und dränge mich an die Menschenmauer, die um den Tanzplatz steht. Ein sehr junges Mädchen sitzt auf dem Boden und reitet ein imaginäres Pferd. Es hält scheinbar Zügel in der Hand, und während es mit den Fersen in den Sand schlägt, hopst es jedesmal ein kleines Stück weiter.

Ich schaue mich um und sehe im Hintergrund Fetischkammern und Legba. Ein junger Mann mit weißer Schürze tippt mir auf die Schulter und begrüßt mich. Er ist der Sohn von Mamissi Amegassi Bamenou. Heute ist das Jahresfest dieses Kulturkreises und, wie er mir versichert, ein besonderer Tag. Dann sagt er mir, daß er mich bei anderen Festen gesehen hätte. Ich nütze das freundliche Klima und bitte ihn, mich zu Mamissi Amegassi zu führen.

Ich sitze schweißgebadet in der kleinen Hütte, und Mamissi erzählt bereitwillig. Sie hat einen eigenen Gott, er heißt Fufi Adjima. Andere Götter ihres Hauses sind Anjido Houedo, Epeta Tro-Tro, Amegan und Aholu. Die Frauen, die in Trance fallen sollen, tragen eines der vier verschiedenen Kostüme, die diesen Göttern gehören. Ich frage, wie und nach welchen Gesichtspunkten die Kostüme ausgegeben werden. Dann will ich wissen, wie man erkennt, welcher Voodoo den Tänzer ergriffen hat.

Mamissi erklärt mir: »Man fragt Afan, das Orakel. Erfahrene Priester brauchen das allerdings nicht, denn das Benehmen des Betroffenen, die Schritte seines Tanzes und sein Gesang verraten den Gott, der ihn besitzt.«

Mamissi bestätigt, daß sich kein Tänzer an seine Trance erinnern kann. Die Gefährlichkeit von Trancen bestreitet sie, denn irgendwann kommen alle in die Realität zurück. Sie kann sich nicht erinnern, daß jemals irgendwer in diesem Zustand geblieben sei.

Ich richte nun eine Reihe von Fragen an sie, die ich schon früher anderen Voodoo-Priestern gestellt habe, und erlange im Verlauf unseres Gesprächs die Gewißheit, daß – bei allem Individualismus in der Auffassung religiöser Vorgänge – die wesentlichen Fragen gleich beantwortet werden.

Mamissi Amegassi entschuldigt sich, Epeta Tro-Tro verlangt sein Opfer.

Der Regen hat sich verzogen, die Blitze wirken gezähmt, nicht schlimmer als das Verbrennen eines Löffels Schießpulver in der Hand des Besessenen.

Links: Eine Kranke wartet auf ihre Heilung. Die Zeremonie hat begonnen, der Gesang wird stärker. Anrufungen und Preisgesänge zwingen die Götter herbei. Alte Frauen wachen über das Ritual. Es darf kein Fehler gemacht werden.

Affenschädel und Donnersteine

Marché du Bé: Großmarkt der Medizinmänner, letztes grausiges Relikt einer animistischen Vergangenheit? Sicher kein Markt der Zukunft, aber die afrikanischen Götter leben noch. Der Voodoo hat sie wieder stark gemacht, dem Voodoo dienen wieder Tausende.

Marché du Bé: mumifizierte Affenschädel, Donnersteine, getrocknete Eulen, verfaulte Graupapageien, Hunderte, sauber geordnet, in Reihen gelegt, zur Schau gestellt. Chamäleons, auch lebend, und Ratten. Ritualeisen und Totenpuppen aus dem Holz des Kapokbaumes. Kleine blutverschmierte Doppelfiguren, mit Bindfaden zusammengeschnürt, zwei Fläschchen mit magischem Pulver und eine Kükenfeder auf die schwarze Blutkruste geklebt. Jeder der Köpfe ist verstöpselt, der eine am Ohr, der andere am Mund. »Öffne sein Ohr und sage ihm dein Problem; dann verschließe es sorgfältig und öffne den Mund der zweiten Figur. Sie wird dir nachts, wenn du schläfst, die Antwort sagen, die Lösung deiner Anliegen.«

Marché du Bé: Fetische, Hundezähne, Schlangenskelette, Krokodilsköpfe, Felle und Kalebassen, verstöpselt, beopfert, blutverschmiert, mit Kauris verziert. Tongefäße, in denen geheimnisvolles Blattwerk welkt, und ein Vogelkäfig, drahtgeflochten, in dem ein Sperlingskauz auf seinen rituellen Tod wartet. Auf der entfliehenden Blutwärme des Opfertieres reiten die Fetische in transzendentale Räume. Alles hat seine Symbolik, seine magische Kraft.

Der ›Grand Marché‹ von Lome: keine Kadaver, aber Tausende von Ritualeisen, Kaolin in Schüsseln, Schwefel, Kauriketten und rote Federn, kleine Behälter aus Ton, Fischbein und Ketten, vor allem Ketten; Glas, Plastik, Ton, Holz und Keramik. Ein halbes Stockwerk voll, weit mehr als tausend Quadratmeter.

Vor dem ›Grand Marché‹ Tausende Menschen, bei der ›Pharmacie de Grand Marché‹ tonnenweise Penicillin, Tabletten und Glasampullen, alles ohne Rezept, einfach zum Mitnehmen. Vor der Pharmacie eine kleine Gruppe barbusiger Mädchen, mit weißen Tüchern um die Lenden und einem Narbenmuster zwischen den Schulterblättern, einem auf dem Kopf stehenden ›V‹. Das sind die Fetischmädchen, die Voodoosi. Viele von ihnen verstehen kein Ewe und kein Minah, sie sprechen eine Fetischsprache. Sie arbeiten hart als Lastenträger. Was sonst sollen die Sprachlosen tun, in einem Land, das selbst für die Gebildetsten zuwenig Arbeitsplätze hat?

Links: Der Fetischmarkt von Lome ist ein letztes Relikt aus animistischen Tagen. Hier kaufen die Medizinmänner und Priester die Zutaten für Zeremonien und Opfer. Tierkadaver, von Hundeköpfen bis zu ganzen Krokodilen, sind ein Teil des reichen Sortiments.

Ein Trinkgeld für die Götter

Das kleine Gehöft an der Küste vor Anecho gehört Mamissi Amegassi Bamenou. Im Hof liegen Hunderte Stoffetzen aufgebreitet wie ein ärmlicher Flohmarkt, alles wirkt ein bißchen unordentlich. Das kommt daher, daß die Priesterin erst heute aus Grand Pobo zurückgekommen ist, wo sie eine Zeremonie zu leiten hatte. Die Tücher sind Teile von Kostümen, die verwendet wurden. Die schlechten Zeiten für den Voodoo in Benin sind vorbei. Es ist wieder erlaubt, Zeremonien zu feiern. Ihre vier Nichten in Cotonou seien wie sie Priesterinnen, und es gäbe wöchentlich starke Rituale, erzählt sie.

Im Innern des Hauses hat Mamissi Bamenou fünf Fetischkammern eingerichtet. Die erste ist für Edan, die zweite für Koffi, dargestellt durch eine weiße Figur, die einen Ritualsäbel in der einen und einen Fliegenwedel in der anderen Hand hält. Koffi liebt Zigaretten, sein Mund und seine Nase sind ganz angebrannt vom oftmaligen Rauchen. Eine andere Kammer gehört Mama Tchamba. Sie ist versperrt, durch die Spalten in der Tür sehe ich Trommeln an den Wänden hängen. Agni Dohoedo hat das Mittelzimmer bezogen. Die Wände sind leer, nur eine betonierte Umrandung am Boden birgt viele Töpfe und Kultgefäße. Die letzte und größte Kammer gehört Papa Densu, dem dreiköpfigen Wassergott.

Ich drücke die Tür auf und sehe einen gedeckten Tisch, der, wie ich von vielen anderen Fetischhäusern weiß, nur Mami gehören kann. Europäische Spielzeugpuppen, Parfum, Puder, Schmuck und vieles mehr. Mamissi Bamenou lacht über meine Verwirrung. Papa Densu ist der Mann von Mami, und es ist doch ganz klar, daß sie dasselbe Zimmer bewohnen. Sie drückt mich zur Seite, geht hinter den Altar und nimmt ein Bild von der Wand. Papa Densu, der Gott mit den drei Köpfen. An seiner Seite eine weiße heilige Kuh, Zierat, der unzweifelhaft aus Indien stammt. Unter dem Farbdruck, den Mamissi für ein Foto hält, steht ›Printed in England‹. Jetzt wird mir vieles klar. Papa Densu und Mami als göttliches Ehepaar bewohnen und beherrschen das Meer und die Lagunen. Der Mami-Wata-Kult verehrt beide als gleichwertige Götter.

Ich darf fotografieren, aber man sagt mir, es habe keinen Sinn, ehe ich nicht den Göttern eine Spende mache. Andernfalls sei nichts auf dem Film. Ich verspreche eine Spende und bringe meine Geräte in Aktion. Ich exponiere. Der Blitz streikt. Ich versuche es zweimal, dreimal, ohne Erfolg. Zum Glück habe ich einen zweiten Elektronenblitz dabei. Ich tausche ihn um, die Blitze lösen sich von selbst aus, ohne daß ich auf den Auslöser drücke. Das wundert mich nicht weiter, denn meine Blitzgeräte waren immer schon der schwächste Teil meiner Ausrüstung.

Mamissi hat mein Dilemma mit angesehen. Sie sagt ruhig und gar nicht erstaunt: »Ich hab' dir doch gesagt, du sollst zuerst bezahlen!« Ich gebe ihr einen Schein in die Hand, den sie vor den Fetisch auf den Boden legt. Ich drücke auf den Auslöser, der Blitz flammt auf. Mehr als zehn Personen, die diese Episode mit anschauen, stehen im Raum. Ich beobachte ihre Gesichter. Da ist nicht die Spur einer Überraschung, nicht der Hauch eines Zweifels. Für sie war es immer schon klar, daß ein Bild nur dann gelingt, wenn vorher dafür bezahlt wurde.

Der Geist einer Toten wird vertrieben

Zwischen Anecho und Glidji bahnen sich schwere Bagger einen Weg durch den roten Sand. Die Straße nach Vogan wird gebaut. Folly Tekpoe, Angestellter einer kanadischen Firma, ist stolz auf seinen administrativen Anteil. Er ist Patriot. Er spricht voll Stolz von seinem Land und ist beeindruckt vom Fortschritt, von der Politik und von der Straße, an der er mitgearbeitet hat.
Folly erwartet uns im Haus seiner Mutter. Mamissi Dossa hat ein Medikament gegen Warzen bereitet. Sie sitzt vor dem Zimmer von Mami und hält die Flasche gegen die Sonne. In zwei Tagen wird sich der Gin verfärbt haben. Das Wurzelwerk, das sie in den Schnaps gegeben hat, soll seine heilenden Substanzen absondern. Sie schüttelt die Flasche, prüft ein letztesmal die Ingredienzien, ehe sie sie dem Kunden übergibt. Mamissi Dossa behandelt Warzen von innen und von außen. Unter rosa Pflastern soll der aufgestrichene Kräuterbrei zwei Tage auf der Haut bleiben. Nach einer Woche stellen sich angeblich die ersten Erfolge ein.
Folly hält eine Rede. Sein Ton ist plötzlich offiziell. Er preist den Tourismus, er spricht von der alles verbindenden Brüderschaft zwischen Schwarzen und Weißen und betont mehrmals seine Freude über unser Kommen, eine Ehre sei das, für seine Familie, für ihn, für die ganze Nation.
Es ist fast drei Uhr, die Zeremonie in Glidji sollte längst begonnen haben. Ich dränge zum Aufbruch, Folly sagt, daß Deutsche und Österreicher, Kanadier und überhaupt alle Menschen in Togo willkommen seien. Wir brechen seine völkerverbindenden Reden ab, schieben ihn ins Auto und fahren die Pistenstraße bis ins Dorf. Einige Meter nach dem kleinen Fotoatelier liegt ein Haus, dessen Vorhof weithin sichtbar mit Zeltplanen überdacht ist. Weiße Tücher, auf denen ›Toyota‹ und ›Peugeot‹ steht, schirmen die Szene gegen die Straße hin ab.
Auf langen Bänken sitzen dicht aneinandergedrängt die höchsten Priester von Glidji. Das Begräbnis von Mamissi Mawegbo hatte längst stattgefunden. Die heutige Zeremonie soll helfen, ihren Geist zu vertreiben, der

eine ständige Gefahr für die Familie darstellt. Nach Auffassung der Voodoo-Gesellschaft muß der Geist eines Toten gewaltsam aus dem Haus vertrieben werden, denn es liegt in seiner Natur, daß er in die Familie zurückkehren möchte, in sein Haus, sein Zimmer, sein Bett. Bei dieser ungestümen Rückkehr sind alle Bewohner des Hauses in Mitleidenschaft gezogen. Der Geist des Toten ist rücksichtslos wie die Voodoos, er möchte am liebsten auch andere Familienangehörige ins Totenreich rufen, um nicht allein zu sein. Die Geister der Toten sind eine Gefahr für die Lebenden, und jeder Mitmensch, wie gut er auch im Leben gewesen sein mochte, wird mit dem Tag seines Todes zum unerbittlichen Feind der Lebenden. Die Opfer für die Toten werden meist aus Angst, selten aus Liebe dargebracht.

Vor dem ältesten Priester ist ein großer Tonbehälter aufgestellt, in dem verschiedenste Pflanzen, Wurzeln und Holzstücke eingeweicht sind. Dieses heilige Wasser wird ständig gerührt, weißes Pulver wird in kleinen Dosen zugesetzt. Alle Frauen benetzen ihre Stirn mit heiligem Wasser, ehe sie unter dem großen Sonnendach Platz beziehen.

Die zwei großen Trommeln am Rande der Tanzfläche sind mit frischem Blut beschmiert, vor ihnen im Sand liegen Schlagstöcke und Rasseln, zwischen den nackten Beinen der Musiker. Mit dem Eintreffen einer Priesterdelegation beginnen die Tromm-

173 Eine Tänzerin begrüßt die große Anzahl von Gästen. Sie ist den anderen Frauen in ihre Trance vorausgeeilt. Der Fetisch, der aus ihr spricht, bestimmt den Fortgang des Festes.

174/175 In der Mitte des Menschengewirrs entwickelt der Topf mit den magischen Kräutern eine gefährliche Eigendynamik. Aufgeregt versucht man den Behälter, in dem die Seele der Verstorbenen Platz finden soll, in vorgeschriebene Bahnen zu lenken. Unaufhörlich schütten Helfer frisches Wasser ins Zentrum des Tumults.

176 Während im Hintergrund eine Gruppe von Gläubigen den in Bewegung geratenen Seelenkrug zu bändigen versucht, sitzen die Frauen des Dorfes im Schatten eines Strohdaches und unterstützen das Geschehen durch Gebete und Inkantationen.

177 Das Gefäß mit den magischen Kräutern hat sich selbständig gemacht. Mit wilder Kraft schiebt es die Gläubigen durch den Hof, die verzweifelt versuchen, es festzuhalten.

178, 179 Das Schicksal nimmt seinen Lauf. In heller Aufregung laufen die Beteiligten durcheinander. Sie schieben und stützen sich gegenseitig und versuchen die Herrschaft über den Topf zu gewinnen. Unaufhörlich wird heiliges Wasser über sie geschüttet. Wer hier niederfällt wird zertrampelt. Kinder und Zuschauer flüchten in panischer Angst. Die Zeremonie hat sich inzwischen auf die Straße verlagert, und niemand ist imstande, die in Bewegung geratene Menschenlawine aufzuhalten.

180 Mitten im Dorf, auf der Straße, entscheidet sich das gefährliche Spiel. Die Seele der Toten hat den Behälter in tausend Stücke gerissen. Die Kraft der Toten war zu stark. Helfer und Gläubige tragen die Besinnungslosen ins Haus. Dann ist die Zeremonie zu Ende. Die Seele der verstorbenen Mamissi hat kapituliert, sie hat die Lebenden verlassen.

ler ihren Rhythmus zu schlagen. Ich bin es gewohnt, daß es Stunden dauert, bis man sich warmgesungen und eingetanzt hat.
Gilbert, der Transvestit, wirkt schlicht und bescheiden. Sein Silberschmuck beschränkt sich auf eine Kette, anstelle des Goldbrokatrockes trägt er eines jener Tücher, auf deren Rand ›Akosombo Textils‹ steht. Gilbert tanzt vor den Trommeln, seine Augen durchdringen die dicht gedrängte Menschenwand, er schaut durch sie hindurch in die Traumwelt seiner Götter und Dämonen.
Dann geht alles sehr schnell. Ein Aufschrei, Gilbert wird von seinem Gott erfaßt und geschüttelt. Wie im Fieber bäumt sich sein Körper auf und schlägt mit voller Wucht gegen eine voll besetzte Bank. Die Menschen springen auf, Schreie, Angst und Panik, dann ist der Tanzplatz wie leergefegt. In diesem Moment, in dieser Sekunde fallen Dutzende in Trance. Der Hof wird zum Inferno, Zuschauer retten sich, um nicht an die Wand geschleudert zu werden, viele laufen auf die Straße.
Aus dem bemalten Mami-Wata-Tempel stürzt eine Gruppe von Frauen, von allen Ecken hetzen sie auf das Gefäß zu, in dem die Blätter und magischen Essenzen eingeweicht sind. Eine dicke Frau wirft ihren Körper über das Gefäß, Dutzende folgen ihr. Ein rasender Knäuel von Menschen ballt sich, wickelt sich ineinander, verschlingt und verknotet sich. Dutzende hängen aneinander und heben das Gefäß vom Boden. Der Menschenberg beginnt zu wandern, er dreht sich im Kreis wie ein träger Zyklon, bäumt sich auf, bricht zusammen.
Von außen her schütten Frauen mit Eimern und Kalebassen Wasser über die Fleischlawine. Geschrei und das Krachen umstürzender Tische. Die Götter feiern ihr Fest. Der Geist der Toten ist stark, unendlich stark. Unter dem Sonnendach durchbricht der Menschenberg die Reihen der Priester. Er dreht und wendet sich, quillt ins Freie. Immer mehr Wasser wird über die Köpfe der Tobenden geschüttet. Ich werde von dem äußersten Ring erfaßt und weggeschleudert. Im Zentrum dieses Orkans kreist der Topf mit den Pflanzen, in dem die Seele der Toten schwimmt.
Alles war so schnell passiert, daß ich mich nicht darauf einstellen konnte. Ich spüre meinen Puls bis zum Hals schlagen, die magische Kraft des Treibens erfaßt mich, ich gerate in ihren Sog, werde mit Wasser übergossen und wieder weggeschleudert. Ich spüre keine Angst, aber ich bin aufgeregt, meine Hände zittern. Die Menschenwand drängt zum Tempel, ballt sich, dreht sich und sucht wie die Lava eines ausbrechenden Vulkans eine Bahn zwischen den Hütten und Sonnendächern des Hofes.
Auf der Straße stehen Hunderte Menschen, die aufgeregt den Weg der Besessenen verfolgen. Durch den viel zu schmalen Eingang

bahnen sie sich einen Weg auf die Straße. Männer in weißen Festkleidern eilen voraus, sie rufen, sie schreien, wollen sie aufhalten, zurückschicken in den Hof zu den Trommeln unters Sonnendach. Aber es gibt kein Zurück. Schreiend wälzt sich die Masse die Straße entlang. Ich klettere auf eine Mauer, um nicht erdrückt zu werden, ich schaue ins Zentrum der Spirale. Die Priesterin, die den Topf noch umklammert hält, bricht ohnmächtig zusammen. Randfiguren verlieren das Bewußtsein, ihr Körper schlägt hart auf die Straße.

So schnell, wie es begann, war es zu Ende. Übergangslos und ohne äußeres Zeichen strecken die Götter ihre Diener in den Sand. Viele wollen helfen. Es ist ein Ringen der Menschen mit den Göttern, ein hoffnungsloses Kräftemessen so unterschiedlicher Instanzen.

Starke Männerarme tragen die Bewußtlosen zurück ins Haus. Die Musik verstummt, es ist, als würde eine Festwiese gesäubert um sechs Uhr morgens, wenn all der Glanz verblaßt ist.

Folly drängt sich zu mir. Schweiß steht auf seiner Stirn. Es war ein heftiges Fest, eines von den starken, die nur alle paar Jahre einmal passieren.

Der Geist ist fort. Auf der Straße vor dem Haus liegen die verschütteten Kräuter aus dem Kultgefäß, Scherben und Tücher, Ketten und ein verlorener Schuh.

Das Gottesurteil

Hinter dem Seemannsheim, nicht weit vom ›Hotel de la Paix‹, entdecke ich eine Zeichnung auf der Wand eines Hauses: eine wie ein Rollschinken verschnürte Frau auf dem Boden, ihr Hals von einer Schlinge niedergehalten, hinter ihr ein Charlatan*, einen Fetisch in der Hand haltend.

Ich gehe durch eine Garagentür ins Haus und sehe eine kleine Arena, von Bänken umstanden, und eine Apsis, wie in der Kirche, verschiedenste Devotionalien, Altäre und Wandbilder. Ein bizarrer Tempel, fast wie in Haiti, voll mit Bildern und Darstellungen von Heiligen.

Dieses Haus ist ein Gericht, ein Gottesgericht. Am Samstag soll ein Dieb überführt werden. Nach langen Verhandlungen habe ich den Charlatan überzeugt, daß er mich gegen ein entsprechendes Entgelt einladen soll.

Am Samstag um vier Uhr ist die Bude voll. Eine Schneiderin und deren Freundinnen werden von ihrer Chefin beschuldigt, ein Kostüm und zwei Stoffe gestohlen zu haben. Beide, die Alte und die vermeintliche Diebin, erzählen ihre Version, dann tritt ein

* Der Begriff ›Charlatan‹ wird in Afrika keinesfalls abwertend verstanden. Der Charlatan ist der Zauberer, der Guérisseur (Krankenheiler) und der Orakelmann. Er versteht sich als wichtige Persönlichkeit in traditionell-religiösen Kreisen.

kahlköpfiger Mann auf den Plan, er holt die Alte in die Mitte des Raumes. Von der Decke hängt ein Strick, dicht unterm Dach eine undefinierbare Kugel, blutverklebt und mit Kauris verziert. Es scheint, als wäre der Faden durch die Kugel gezogen. Die Frau wird auf einen Schemel gesetzt, ihr rechter Fuß steht auf einem magischen Gegenstand, der mit einer Kordel an den von der Decke hängenden Strick gebunden ist.
Die Alte wird befragt. Der Ton des Kahlköpfigen ist scharf und unfreundlich, es scheint, daß auch die Klägerin von jemand anderem angeklagt wird. Die Frau verteidigt sich, dann kommt es zu dem kritischen Punkt, an dem das Orakel zu entscheiden hat. Die Kugel rutscht unvermittelt vom Überboden der Schnur entlang bis zu einem Punkt, an dem sich die Frau vorher mit den Fingern angehalten hat. Langes Diskutieren, dann entschließt man sich zu einer Gegenprobe. Kläger und Beklagte werden nacheinander mit zusammengebundenen Händen vor den Fetisch gebracht.
Der Charlatan hat ein Loch aus dem Sandboden gegraben und schüttet nun unter Anrufung der Götter Whisky und Limonade hinein. Ein Palmkern, der an einer Schnur hängt, wird versenkt, das Loch mit Sand gefüllt. Die erste Frau kniet davor, eine kleine Gruppe von Fetischen wird aufgebaut, die Hände der Frau sind am Rücken verschnürt. Wenn sie unschuldig ist, wird sie den Palmkern aus dem Loch ziehen können. Anrufungen, dann das Zeichen. Die Frau zieht an der Schnur, scheinbar mühelos gelangt sie aus ihrer gebückten Haltung auf die Beine. Der Palmkern hängt ihr am Hals.
Schon bei der nächsten Frau kommt es zum Verhängnis. Nach der gleichen Methode wird sie mit der Schnur verbunden, die ins Loch führt. Die Frau erwartet den Befehl, sie zieht, aber der eingegrabene Kern bewegt sich nicht. Sie versucht es nochmals und immer wieder. Dann gibt sie auf. Tränen rinnen über ihre Wangen, sie schreit hysterisch und versucht selbst in dieser hoffnungslosen Situation von ihrer Unschuld zu reden.
Die anderen Frauen werden auch noch vorgeführt. Bei keiner gibt es einen Widerstand. Der Palmkern fliegt nur so heraus. Die Anstrengung, ihn herauszuziehen, kann nicht groß sein.
Am Abend komme ich in das Haus zurück. Ich möchte erfahren, wie das Urteil ausgegangen ist.
Der Charlatan sitzt mir gegenüber auf der Bank und scheint mit dem Ergebnis nicht zufrieden zu sein. Es war kein eindeutiger Schuldspruch. Eine spätere Gegenprobe hat die Frau entlastet. Dabei ist herausgekommen, daß die Beschuldigte früher schon einmal etwas gestohlen hatte, das zu der verhängnisvollen Orakelreaktion geführt hat. In dem vorliegenden Fall war sie allerdings schuldlos.

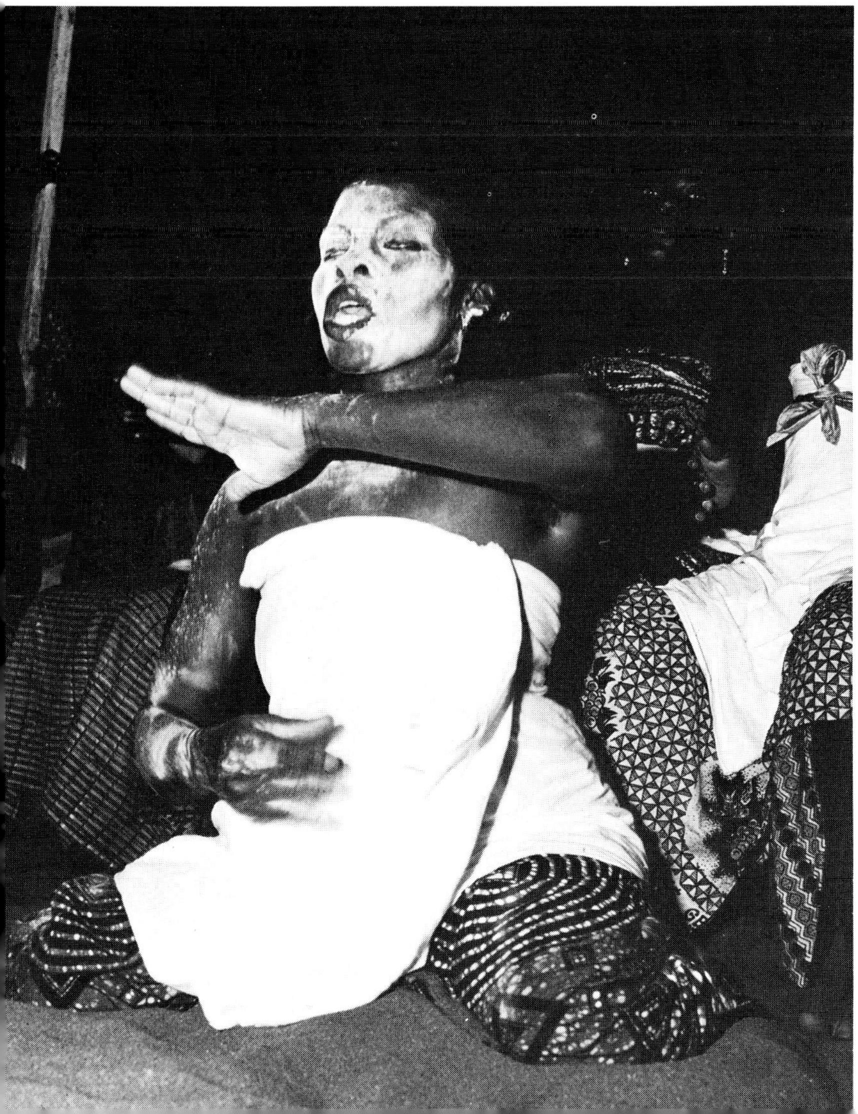

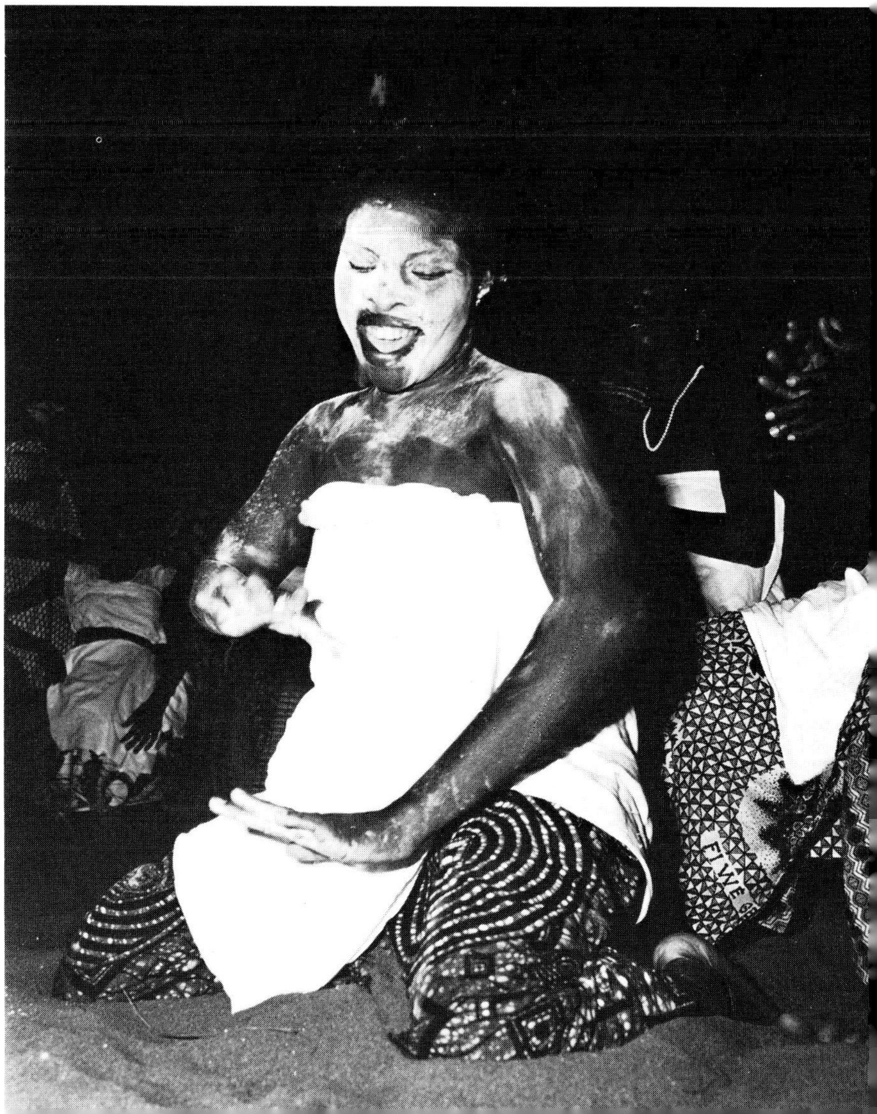

Midawo Dazihode plaudert aus der Schule

Der Mann, der mir seine Visitenkarte reicht, heißt Gomez Midawo Dazihode. Auf der Rückseite der Karte steht blau gestempelt »Veranstalter okkulter Sitzungen«. Sein Tempel war mir schon früher aufgefallen, und heute, am letzten Tag meines Aufenthalts in Togo, stehen alle Türen offen, es ist, als wäre diese Begegnung mehr als ein Zufall, ein symbolischer Schlußstrich unter eine fast drei Jahre währende Arbeit.
Wir sitzen uns gegenüber auf ungepolsterten Eisenstühlen, und Charlatan Dazihode beginnt, ohne eine Frage abzuwarten, ein Schema in den Sand zu zeichnen. »Das hier oben« – er macht einen kleinen Sandkegel – »ist Legba, der Soldat. Legba beschützt die Dörfer, die Häuser und ihre Einwohner. Wenn eine Gefahr droht, erkennt er sie und gibt ein Signal an die Voodoos weiter.«

Seite 184: Eine Tänzerin ist in Trance gefallen, ihr Gott schüttelt sie erbarmungslos. Was sie singt, tanzt und spricht, ist Botschaft und Befehl Gottes. Durch sie erfahren die anderen, wie sie ihre Probleme lösen können.
Seite 185: Eine Frau hat sich verwandelt. Nach dem Eintreten der Trance, nach der kurzen ekstatischen Ohnmacht, wurde sie umgekleidet. Sie hat ihre Identität zugunsten der Göttersymbolik verloren. Aholu, der sie besitzt, mag kein Metall. Deshalb haben ihr Helferinnen beim Umkleiden alle Schmuckstücke abgenommen. Wenn Aholu sie verläßt, weiß sie von nichts mehr. Die Teilnehmer der Zeremonie werden ihr nicht erzählen, was geschehen ist. Sie könnte sonst zurückfallen in die transzendenten Räume ihrer Trance, und das wäre außerhalb eines geeigneten Rituals eine Gefahr für sie.

Midawo Dazihode nimmt ein Stück Holz und kratzt fünf Kreise auf den Boden. »Das sind die Voodoos, die mit Legba in Verbindung stehen.« Er zeichnet Linien, die er Telefonleitungen nennt, Verbindungen hin zu Legba.
»Wenn nun die Voodoos informiert sind, beraten sie, was zu tun ist. Über ihren Ratschluß verständigen sie den Charlatan, der meistens Priester, Magier und Guérisseur zugleich ist. Er erhält nun den Auftrag, Opfer zu bringen oder andere geeignete Sanktionen zu ergreifen, die das Unheil abwenden. Dazu braucht er selbstverständlich die Unterstützung der Voodoos, die ihm helfen, wenn er ihre Forderungen erfüllt.«
Das Schema ist inzwischen um einen kleinen Sandhaufen größer geworden, um den des Charlatans.
Dazihode lacht. Er gefällt sich in der Pose des Lehrers, er freut sich über seinen aufmerksamen Schüler, und er belohnt mein eifriges Mitdenken durch langgezogene »Ähäää! Ähäää!« Dann erzählt er von anderen Kategorien, von Hexen, Gri-Gris und von Zauberern.
»Es gibt da Leute, die sehen aus wie alle anderen. Die kommen in dein Haus, sie fragen dich etwas oder haben sonst einen Anlaß. Wenn sie gehen, dann streicheln sie deinen Sohn am Kopf, und du, der du kein Zauberer bist, bemerkst nichts von dem, was da passiert. Das sind die Hexen. Sie können dein

Kind in ein Tier verwandeln. In ein Huhn, in einen Hund, in eine Katze. Dein Kind wird sehr krank sein, aber du weißt noch immer nicht, was passiert ist, bis du eines Tages das Huhn schlachtest und dein Kind gestorben ist. Dann vielleicht ahnst du den Zusammenhang.

Das sind die Hexen. Sie kommen nachts, wenn du schläfst, mit den Eulen, den Fledermäusen und den Nachtvögeln. Diese setzen sich auf das Dach deines Hauses, aber du weißt nicht, daß die Hexen die Vögel als Fahrzeuge benutzen und nur darauf warten, bis sie dir einen Schaden zufügen können.

Du sollst wissen, daß es eine Gefahr bedeutet, ein Tier zu töten. Es könnte ein verwandelter Mensch sein, und er wäre dadurch unrettbar verloren.«

Ich setze mich von dem harten Eisenstuhl neben seine Zeichnung in den Sand. »Wie kann man denn erkennen, daß ein Tier ein verwandelter Mensch ist?«

»Nichts ist einfacher als das. Man fragt Afan, das Orakel. Ein erfahrener Charlatan erkennt aber auch ohne das Orakel, allein vom Verhalten des Tieres her, ob es ein verwandelter Mensch ist oder nicht.«

Midawo Dazihode hat ein zweites Schema angelegt. Drei Felder veranschaulichen die Kategorien Hexen, Gri-Gris und Charlatane. Er zeigt auf das zweite Feld und meint: »Wenn du jemand schaden willst, kannst du ihm ein Gri-Gri machen. Das ist ein kleiner Beutel mit magischen Gegenständen, der dem Betreffenden Schaden zufügen wird. Es muß aber kein Beutel sein. Es könnte auch eine Kalebasse oder eine Holzfigur sein, vielleicht sogar ein Stück Stoff, wenn es richtig präpariert ist.«

Da fällt mir die Geschichte ein, die ich vor Jahren im ›Hotel Tropicana‹ miterlebt habe. Ein Angestellter war seit einigen Tagen nicht mehr zur Arbeit gekommen. Daraufhin begab sich der europäische Receptionist in das Heimatdorf des Mannes, um nachzusehen, was passiert war. Zu seinem Erstaunen war dieser gesund und saß vor seiner Hütte, als der Besucher kam. Der Grund seines Fernbleibens war ein Gri-Gri, das jemand gegen ihn gemacht hatte. Vor seinem Boot, mit dem er einen Lagunenarm zu überqueren hatte, war ein Stock in den Schlamm gerammt, und daran hing ein Leinensäckchen. Als der Europäer danach griff, wollten ihn die umstehenden Leute davon abhalten. Die Kraft der ›Medizin‹ könnte sich gegen ihn richten. Die Gefahr sei sehr groß. Der Weiße, der nicht so recht an die Sache glauben wollte, holte das Säckchen von der Stange und öffnete es. Drin fand er zwei Eier, sonst nichts. Erst nach langen Diskussionen konnte er seinen Angestellten dazu bringen, wieder in das Boot zu steigen.

»Das ist also ein Gri-Gri. Eine gefährliche Angelegenheit. – Das nächste, wovon ich sprechen möchte, sind die Fetischeure, die

Charlatane selbst. Da gibt es auch zwei Sorten; die mächtigere von ihnen ist jene, die sich auf die alten Traditionen beruft. Die Fetischeure im traditionellen Sinn tragen die Kraft von Generationen in sich und sind allen anderen überlegen. Sie werden nicht von den Menschen gewählt, sie können auch selber nicht in dieses Amt gelangen. Die Voodoos sind es, die sie rufen, die Götter selbst suchen sich ihre Vertreter.
Diese Fetischeure werden auch Charlatane genannt, und sie beherrschen das Orakel genauso wie das Herstellen von Medizinen, das Installieren eines Gri-Gri oder das Vertreiben eines Feindes. Die meisten von ihnen arbeiten auch mit dem Horoskop, mit den Sternen also. Die wichtigste Aufgabe eines Charlatans besteht darin, den Menschen zu schützen, sei es vor Feinden oder gegen den Angriff einer Hexe. Er kennt Mittel und Wege, den bösen Geist zu vertreiben, der sich in einem Haus oder einem Menschen verbarrikadiert hat. Dazu gibt es verschiedenste Zeremonien.
Man unterscheidet zwischen natürlichen und unnatürlichen Krankheiten. Wenn jemand mit einer natürlichen Krankheit zu mir kommt, dann schicke ich ihn ins Krankenhaus. Dafür gibt es Ärzte. Wenn aber jemand von einer unnatürlichen Krankheit befallen wird, von einer, die eine Hexe verursacht hat, dann kann ich etwas dagegen unternehmen.

189 Das Gottesgericht in Bé ist zusammengetreten. Die Fetischpriester sitzen vor den Götterpforten des Altars und bringen ihre Opfer. Ihre Fetische heißen Koudi, Ablewa, Souyei und Bagini. Alle warten auf den Charlatan, der die Zeremonie leiten wird.

190 Der Charlatan hat Platz genommen, seine Helfer bereiten das Orakel vor. Magische Gegenstände und Fetischfiguren sollen bei der Wahrheitsfindung helfen. Ein Palmkern, an einer Schnur hängend, wird in den Boden gegraben. Die Verdächtige, der die Schnur umgebunden wird, soll versuchen, die Palmfrucht aus dem lockeren Sand zu ziehen. Wenn sie gelogen hat, werden die Voodoos ihr Gewicht an den Strick hängen, und die Frau wird überführt sein. Eine Gruppe von Fetischpuppen überwacht das Gericht und die Handlungen des Charlatans.

191 Mehrere Verdächtige werden vorgeführt. Die Voodoos sind gerecht, sie geben die Frauen frei. Eine alte Sünde, ein kleiner Diebstahl, wird aber unbeabsichtigt aufgedeckt, und das führt zu Verwirrungen und schwierigen Entscheiden. Die Verhandlung muß vertagt werden.

192 Das Innere des Gottesgerichts ist reich mit Wandbildern und Fetischen ausgestattet. Viele der prominentesten Voodoo-Götter sind dargestellt, unter ihnen Mami die Nixe, ihr Mann Nana Densu und das gefährliche Krokodil.

193 Altäre und Steinsetzungen im Haus von Gomez Midawo Dazihode.

194 Die Zeremonie hat begonnen. Ein Fetisch meldet sich zu Wort und erklärt den Anwesenden die Wünsche der Götter.

195 Eine Ladung Schießpulver wird in seiner Hand entzündet. Ein heller Blitz erleuchtet den Raum, der Gott bleibt unverletzt.

196 Nun mischen sich die anderen Götter in die Szene. Eine Frau hat sich verwandelt und schlägt Purzelbäume. Die Götter wollen ihren Spaß haben.

KOUDI
ABLEWA
SOUYEI
BAGINI

AKADOtsi
4500F

ABLEWA

NATIONALES

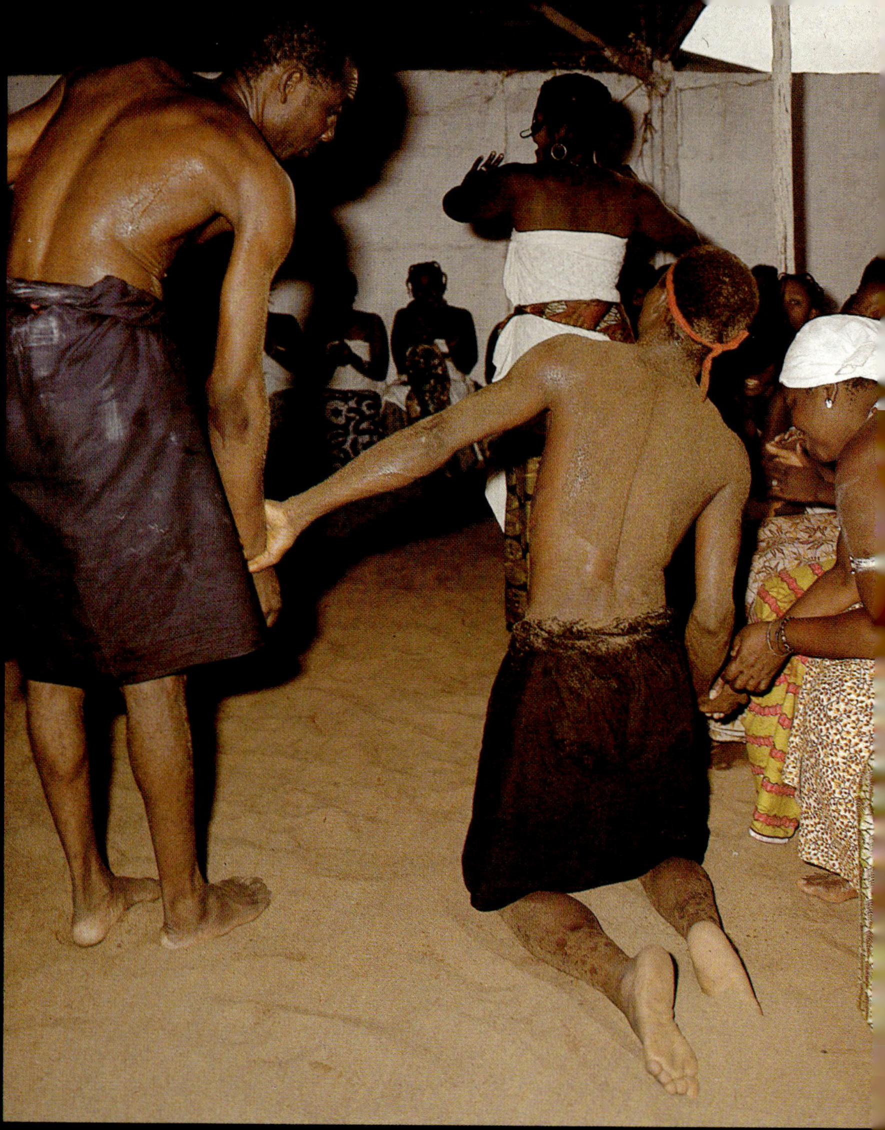

Es gibt Krankheiten, deren Behandlung mit einem Blutopfer beginnt. Dabei ist die Anwesenheit der Familienmitglieder erforderlich, die verschiedene Speisen zu sich nehmen müssen, vor allem Bohnen und rotes Öl. Einen Teil der Lebensmittel bringt man um Mitternacht an eine Wegkreuzung und überschüttet sie mit rotem Öl. Meistens dauert es nicht lange, bis der Nachtvogel die Speisen entdeckt. Das ist der Moment, in dem der Geist angerufen wird, der Moment, in dem der Priester einen Kontakt zur Hexe herstellen kann, die ja der Nachtvogel ist. Nun bietet er der Hexe ein Tauschgeschäft an; man verspricht ihr verschiedene Opfer, wenn sie den Menschen freigibt. Wenn der Vogel von den Opfergaben frißt, dann heißt das, daß die Hexe auf das Tauschgeschäft eingegangen ist. Sie wird, wenn die Versprechungen erfüllt sind, den Menschen freigeben.

Hat man die Hexe erst einmal für sich gewonnen, dann kann man sie auch gegen andere Hexen loslassen, die Familienmitglieder verzaubert haben. Für solche Aufgaben kann man aber auch Legba, den Soldaten, einsetzen, allerdings nur den traditionellen. Der Unterschied zwischen einem traditionellen und einem modernen Legba liegt darin, daß der traditionelle Legba nicht bereit ist zu töten, wenn er nicht weiß, warum. Er wird sich auch dem Auftrag widersetzen, wenn er glaubt, daß die Maßnahme ungerechtfertigt ist. Der moderne Legba hingegen fragt nicht nach dem Grund, er ist das ausführende Organ, das nur an dem Opfer interessiert ist, an dem zu bezahlenden Preis. Der traditionelle Legba hält Rückfrage bei den Voodoos, ob er den Mann wirklich töten soll. Wenn diese herausfinden, daß der Grund nicht ausreicht, können sie dem Legba die Empfehlung geben, gegen seinen Auftraggeber vorzugehen. In krassen Fällen kann das zur Tötung eines Menschen führen, dessen eigene Tötungsabsicht nicht gerechtfertigt war. In anderen Fällen kann sich der Schuldige durch Opfer, die er den Voodoos bringt, von der Bestrafung freikaufen.«

Midawo Dazihode betreibt auch ein Gottesgericht. Ich erzähle ihm von meinem Besuch bei einer Gerichtsverhandlung und frage, ob ich auch dabeisein darf, wenn er eine Verhandlung leitet.

»Ich habe lang keine Verhandlung mehr gemacht, und ich werde auch aufhören damit. Es ist immer von Problemen begleitet, wenn man die Voodoos bittet, einen Dieb zu fangen. Früher hatte ich eine Methode gefunden, die unfehlbar war. Dieser magische Kreis am Ende des Hofes war der Platz, auf den sich der Verdächtige stellen mußte. Ich habe dann die Geister gerufen und sie um Hilfe gebeten. Der Verdächtige mußte ein Huhn halten, ich stand einige Meter entfernt, ihm gegenüber. Wenn ich die Botschaft der Voodoos erhielt, richtete ich ein Messer gegen den Mann. In diesem Moment starb das

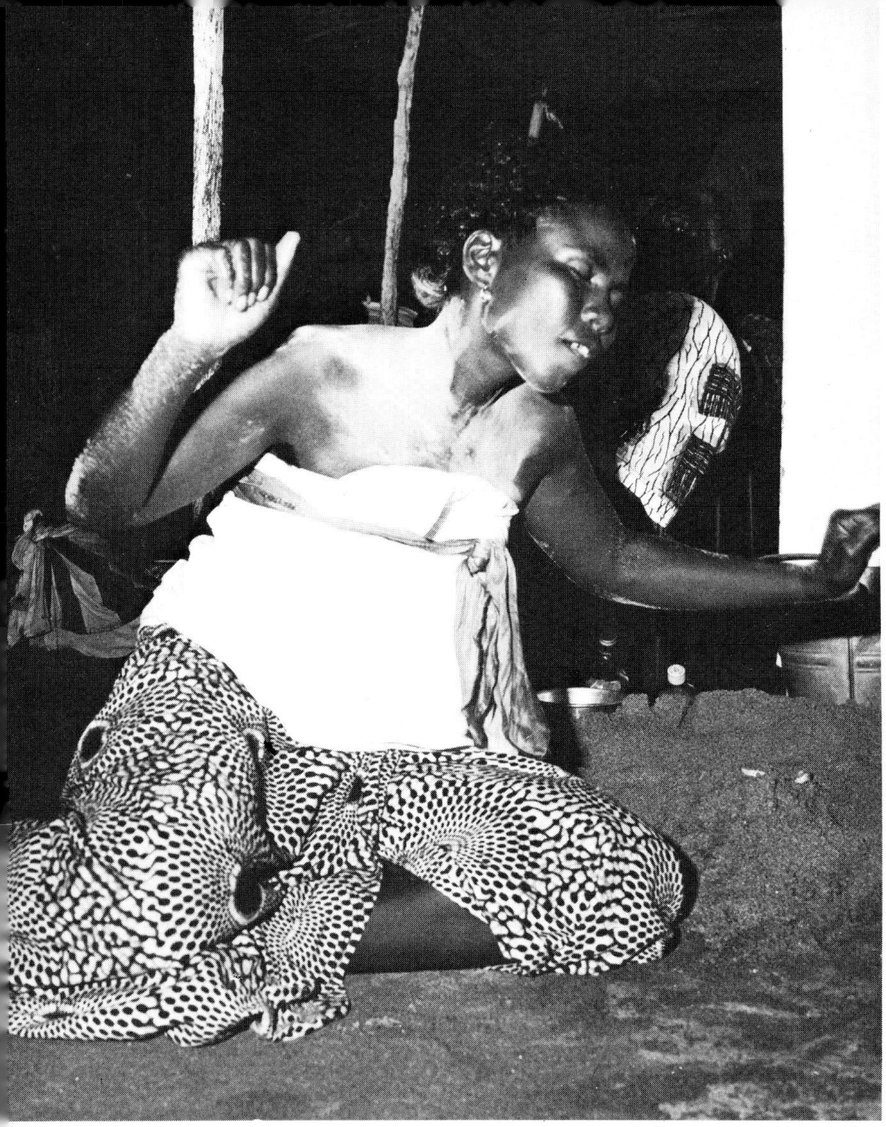
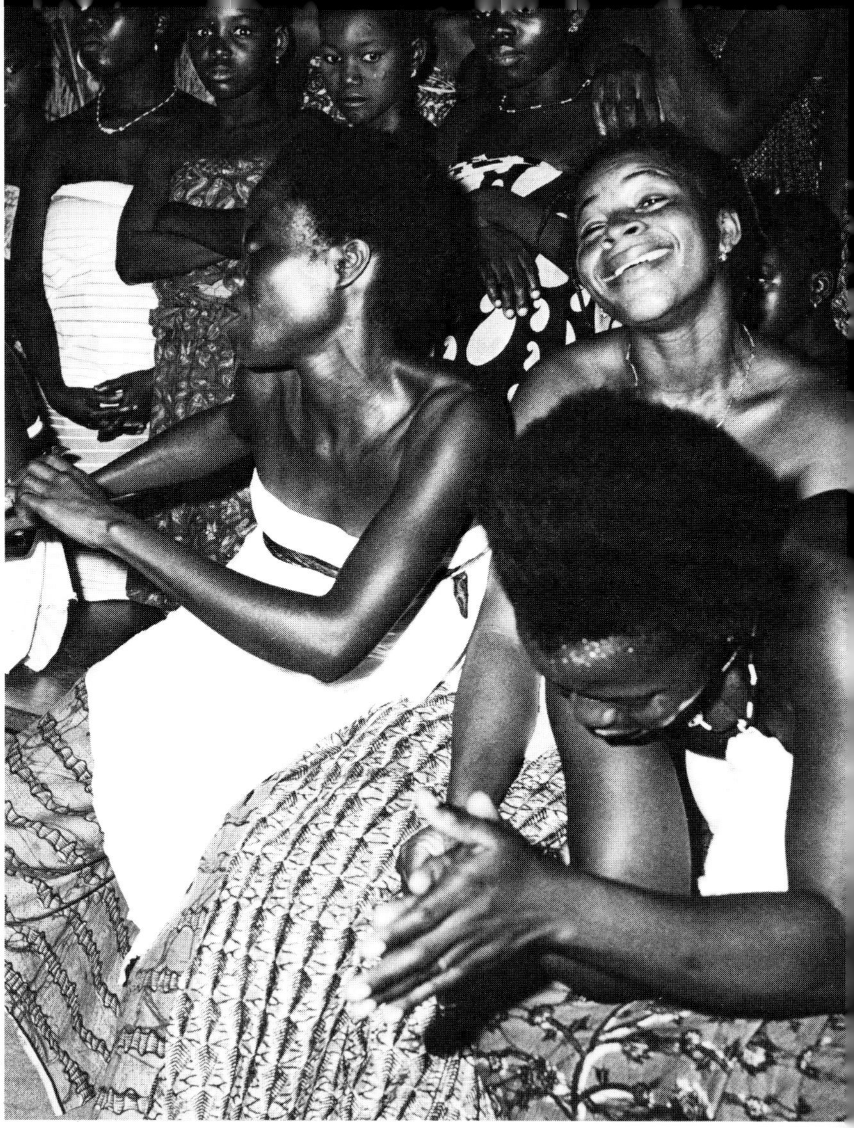
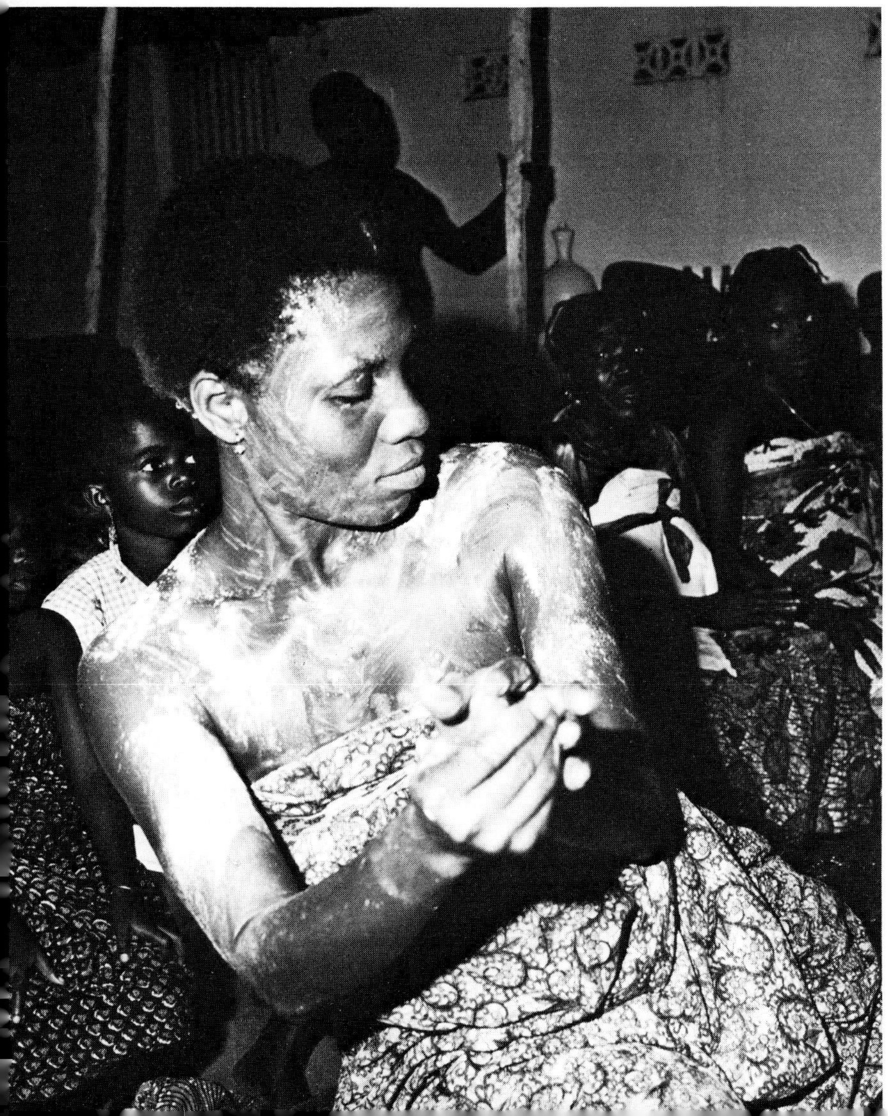
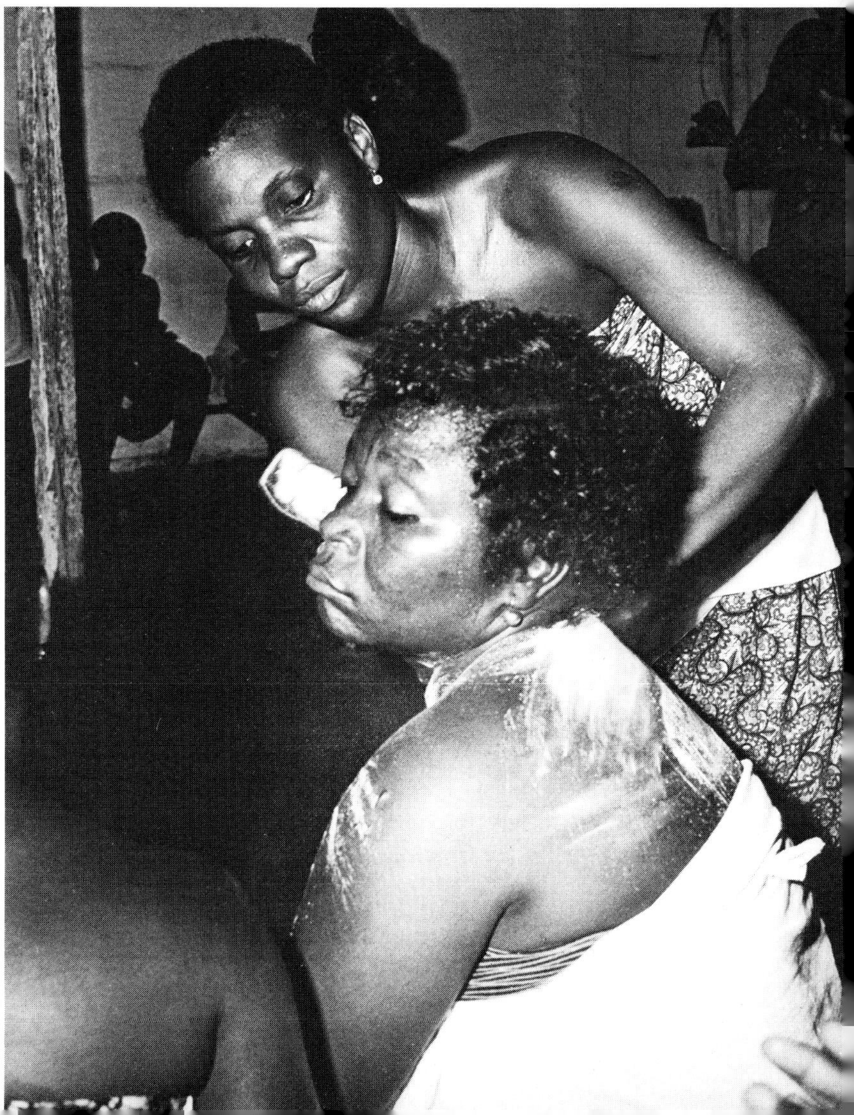

Huhn in seinen Händen, ohne daß es jemand anderer berührt hatte. Das war der Beweis für seine Schuld.«

Er holt aus seiner Brieftasche ein zerknittertes Foto. Darauf ist ein Mann zu sehen, der in dem Kreis steht und ein offensichtlich lebloses Huhn in den Armen hält. Ich bemerke, daß der Mann fröhlich aussieht.

»Er hatte Courage, er wollte über seine Schuld und den Beweis hinwegtäuschen. Man fand aber in seiner Wohnung die gestohlenen Sachen. – Ich habe aber auch Agogou gemacht, das ist das Urteil, das du gesehen hast. Ich habe aufgehört damit, ich sagte dir schon, es gibt immer Probleme.«

Ich dränge ihn, mir zu erklären, welcher Art die Probleme sind.

»Das Agogou dauert zwei Tage. Wenn sich nun die Kläger und die Angeklagten gegenübersitzen, dann macht der Fetischeur die Probe. Er gräbt ein Loch in den Sand und schüttet Getränke hinein. Damit bringt er die Voodoos ins Loch. Er bittet sie, den Palmkern festzuhalten, wenn der Dieb versucht, ihn herauszuziehen. Die Voodoos sind sehr stark. Niemals wird es einem Dieb gelingen, ihnen den Palmkern zu entreißen.

Wenn der Dieb gefunden ist, werden Gegenproben gemacht. Ich habe schon gesagt, das Agogou dauert zwei Tage. Wenn die Beteiligten gegangen sind, bringt der Charlatan seine Opfer und tut seine Arbeit. Wenn es sich nun trifft, daß der Angeklagte aus einer bedeutenden Familie stammt – nehmen wir an, er wäre der Sohn eines Ministers –, dann geschieht es, daß ein Abgeordneter der Familie nachts zum Charlatan kommt und diesen bittet, gegen entsprechende Geschenke die Voodoos zu täuschen, also den Schuldigen freizusprechen.

Nimmt der Charlatan an, dann muß er am nächsten Tag, wenn alle wieder versammelt sind, einen der Kläger auffordern, sich vom Altar eines Voodoos ein Getränk zu holen und es unter seinen Leuten zu verteilen. Geschieht das, dann kann der Charlatan die Voodoos informieren und behaupten, ein Mann aus dem Kreis der Ankläger habe den Voodoos ein Getränk gestohlen. Bei der Probe wird er nun die Leute in einer be-

---

Seite 198: In anderen Dimensionen fühlen, die Musik hören, als trüge man das Orchester im Kopf herum – das Gefühl hat den Körper verlassen, es ist, als tanzten die Beine von selbst nach der Choreographie der Götter. Die Menschen haben sich verwandelt und sind nicht mehr verantwortlich für das, was ihre Körper tun. Die Voodoos bewegen ihre Glieder, sie sind Marionetten einer höheren Instanz, der sie vertrauen und mit der sie kokettieren. Die Zuschauer sind nicht kritisch distanziertes Publikum, sondern allzeit hilfsbereite Partner auf einem gemeinsamen Weg durch eine unbeschreibliche Götterlandschaft.

Seite 199: Die Fetische verabschieden sich. Stunden sind vergangen seit der Ankunft der Götter. Nun ziehen sie sich zurück und geben die Menschen frei. Erwachen aus göttlicher Dunkelheit, die nicht die Spur einer Erinnerung gestattet. Nur die Gewißheit bleibt, daß die Voodoos existieren. Mawulolo! Gott ist groß. Mawuli! Gott ist da. Einmal in der Woche treffen sie sich, um die Götter zu rufen, um ihre Sorgen und Nöte vorzubringen, um Rat zu erbitten und ihre Opfer zu bringen.

stimmten Reihenfolge antreten lassen, so daß der Mann, der das Getränk vom Altar genommen hat, vor dem Dieb aufgerufen wird. Da die Voodoos glauben, er habe gestohlen, werden sie nun den Palmkern festhalten, und der Mann wird als schuldig ausgewiesen. Solche Fälschungen sind viele vorgekommen, und ich selbst habe Angst vor den immerwährenden Konfrontationen mit solchen Problemen.«

Ich frage, ob er denn glaube, daß das Gottesurteil unter solchen Voraussetzungen überhaupt einen Sinn habe.

»Du mußt zwei Dinge wissen: Erstens sind nicht alle Charlatane bestechlich, und zweitens haben manche Angst, eine solche Verfälschung auf sich zu nehmen. Es ist ja so, daß der zu Unrecht Beschuldigte nicht ruhen wird. Er geht meistens zu einem anderen Charlatan und hetzt die Voodoos dann auf den ersten. Wenn ein anderer Charlatan draufkommt, daß geschwindelt wurde, so kann er die Tötung des Betrügers bei den Voodoos verlangen. Das sind sehr unangenehme Sachen, deshalb mache ich keine Gottesurteile mehr.

Ein weiterer Unsicherheitsfaktor liegt in der Tatsache, daß manche der Angeklagten schon früher gestohlen haben. Diese Taten kommen dann unweigerlich ans Tageslicht. Aus diesem Grund wird der Beschuldigte aufgefordert, Stücke von Palmblättern zu nehmen und jeden Diebstahl, den er möglicherweise schon vorher begangen hat, in ein Blatt zu sprechen. Wenn das geschehen ist, wirft er das Blatt über seinen Rücken, und diese Tat gilt dann gegenüber dem Gericht und den Voodoos für die bevorstehende Befragung als gelöscht. Wenn er einen Diebstahl nicht auf diese Weise meldet, kommt es zu falschen Urteilen.«

Ergänzend erfahre ich, daß diese Rechtsprechung auch Aga Do-Do genannt wird und daß sie nur eine von vielen sei, die hier praktiziert werden. Der Sekretär hat sich inzwischen zu uns gesetzt und erzählt, wie eine andere dieser Zeremonien gemacht wird.

»Erst nimmt man einen Topf mit rotem Öl, in den ein Armband gelegt wird. Das Öl wird erhitzt und der Beschuldigte aufgefordert, das Armband herauszuholen. Wenn er nun wirklich der Dieb ist, wird er den Versuch gar nicht riskieren, denn er weiß, daß er sich verbrennen wird. Hat er aber ein reines Gewissen, dann nimmt er das Armband, ohne Schaden zu erleiden, aus dem heißen Öl.«

Bevor ich mich verabschiede, möchte ich noch wissen, wie Charlatan Dazihode zu diesem Amt gekommen ist. Er antwortet nicht, sondern geht ins Haus. Er kommt wieder mit einer gerahmten Urkunde. »Das ist meine Kommunionsurkunde. Ich bin getaufter Christ. Ich wurde in dieses Amt erst gerufen, als ich schon dreißig war. Es waren die Fetische selbst, die mich beauftragten, die Seelen meiner Ahnen.«

Ein letzter Besuch in Togo

Mamissi Kokoe war auf einer langen Reise gewesen. Ich selbst kam aus Europa zurück. Es war März, und es schien, als hätte die Hitze alles lahmgelegt.

Diese letzte Reise sollte dazu dienen, einige Ergänzungen für das nun fast fertige Buch zu erarbeiten und eine angekündigte Zeremonie mitzuerleben.

Während im Hafen von Lome zwei deutsche Kriegsschiffe einen Besuch machen und bayrische Politiker im ›Hotel de la Paix‹ Parties feiern, während beim ›Hotel du Lac‹ neue Segelboote in Betrieb genommen werden und im Hotel selbst Togos erste Transvestitenshow über die Bühne geht, scheint die Welt der Voodoo-Götter zu schlafen.

Der heilige Wald ist wie ausgestorben, nur einige nackte Frauen begegnen mir, als ich an einem heißen Vormittag die Lagune entlang gehe, um nach neuen Tempeln Ausschau zu halten. Sie erkennen mich, sie bleiben stehen, lachen und bedrängen mich nach Fotos, die ich mitbringen wollte. Ich versuche zu erklären, daß die Bilder noch nicht fertig seien, doch nach so langer Zeit glaubt mir das niemand mehr.

Entlang der Lagune erreiche ich das Haus meines Bildhauers. Agbagli Kossi, der für mich eine Mami-Figur schnitzen sollte, hat eine andere Überraschung für mich bereit: Ohne Auftrag, wohl aber auf mein allgemeines Interesse an seiner Arbeit bauend, hat er eine herrliche Figur begonnen, einen Weisen, der ein Krokodil am Schwanz hält und es mit einem Dolch töten will. Er mag sich an meine Begeisterung für eine Figur erinnert haben, die er früher für einen Voodoo-Priester in einer kleineren Ausführung gemacht hat. Jetzt, so bestätigt er mir, sei es eine Kleinigkeit, die begonnenen Figuren fertigzustellen. Demonstrativ greift er zum Meißel, er haut mit einem Holzschlägel drauf, daß die Späne fliegen. Sein Arbeiten wird euphorisch. Er hobelt, feilt und klopft wie besessen, und weil solche Anfälle bei ihm eine Seltenheit darstellen, findet sich bald ein zahlreiches Publikum, das tratschend und kritisch sein Treiben verfolgt. Ich amüsiere mich über den Menschenauflauf, über die plötzliche Geschäftigkeit an der Hobelbank.

Wie der Schauspieler, der sein Publikum in den Bann seiner Aktionen schaukelt, so wächst auch Agbagli Kossi über sich hinaus. Er räumt den Werktisch mit anderen halbfertigen Figuren an, er legt die vorfabrizierten Arme meiner Mami dazu, stellt die Schlange zusammen und gebärdet sich wie Muhammad Ali, wohl wissend um seine Schuldigkeit der ständig wachsenden Zuschauerzahl gegenüber. Während er klopft und hämmert, gibt er Erklärungen, und zwischendurch verscheucht er gewaltsam die herumstehenden Kinder. Seinem Baby, das zwischen seinen Beinen auf dem Boden

kriecht, gibt er Bier zu trinken, ich bekomme Fanta.
Auf dem Heimweg ist die Stadt übersät mit weißgewandeten Matrosen. Tausend deutsche Seeleute, die Besatzung von zwei Zerstörern, sind in Lome. In einem Hotel werde ich angesprochen. Einige wollten nach Ghana, doch die Grenze ist hoffnungslos gesperrt. Dutzende Reisende warten darauf, nach Accra zu gelangen, aber niemand gelingt es, die Grenze zu passieren – auch nicht dem ghanesischen Botschafter. Der bankrotte Staat hat eine neue Währung eingeführt, und um zu verhindern, daß die großen Summen von Cedi, die im Ausland lagern, ins Land gelangen, sind die Grenzen gesperrt worden. Übergangsphasen zu einem besseren Lebensstandard oder endgültige Pleite eines Staates, der seit Jahren sein wirtschaftliches Gleichgewicht verloren hat?
Am Tag meiner Ankunft werden Schmuggler erschossen, die versucht haben, über die ›grüne Grenze‹ zu gelangen. Ausnahmezustand, Kommunikationssperre, der Airport von Accra ist stillgelegt. Niemand kann sagen, was wirklich passiert ist.
Togo hingegen gefällt sich in seinem Wohlstand. Im RPT-Haus singen Dalida und Charles Aznavour, im ›Tropicana‹ mangelt es an Stühlen, so gewaltig haben sich die touristischen Aktivitäten entwickelt.
Die Spaghetti kommen aus Italien, der Käse aus Frankreich, Brüsseler Spitzen werden eingeflogen, Obst und Gemüse ist täglich frisch aus Europa zu beziehen. In den Dörfern werden die Fetische mit Chivas Regal und Remy Martin beopfert. Mamissi Kokoe stellt mir ein Glas Martini auf den Tisch und öffnet eine Dose englischer Biscuits.
Ich habe viele der komplizierten Zusammenhänge in der Voodoo-Kirche verstehen gelernt – Afrikas Wirtschaft bleibt für mich ein undurchschaubares Mysterium.
Am Abend in meiner Wohnung lese ich Carlos Castaneders Gespräche mit Don Juan. Ich finde Parallelen zu meiner Arbeit und Übereinstimmungen im Gedankengut unserer Gesprächspartner. Trotzdem beneide ich ihn um seinen Don Juan, der unentwegt antwortet, dessen Geduld grenzenlos zu sein scheint und dessen überragender Intellekt den Frager in neue, ungeahnte Dimensionen treibt. In meinem Voodoo-Kreis gibt es diesen Mann nicht. Vielleicht darf ich diese Art der Information nicht erwarten, denn meine Arbeit verwirklicht sich in Dörfern, unter Bauern, die schlichte Menschen sind und ihre geistige Auseinandersetzung mit den Göttern mehr leben als interpretieren. Es war meinen Voodoo-Priestern nie wichtig, Erklärungen bereit zu haben, es genügte ihnen, daß sie die Phänomene verstanden und sie jederzeit finden konnten, wenn sie es nur stark genug wollten. Das Leben innerhalb eines intakten Kultkreises und das Miteinbezogensein darin sind die Realität. Die Er-

klärung der Erscheinungen, dieser – wie es Castaneder nennt – anderen Wirklichkeit, ist ein Anspruch, der dem Afrikaner fremd ist. Deshalb beschwert sich Don Juan, aber auch Mamissi Dossa unentwegt über das für sie sinnlose Fragen, das bestenfalls das Eingeständnis mangelnden Verstehens sein kann, aber keinen wirklich kreativen Aspekt hat, der die Situation als solche positiv beeinflussen könnte.

Es ist ein Unterschied, ob man mit einem Jesuiten oder einem gläubigen Bergbauern über Jesus spricht. Mein Gesprächspartner in Togo ist der Bauer, der sein Leben mit allen – auch den göttlichen Aspekten lebt, aber sich wenig um Erklärungen kümmert.

Als die Transvestitenshow im ›Tropicana‹ zu Ende war, wurde der Künstler von den Einheimischen bestürmt. So etwas hatte man hierzulande noch nicht gesehen! Die erste und wichtigste Frage, die man ihm stellte, war die, ob er sich denn wirklich in eine Frau verwandeln könne. Seine Erklärung, er hätte die Frau nur gespielt, war unglaubwürdig. Für die Boys des Hotels war es leichter vorstellbar, daß sich jemand verwandelt, als daß er so perfekt ein anderes Wesen mimt – aus der afrikanischen Tradition heraus eine völlig klare Reaktion, denn das Verwandeln, das Umsteigen von einer Wesenheit in eine andere, ist hier ein alltägliches Ereignis, während der Schauspieler, der nur so tut, als ob, weitaus mehr Bewunderung verdient.

205 Die Fischer von Avepotzo bereiten ein Gebet vor. Hinter dem ausgebreiteten Netz stecken zwei Paddel im Sand, die die Grenze eines heiligen Bezirks abstecken. Die kleinen Sandkegel in der Mitte symbolisieren Schutzgeister, die man mit Blut beopfert hat.

206 Bemalungen an der Hauswand zeigen, daß hier eine Fetischpriesterin lebt. Die unterschiedlichen Symbole veranschaulichen die Kulte, die hier betrieben werden. Das Bild am rechten Hausrand ist eine Kopie des »Schlangenbändigers«, eines Ölbildes deutscher Herkunft, das als Reproduktion in Nigeria gehandelt wird und die Voodoo-Künstler beeinflußt hat. Der »Schlangenbeschwörer« war das Urmotiv für die Mami-Wata-Skulpturen, die, aus dem Cross-River-Delta in Nigeria kommend, Dahomey und Togo erreichten.

207 Nach einer monatelangen Vorbereitungszeit wird die Initiation in den Voodoo-Kreis vollzogen. Die aufgenommenen Mädchen und Frauen zeigen sich der Öffentlichkeit und besuchen ihre Bekannten und Verwandten. Für Gebete, die sie in den Häusern verrichten, werden sie mit Geld belohnt.

208 Drei eingeweihte Mädchen gehen von Haus zu Haus. Die Zeit des Lernens ist vorüber, die Dorfbewohner sollen nun sehen, daß sie in den Voodoo-Kreis aufgenommen sind.

209 Eine Voodoo-Gläubige in den Straßen von Lome. Verschiedene Kulte setzen voraus, daß die Einbezogenen auf die Straße gehen, um Geld zu sammeln oder Botschaften zu verkünden. In der Hauptstadt Togos sind Frauen in ritueller Kleidung ein häufiger Anblick.

210 Der kleine Mossi bewacht im Tempel seines Vaters die Ritualeisen Hebiessos. Der Topf in der Mitte enthält magische Medizinen, deren Kräfte im Ritual frei werden.

211 Ayaoui Woalagnan, der Voodoo-Schmied von Lome, bei der Anfertigung eines Ritualeisens.

AMOULOU AGLO ASSIOKO
FAIT LE 3-4-73

Haiti, die Quelle des Voodoo

Die Fahrt nach Port-au-Prince

Einen Moment lang fühle ich mich nach Kumasi versetzt. Straßen, überquellend von Menschen, Autos, Dreck und Gerümpel, ölige Pfützen und ein paar zum Skelett abgemagerte Hunde. Port-au-Prince, Hauptstadt Haitis, ›Perle der Antillen‹. Der einheimische Reisebegleiter zeigt ein Schild, ›Prestige Bier‹, das sei auch das seine. Während der Bus im Chaos steckenbleibt, drängen sich Kinder an die Scheiben und betteln. Die Hitze an diesem letzten Augusttag ist erdrückend. Durch die halboffenen Fenster quillt schwarzer Rauch, es riecht nach Diesel, Dachpappe und Jauche.

Später im Hotel: Swimming-pool, zwei Night Clubs, künstlicher Rasen; der Rolls-Royce vor der Tür gehört dem Besitzer. Original kreolische Musik, ein Banjo, aus einer Radkappe zusammengeflickt, eine Kiste mit drei Holzlamellen überm Schalloch, eine afrikanische Trommel und ein Sänger, bar jeder Elektronik. Dann wird gespielt, jämmerlich und ungekonnt. Sie spielen so gut, wie sie verdienen. Zwischen den Darbietungen werden die Gäste angebettelt.

Karibischer Zauber. Vorm Hotel warten Schlepper und Prostituierte. Sie zeigen alles, machen alles, lassen alles machen. Hundert Meter weiter eine Anordnung von Festplätzen, Monumenten und Springbrunnen. Denkmäler für Doktor François Duvalier, den verstorbenen Präsidenten des Inselstaates. An den Umrandungen kleben noch verbleichte Zettel mit dem Bild von Jean-Claude Duvalier, dem durch seinen Vater ernannten Präsidenten auf Lebenszeit.

Vor einem winzigen Betonhäuschen Hunderte Zuschauer. Hinter zwei aufgeklappten Fensterflügeln wird ein Fernsehapparat sichtbar. Ein Geschenk von Jean-Claude Duvalier, dem Präsidenten auf Lebenszeit, für die Armen der Stadt.

Am selben Abend gehe ich entlang der Rue Monsigneur Guilloux, erreiche die Kathedrale, unter deren Vordach sich Hunderte anschicken, ein Nachtlager zu arrangieren. Wie damals in Madras steige ich über Schlafende, über Leidende und über stillende Mütter. Niemand beschimpft mich, niemand steht auf und reißt mir das Portemonnaie aus der Hose. Ist ihre Lethargie der Grund für ihr Elend, oder sind sie schon zu schwach, um zu revoltieren?

Auf dem Weg zum Hotel klammert sich eine Prostituierte an meinen Arm. Zwei Dollar würden genügen! Ich lüge, erzähle etwas von

212 Eine Jugendstilsäule mit vergoldeter Figur schmückt einen Platz in den Slums von Port-au-Prince. Hart wie der Gegensatz von Gold und Rost ist der von reich und arm in Haiti. Die krassen Klassenunterschiede der Einwohner sind der Nährboden für die Voodoo-Bewegung. Von hier aus hat der afro-amerikanische Synkretismus seine Reise ins Mutterland angetreten. Afrikanische Götter, die sich in Haiti mit christlichen vermischten, gelangten mit rückwandernden ehemaligen Sklaven zurück ins Land ihres Ursprungs, nach Afrika.

meiner Frau, die im Hotel auf mich wartet, von Müdigkeit und anderem Blödsinn. Doch sie läßt sich nicht abwimmeln und zeigt im Vorüberstolpern hinter einen Zaun, hier wäre es dunkel genug. Als ich verweigere, reduziert sie den Preis auf einen Dollar. Ein Dollar für ein Schäferstündchen in der Grünanlage des Amerikahauses.

Ein in Port-au-Prince arbeitender Europäer erklärt mir, die allermeisten Strichmädchen kämen aus Santo Domingo. Obwohl die beiden Staaten im übrigen keinerlei Beziehungen zueinander pflegen, hätte sich diese Partnerschaft aus der Tatsache ergeben, daß man für die jährliche Zuckerrohrernte in der Dominikanischen Republik ein paar tausend Erntehelfer aus Haiti holt. Als Gegenleistung werden aus Santo Domingo größere Kontingente von Prostituierten geschickt.

Im ›Hotel Plaza‹ haben sich acht Touristen versammelt: 21.45 Uhr Abfahrt zum großen Voodoo. Unkostenbeitrag acht Dollar.

Um halb elf erreichen wir den Tempel von ›Monsieur Hassan‹. Ein rußiges Öllicht steht am Eingang.

Wir sind die einzigen! Ein junger Afrikaner sammelt die Tickets ein, eine Flasche Cola ist inbegriffen. Wer fotografieren will, soll sich vor die Tische setzen, die anderen dahinter. Am Boden sind geheimnisvolle Vévés gezeichnet, magische Symbole, die zur Anrufung der Götter gebraucht werden. Sechzehn Frauen tanzen für acht Neugierige. Wilde Rhythmen und Gesänge, eine sechzehnköpfige Gruppe trommelt alles in Grund und Boden. Wilde Sprünge, Schreie und ein paar gespielte Ekstasen, Feuer unter den Fußsohlen und den Hintern der Tänzerinnen. Hocherotisches Beckenkreisen, Häschenhüpfen und magisches Rangeln. Kraftproben, Glutfressen, Fingerhakeln, Bandltänze, gellende Schreie. Die acht verschüchterten Touristen hören auf, dazwischenzublitzen; Grausen ergreift die einen, Heiterkeit die anderen.

Die alte Frau, die Priesterin, kennt das Verhalten der Weißen. Seit Jahren kommen sie jeden Donnerstag und verlangen ihre zwei, drei Trancen, ihre Gesänge, die magischen Zeichen und den Tanz der Bloßfüßigen im Scherbenhaufen. Aus perlenbesetzten Bierflaschen wird Schnaps getrunken, verblasen, hinausgespien und angezündet. Brennende Pfützen unter den Füßen der Tänzerinnen.

Der satanische Reigen geht weiter. Immer schneller wirbeln die Frauen um den Mittelpfeiler, immer lauter werden ihre Schreie. Es sondern sich zwei Tänzerinnen ab, die mehr und mehr zum Mittelpunkt des Geschehens werden. Umarmungen, Verrenkungen, Hinfallen, gegenseitiges Hochreißen und dann der Moment, in dem der Gott Besitz von ihnen ergreift, indem er sie wie Pferde reitet, quer durch den Raum, alles beiseite schleudernd.

An der Fotofront verlangsamt sich der Schritt der Besessenen. Das hat der Reiselei-

ter verlangt. Die Frauen werden weggetragen. Ein paar Flaschen Cola werden beim ungestümen Abtransport vom Tisch gefegt, zwei Amerikanerinnen kreischen auf, beinahe hätten sie was abbekommen. Wenig später sind die Besessenen wieder da, friedlich in die Gruppe integriert, entspannt.
Die Alte schleppt ein gackerndes Huhn an, es hat verschnürte Krallen. Eine Tänzerin entreißt es ihr. Unter wilden Sprüngen schwingt sie es wirbelnd durch die Luft. Als sie den Dachbalken streift, geht ein Daunenregen auf die Zuschauer nieder. Unter wilden Zuckungen nimmt sie den Kopf des Tieres in den Mund. Die Touristen ahnen, was sie erwartet, zwei Frauen drehen sich angeekelt zur Seite, dann der erlösende Biß. Ein letzter Aufschrei und orgiastisches Zucken setzen der Show ein vorläufiges Ende. Aus dem langgezogenen Hals des Opfertieres quillt Blut in kurzen, kleinen Stößen. Von göttlicher Geilheit ergriffen, läßt sich die Tänzerin das warme Blut übers Gesicht laufen. Ein allerletzter Zusammenbruch, eine allerletzte Trance, dann wird das heilige Huhn lieblos in einen Zementsack gehüllt und weggeschafft.
Der Reiseleiter möchte die Leute zum Applaudieren bewegen. Beim Wegfahren bemerkt ein Deutscher, daß er nun wegen dieser Scheiße sein letztes Bierchen versäumt hätte. Ein anderer fragt ihn, was er sich denn vorgestellt hätte.

Unterwegs zu den heiligen Stätten

Ville-de-Bonheur, heilige Stätte und Pilgerort der Voodoo-Anhänger. Ein steiler Weg führt zu den Wasserfällen. Zwischen dschungeligem Grün stürzt das kristallklare Wasser aufschäumend in die Tiefe. Heiliger Ort, Ort der Anbetung!
Auf den Felsplatten stehen ein paar Pilger. Es ist nicht die Zeit der großen Feste. Nur einige Kranke oder Leute, die für die Gesundung Angehöriger beten, sind anwesend.
Oberhalb der Fälle gräbt ein Jeep seine Spuren durch das Bachbett. Kanadier, Touristen. Auch sie sind gekommen, um im heiligen Wasser zu baden. Cola-Dosen und Pappteller am Rand der Pfade.
Auf dem Rückweg höre ich Trommeln. Oberhalb einer Bananenplantage ein Tempel. Eine kleine Gruppe Gläubiger tanzt und singt zu den Trommelschlägen. Der Tempel ist den Marassas, den heiligen Zwillingen, geweiht. Die Wände tragen Malereien, Heilige der Voodoo-Kirche darstellend: St-Michel, Erzulie und Baron de Samedi, Freiherr von Samstag.
Der Houngan* streut mit Maismehl Vévés, heilige Zeichen, auf den Boden, deren magische Kraft die Götter herbeizwingen kann. Ein Gott ergreift Besitz von der Alten, die hopsend den Mittelpfeiler umtanzt. Der

* Voodoo-(Vaudou-)Priester in Haiti

Links: Die Priesterin streut mit weißem Pulver »Vévés« auf den Boden. Mit diesen magischen Zeichen werden die Götter herbeigezwungen. Dann erst kann die Zeremonie beginnen.

Houngan nimmt einen Schluck Rum aus der Flasche und verbläst ihn im Tempel. Einen zweiten versprüht er auf die Besessene, die nun kreisende Bewegungen mit dem Unterleib vollführt. Ougoun hätte sie besessen. Dann lehnt sie an einer Wand und weiß von nichts mehr. Ihr Körper bäumt sich auf, ein Ausgeistern der göttlichen Trance, motorisches Wackeln wie nach einem furchtbaren Traum.

In der Hitze des Mittags gehe ich den Weg zurück nach Ville-de-Bonheur.

Eine steinige Piste führt mich nach La-Chapelle. Welten liegen zwischen der Hauptstadt Port-au-Prince und den Dörfern. Den stickigen, übervölkerten Straßen stehen erdige, von den Regenfällen zergrabene Pisten gegenüber, den verzweifelt bettelnden Großstadtbewohnern freundliche Bauern, lachende Kinder.

Einige Tage später, im Norden, bei Cap Haitien. Die heiligen Orte liegen nur einige Kilometer entfernt. Nan Champeche, Plain-du-Nord und Port-de-St-Jacques.

Ich bin in der toten Saison hier, die Feste des Voodoo werden im November und um Weihnachten herum gefeiert. Von Oktober bis Dezember feiert man die Manger-Jam*, am 30. Oktober beginnen die Totenfeste.

Am Weihnachtstag werden überall in Haiti magische Bäder vorbereitet. In Mörsern zerstampfte Blätter und Rinden werden ins Quellwasser gestreut oder zu Absuden zusammengebraut. Am Ende des Jahres beginnen Zeremonien an den Stränden für die Meeresgötter.

Es gibt drei Schlammlöcher in Plain-du-Nord, die als Göttersitz angesehen werden. Der Bürgermeister führt mich zum Trou-de-St-Jacques, zum Jakobspfuhl. Anscheinend nicht so wichtig das Trou Erzulie, der Pfuhl der Erzulie, der Mutter Gottes, der Göttin alles Weiblichen, aber auch der Homosexuellen. Ougoun Zeraille ist ein drittes Loch, in dem ein Mann bis zum Bauch im Wasser steht und mit einem Korb den Schlamm zersiebt. Manchmal findet er Münzen, die die Gläubigen in den Sumpf werfen. Sogar volle Rumflaschen soll er schon geborgen haben.

Jean-Pierre, der Bürgermeister, ist sichtlich bemüht um mich. Fast entschuldigend, als hätte er das Dilemma zu verantworten, weist er immer wieder darauf hin, daß die Feste erst kämen und daß ich, wie gesagt, die ›tote Saison‹ erwischt hätte.

---

* Fest der Jams-Ernte. Jams ist eine Staude, deren Wurzeln in tropischen Ländern anstelle von Kartoffeln verwendet werden.

Die Menschen von Plain-du-Nord sind freundlich. Ein Alter, ein – wie er behauptet – Eingeweihter, zeigt mir den Friedhof. Neben dem Kreuz von Baron de Samedi ein kleines Blechdach, unter dem die Kranken liegen, wenn sie die Nacht betend auf dem Friedhof verbringen. Abends brennen kleine Lichter am Kreuz, davor klagt ein Häufchen Gläubige dem Freiherrn von Samstag seine Leiden.

Am Jakobspfuhl hat sich unerwartet eine kleine Gruppe von Pilgern eingefunden. Auf mein Bitten hin spricht Jean-Pierre mit ihnen. Sie kommen von weit her, aus der Gegend von Marmelade. Sie sind mit kleinen Pferden hergeritten und waren die ganze Nacht unterwegs. Am Trou-de-St-Jacques laden sie nun ihre Opfergaben ab, ihre Hühner und ihre Orangen, die sie in Hälften schneiden, um mit den ausgekratzten Schalen Talglichter zu fertigen.

Eine Stunde später sind sie fertig. Am Rand des Pfuhls brennen ein paar Dutzend Lichter, eine Frau badet im Schlamm, eine andere stimmt schwermütige Gesänge an. Jean-Pierre hat für mich in Erfahrung gebracht, daß sie gekommen sind, um für einen Kranken zu beten. Sie möchten nicht, daß ich sie fotografiere.

Lautlos und unerwartet, wie sie gekommen sind, verschwinden sie wieder. Jean-Pierre entschuldigt sich und meint, es sei eben keine Saison in Plain-du-Nord.

Die Zitadelle des Königs Heinrich Christoph

Zweihunderttausend Sklaven haben am Bau der Zitadelle gearbeitet. Zwanzigtausend von ihnen sind dabei zugrunde gegangen. Tausende wurden niedergemetzelt, weil man angeblich das Blut als Bindemittel für den Mörtel brauchte.

Der Führer geht einen Schritt nach vorn an die Mauerkante und zeigt vierzig Meter in die Tiefe. Er erzählt, daß das Bauwerk, als es schließlich fertig war, nicht mehr gebraucht wurde, weil sich inzwischen die politische Situation geändert hatte. König Heinrich Christoph sei ein guter Feldherr gewesen, ein weitsichtiger, wie er sagt.

Ich stehe nun auf der obersten Mauer dieses Denkmals eines Wahnsinnigen und höre den Nachkommen eines der zu Tode gequälten Sklaven das Bauwerk preisen – aufschauend, ehrfürchtig! – Wann werden die Menschen die Zusammenhänge verstehen, wann werden sie begreifen, daß es ihre Vorväter waren, aus deren Blut der Mörtel gerührt wurde.

Ich besteige mein Pferd, erbarmungslos treibt es der Führer an. Unerbittlich saust die Peitsche auf das geschundene Tier. Schaum aus Schweiß und Blut rinnt vom Rücken des Pferdes an meinen Beinen entlang in die Schuhe. Ich schreie den Mann an, er solle mit dem Schlagen aufhören. Er begreift es nicht! Er würde aufpassen und mich nicht treffen, ist seine Antwort. Ich sehe, daß der Sattel den Rücken des Pferdes bis auf den Knochen durchgescheuert hat. Das kleine, knochig-magere Tier stolpert mehr, als es geht, über das steil abfallende Geröll. Ich lasse anhalten und erkläre, daß ich die restlichen sechs Kilometer zu Fuß gehen will. Meine lächerliche Freundlichkeit bleibt ohne jeden Effekt. Ich stehe am Wegrand und schaue dem Pferd und seinem Peiniger nach, der es jetzt selbst reitet, unter knallenden Peitschenhieben. Ich weiß nicht, wer mir mehr leid tut: das Tier oder sein Herr.

Jean-Claude Duvalier, Präsident auf Lebenszeit, meint, daß der Voodoo eines Tages verschwinden wird, daß er nur als Folklore noch einen Platz haben könnte. Clovis Robillard, ein ärmlich wirkender Mann, Houngan und Wächter der wichtigen Heiligtümer von Port-de-St-Jacques, meint das nicht.

Jeden Donnerstag ziehen einige Pilger zum Fuß der Zitadelle, um dort Opfer zu bringen, wo einst ihre Vorväter im Zeichen politischen Größenwahn zu Tode gequält wurden.

Ein paar hundert Meter unter der Zitadelle eine steile, etwa zwanzig Meter hohe Felswand: die Jakobspforte. Ein kleines Loch in der Mitte ist ihr wichtigstes Attribut, es schließt und öffnet sich ohne das Dazutun von Clovis Robillard.

Unter einem Sonnendach sind vier Truthähne angebunden. Weiter drüben, unter dem Vordach einer Hütte, tanzt eine kleine Gruppe ausgehungerter Leute zum Rhythmus der drei heiligen Trommeln. Manman ist die große, Doudon die mittlere und Gouane die kleine.

Ein Mann steht am Trou-de-St-Jacques. Diesmal ist es ein mit Opferblut verklebtes Felsenloch. Ich soll hineinsteigen! Meine Schuhe rutschen auf einem Schleim aus Tran und Blut. Ich suche Halt an den verkrusteten Wänden des heiligen Lochs. Im Inneren pfeift aufdringlich laut eine Zikade. Solche gibt es hier in Massen.

Das Loch für Erzulie ist schmal, eine Verbindung hin zu der Felsspalte von St-Jacques, die sich wunderbar schließt und öffnet.

Ein anderes Felsloch wird von Ti Jean Pied Fin bewohnt, von Hänschenklein mit dem feinen Fuß. Unterhalb ein rußiger Felsen, er gehört den Marassas, den heiligen Zwillingen, die aus Guinea kamen und die Helfer der Totengötter sind. In einer Felsnische flackert eine Kerze.

Hinter dem Haus von Houngan Clovis Robillard ist eine Felswand, mit bunten Tüchern und Fahnen geschmückt. In Felsnischen brennen kleine Talglichter aus Orangenhälften. Einige Hühner warten auf den Opfertod. Unter einem Felsdach stehen sieben Krüge für die Mysters, die Geheimnisse.

Ein spitzer Schrei, die Gruppe von Tänzern fliegt auseinander, eine Frau, die gerade von einem Gott besessen wird, rennt kreischend zum Loch für Erzulie. Alles hinterher! Man

versucht die Besessene zu halten, zu schützen, daß sie nicht von einem anderen Geist in die Tiefe gerissen wird. Dann fällt sie hin, sie schlägt hart auf den Boden. Der Houngan bringt Kräuter und Wasser in einer Schale und vertreibt den Gott aus ihrem Kopf. Sie ist wieder normal. Sie tanzt nicht mehr. Mit verklärtem Blick beobachtet sie die anderen, die nun in Ekstase geraten, schreien, torkeln, hinfallen. Der Rhythmus wird immer schneller. Eine Frau hat einen Beutel aufgeknöpft und legt Tücher auf die Erde, getrocknete Blätter, eine Rumflasche und geheimnisvolle Säckchen mit magischen Inhalten.
Der Houngan trägt eine Pistole. Er ist wie ein Soldat gekleidet. Er tanzt nicht, er dirigiert nur und kassiert von den Pilgern ein paar Münzen. Er ist immer hier, er wacht, wenn andere schlafen. Er nimmt seinen Auftrag sehr ernst, er opfert meistens für Ti Jean Pied Fin, Hänschenklein mit dem feinen Fuß.

Voodoo in Port-au-Prince

Wieder in Port-au-Prince, finde ich an der Straße nach Carrefour einen Tempel, der der Verehrung von Baron de Samedi dient. Die Priesterin Mamba Attan Dieu trägt Sonnenbrille und einen roten Hut, sie sieht aus wie eine hohe Angestellte der Taxifahrergewerkschaft. Zurückhaltend, aber auf Effekt bedacht, erzählt sie von ihren Reisen.

---

221 Auf dem Friedhof von Plain-du-Nord im Norden von Haiti steht das Kreuz von Baron de Samedi. Der halbverfallene Unterstand rechts im Bild dient den Pilgern als Schutz, wenn sie die Nächte auf dem Friedhof verbringen, um Baron de Samedi um Gesundheit und Glück zu bitten.

222, 223 In einem Tempel in Port-au-Prince werden wöchentlich Zeremonien abgehalten. Die Tänzerin beißt dabei einem Huhn den Kopf ab und läßt sich das warme Blut übers Gesicht rinnen. Touristen können gegen Eintritt teilnehmen.

224 Plastikblumen nach amerikanischem Vorbild schmücken die Gräber der Friedhöfe von Haiti. Das christliche Kreuz, das überall in Erscheinung tritt, sagt nichts über die Konfession der Toten aus. Auch Voodoo-Anhänger benützen christliche Symbole.

225–227 Der Einfluß Haitis ist in Gabun besonders deutlich ausgeprägt. Eine religiöse Sekte, die den Namen Bwiti trägt, wurde im Jahre 1927 durch die Mizogo gegründet. Die Bwiti verstanden ihre Kirche als Reaktion auf die Missionierung und erlangten unter dem Präsidenten Leo Mba großen politischen Einfluß.

228 Ngomi nennen die Bwiti von Gabun ihre Bogenharfen, die als heilige Instrumente angesehen werden. Die Figur am Hals der großen Ngomi ist St. Therese, eine christliche Heilige.

Sie spricht nicht direkt mit uns – Dieu Qui Faire, ein Priester, übersetzt ihre Worte vom Kreolischen ins Französische. Sie sei in Belgien gewesen. Wo, das weiß sie nicht mehr. Er selbst habe Afrika bereist; er glaubt, es war Guinea, es kann aber auch Angola gewesen sein. – Wir sind die Touristen, die Eindringlinge. Die Geschichten werden für uns erfunden, gerade wie es der Moment erfordert.

Drei Tage später hat sich die Situation geändert. Dieu Quai Faire lügt nicht mehr, er bemüht sich jetzt, meine Fragen richtig zu beantworten. Das Tempelinnere besteht aus einem großen, runden Raum und drei Kammern, von denen die eine dem Freiherrn von Samstag, die andere der Göttin Erzulie und die dritte Ti Jean Pied Fin, Hänschenklein mit dem feinen Fuß, gewidmet ist. Das Besichtigen der Kammern kostet 3,50 Dollar für jede, pro Foto will er sieben Dollar kassieren. Sieben sei die magische Zahl, und den Preis bestimme nicht er, sondern die Götter. Der Teufel kostet nochmals 3,25 Dollar. Nach langem Palaver gebe ich sieben Dollar für alles zusammen. Dieu Quai Faire erklärt sich einverstanden, er wird den Rest drauflegen.

Mamba Attan Dieu klopft an die *schwarze* Tür, sie horcht, vernimmt nichts und tritt ein. Ein kleiner Raum, ein stufenförmiger Altar, gemauert und weiß getüncht, voll von Flaschen, Kreuzen und geheimnisvollen Tonbehältern. In der Mitte ein Totenkopf mit Zylinder und Sonnenbrille. In einer Ecke ein Häufchen Steine, ein brennendes Talglicht vor einem Kreuz, auf dem ein Zylinder und ein rotes Tuch hängen. Auf der Wand das Bild von Baron de Samedi, im schwarzen Frack, mit Schnürschuhen, Stehkragen und Sonnenbrille. Seine Armbanduhr zeigt zwölf. Ein blutiges Herz, von einem Dolch durchbohrt. Tränen, Schweiß und der schwarze Rauch des ewigen Lichtes. Klebrige Essenzen rinnen über den Altar, schwarz verrußt von den Opferkerzen. Das sei ein besonders gefährlicher Raum, jeder Fehler könnte den Gott veranlassen, zu einer tödlichen Waffe zu greifen. Ein kleines Plastikkreuz, Jesus darstellend, hat seine Bestimmung verloren. Es ist das Kreuz des Freiherrn von Samstag.

Die *rote* Tür wird geöffnet, ohne daß man vorher anklopft. Sie führt zur Kammer von Erzulie. Französisches Parfum, Puder, Attribute der Eitelkeit, Frauliches schlechthin, Seide und viele kleine Gefäße, die Geheimnisse bergen, vor ölfarbenroten Wänden. Das Bild von Erzulie ist das der Maria, mit Heiligenschein und einem Kind am Arm. Weihnachtssterne, Glimmer und Fähnchen, eine Büste von Jean-Claude Duvalier, dem Präsidenten auf Lebenszeit. Auf dem Boden führt ein viereckiges Loch in den Altar – eine Götterpforte, vor der ein blutiger Säbel in der Erde steckt.

Die *grüne* Tür führt in die Kammer von Hänschenklein mit dem feinen Fuß. Ein Altar wie bei Erzulie, diesmal eine Fünfliterflasche ›White Label‹, seitlich Rum lokaler Herkunft. Tonkrüge, in bunte Seidentücher gewickelt, kleine Figuren, katholische Heilige darstellend, und sorgfältig verschnürte Bündel mit wundertätigen Kräutern.
Attan Dieu verehrt viele Heilige: St-Benedict, St-Jacob, St-Patrice, Ste-Andrea, Dantor, die Frau von Sannanan, aber auch die Frau von Enconve, die Sirene, auf der Tempelwand als aus dem Wasser springende Nixe dargestellt, St-Martin, den Teufel, St-Joseph, St-Pierre, St-Maurice, St-Isedor und noch einen, dessen Namen er nicht nennen darf. Ti Jean Pied Fin hat auswechselbare Füße. Er kann nach Bedarf auf Schlangenköpfen gehen, aber auch auf Ziegenbeinen. Normale Menschenfüße hat er auch. Er gehört zu den gewalttätigen Göttern, die gefürchtet, nicht geliebt werden. In anderen Tempeln gehört er auch zu den Rada-Göttern, den gutmütigen, die aus der afrikanischen Ortschaft Arada gekommen sind, vor Jahrhunderten mit den ersten nach Haiti deportierten Yoruba-Sklaven.
In Port-au-Prince, der Hauptstadt, herrscht Hochbetrieb. Gewitter haben die Straßen der Stadt vermurt, an den zahlreichen Rohrbrüchen stehen Hunderte von Menschen und nutzen die Gelegenheit, sich zu waschen. Die Warnung, nicht durch die Slums zu gehen, kann mich nicht davon abhalten. Eine große Menschenmenge umringt einen Platz voll Schutt und rauchender Trümmer. Einige der Papphütten sind abgebrannt. Kinder und Frauen wühlen in den verkohlten Trümmern nach etwas Brauchbarem. Männer mit Rot-Kreuz-Helmen scheuchen sie auseinander, Ratten flüchten vor dem ungewohnten Ansturm, ausgehungerte Hunde verbrennen sich die Nase im heißen Schutt. Blechdächer, Bretter und Pappe, eine ganze Stadt aus Müll. Oben auf dem Hügel ein riesenhaftes Mahnmal. Drei Gekreuzigte hinter schmiedeeisernen Gittern, ein Geschenk der christlichen Kirche an die Armen. Ein Symbol zum Nachdenken. Gekreuzigtsein ist schlimmer als Hunger und Krankheit. Nur eine Straße weiter vor den Blechbaracken und Müllbergen der Armen eine byzantinische Säule mit einer vergoldeten Nazarenerfigur.
Die Leute freuen sich, daß ich sie fotografiere. Einige stellen sich schnell unters Denkmal, und während ich den Film wechsle, sind es ein Dutzend, die mit auf dem Bild sein wollen. Vor der Mission der Vereinigten Herzen sitzen zwei Verkäuferinnen auf dem Boden. Körbe mit billigen Kerzen und Puppen, wie sie im Voodoo verwendet werden, Puppen, mit denen man Menschen töten kann. Ich kaufe zwei für einen Dollar.
Am Abend sitze ich mit dem Voodoo-Priester Pierre Gsier an der Bar meines Hotels. Er erzählt:

Voodoo, ein Geschenk für die Armen

»Ich bin in Port-au-Prince geboren. Als ich zwölf war, wurde ich zum erstenmal von einem Gott besessen. Seither nehme ich an Voodoo-Zeremonien teil und leite, seit ich eingeweiht bin, selbst solche.

In meinem Tempel wird jede Zeremonie mit der Anrufung der Götter begonnen. Zwei Frauen rufen: ›Ai Bubu! Ai Bubu!‹ Das ist der Ruf, mit dem man die guten Götter herbeiholt und die bösen verdrängt. Die Ankunft der Götter wird mit Tanzschritten bestätigt, erst dann kann die Zeremonie beginnen. Die Zeremonien werden veranstaltet, um Kranke zu heilen, Besessene zu befreien oder einfach das Glück des einzelnen herbeizurufen, können aber auch prophylaktisch gegen drohende Krankheiten eingesetzt werden. Sie werden auch aus Dankbarkeit für erfolgte Heilungen abgehalten.

Die katholische Kirche stellt sich gegen den Voodoo, sie behauptet, der Voodoo würde die Leute ausnützen. Aber das Gegenteil ist der Fall: die Voodoo-Kirche hilft den Menschen, und wenn ein Gott verlangt, daß ein Ziegenbock geopfert wird, dann verteilt der Priester nachher das Fleisch an die Armen. Voodoo hat aber auch einen starken Bezug zur Magie, und das brauchen die Leute, weil sie mit Hilfe starker magischer Praktiken die Probleme ihres Daseins besser in den Griff bekommen. Es kann jeder, auch ein Europäer, initiiert werden. Dazu braucht man wenigstens eine Woche Zeit, meistens jedoch mehr. Bei den Einweihungszeremonien spielen Kräuterbäder eine wichtige Rolle. Wir verwenden eine große Zahl von Pflanzen, die wir zerstampfen und den Bädern beifügen. Mit ähnlichen Bädern behandle ich auch Krankheiten. Nicht alle – es kommt darauf an, ob es sich um übernatürliche oder natürliche Krankheiten handelt. Ich behandle nur übernatürliche Krankheiten, sonst schicke ich den Patienten zum Arzt. Die Krankenhäuser sind in Haiti gratis.

Wir haben in unserem Tempel einen Geist namens Leglesou, der unverwundbar ist. Eine unserer Tänzerinnen kann sich in Leglesou verwandeln, dann springt sie in einen Scherbenhaufen oder brennt ihre Arme mit Feuer ab. Sie bleibt dabei immer unverletzt, denn es ist nicht ihr sterblicher Körper, der das ausführt, sondern Leglesou selbst.

In unserem Tempel werden sowohl Rada- als auch Petro-Götter verehrt. Wir haben für die Petro-Götter siebenundsiebzig Vévés, für die Rada einundzwanzig. Wir verehren auch die Sirene, das ist besonders für die Fischer und Seefahrer wichtig, die vor großen Fischzügen der Sirene opfern. Man muß immer interessiert sein, die Götter bei guter Laune zu halten, sonst könnten sich über ihre Anweisung Unfälle ereignen.

In unserer Gemeinde hat jedes Mitglied seinen eigenen Schutzheiligen. Jeder der Heiligen hat seinen bestimmten Tag, an dem er zu den Menschen kommt. Er erwartet dann ein gereinigtes Zimmer und ein frisch bezogenes Bett, denn in dieser Nacht müssen wir auf jeden Geschlechtsverkehr verzichten; jeder schläft mit seinem Gott und ist allein für ihn reserviert. Ich selber schlafe mit Erzulie; sie kommt am Donnerstag zu mir. Meine Frau wird am Samstag von ihrem Gott besessen. Wir beurteilen die Sexualität insgesamt sehr positiv.

Wir verwenden keine Puppen, aber ich kenne einige Leute in Port-au-Prince, die mit Voodoo-Puppen andere getötet haben. Niemand kann allein eine Puppe zum Töten anderer verwenden. Er braucht dazu die Unterstützung des Priesters, der das Geheimnis kennt. Der Priester wird den Grund für die geplante Tötung wissen wollen und, wenn sie nicht gerechtfertigt ist, seine Unterstützung verweigern. Es gibt mehrere Gründe, einen Menschen zu töten: etwa wenn er gestohlen hat, wenn er jemanden verhext hat usw.

Hat sich jemand entschlossen, einen anderen zu töten, dann bringt er die Puppe zum Voodoo-Priester, und dieser wird sie mit einer Nadel durchstechen. Der Betreffende kann dann Tausende Kilometer entfernt sein, er wird tot zusammenbrechen. Es gibt auch Ausnahmen, in denen diese Praktik nicht funktioniert, zum Beispiel dann, wenn der Betroffene über starke Schutzgeister verfügt oder magische Mittel anwendet, die ihn schützen. Ich selber habe nie versucht, jemanden zu töten. Es ist unmoralisch.

Die Götter des Voodoo können auch ohne die Menschen auskommen, die Menschen aber nicht ohne die Götter. Wenn jemand mit seinem Geist, seinem Schutzheiligen oder Gott schlechte Erfahrungen macht, kann er ihn gegen einen anderen austauschen. Das ist eine ziemlich komplizierte Sache. In so einem Fall wird man eher versuchen, den Gott zu überlisten, ihn auf eine andere Weise für sich zu gewinnen.

Ich kann eine magische Medizin zum Schutz eines Hauses, einer Familie oder einer Person bereiten. Wenn Sie so etwas brauchen, würde das 770 Dollar kosten. Das ist sehr viel Geld. Deshalb sind in Haiti alle eingeweiht, damit sie sich ihren Schutz selber machen können. Ich kann nicht verraten, wie es gemacht wird, nur eines darf ich sagen: ich brauche drei Dinge dazu – eines vom Friedhof, ein anderes von einer Wegkreuzung und das dritte aus der Apotheke. Ich kann auch ein Amulett anfertigen, das darf aber nicht aus Gold sein, aus Silber aber schon.

Ich möchte gern nach Europa fahren, ich habe gehört, daß es auch in Europa starke magische Praktiken gibt. Im Traum war ich schon mehrmals in Europa. In England und Belgien. Ich habe da Leute getroffen, die Voodoo-Anhänger waren, und ich weiß, daß sie eines Tages nach Haiti kommen werden. Ich werde sie sofort wiedererkennen.«

Selbstdarstellungen

Der Fotoapparat hat Afrika erobert. In keinem anderen Kontinent habe ich so viele Fotostudios gesehen wie hier. Mir drängt sich die Frage auf, warum es der Fotograf, der wie ich durch die Lande zieht, so schwer hat. Vorsichtiges Kontaktnehmen, lange vorbereitende Gespräche, Zweifel, Mißtrauen, Ablehnung und das ständige Bezahlen, Bild für Bild. Wie verträgt sich das alles mit den Wänden voll Fotos, die die Zimmer zieren, den eitlen Posen der Dargestellten und der Begeisterung am Posieren, die oft seltsame Blüten treibt?

Ich habe Afrika als Europäer erlebt und dargestellt. Oft dachte ich daran, daß das, was ich mache, die Arbeit eines Außenseiters ist, der die Dinge anders sieht als die Afrikaner selbst. Was mir wichtig erschien, war den Dargestellten oft langweilig. Szenen, die sie fotografiert haben wollten, interessierten mich nur selten. Das Hauptinteresse meiner afrikanischen Freunde war es, in »wichtigen« Posen dargestellt zu werden. Das natürliche Bild, das scheinbar zufällig am Rand des Geschehens entsteht, hat sie nur selten beeindruckt. Strammstehen mit einem bedeutenden Gegenstand in der Hand oder das Aufbauen von Menschengruppen vor dem Besitz des Chefs sind die beliebtesten Posen. Mamissi Kokoe wählt aus vielen Bilder jenes als das schönste aus, auf dem sie bedeutend und ernst, unnahbar und mächtig aussieht. Fotos, auf denen sie lacht, mag sie nicht.

Wie würden die Voodoo-Leute Togos dieses Buch gestalten? Wie würden die Bilder aussehen, die sie bevorzugt veröffentlichen möchten?

Ich habe nach solchen Fotos gefragt und einige erhalten. Bilder, die mehr als das übrige Buch das Einverständnis der Dargestellten finden. Es sind Selbstdarstellungen, die vieles aussagen, was meinen eigenen Bildern fehlt. Seltsam komisch und doch sehr ernst gemeint erscheinen sie uns, viele erinnern an das frühe zwanzigste Jahrhundert der europäischen Fotografie, sie kommen zweifellos aus derselben Tradition, und ihr gedanklicher Unterbau ist ähnlich strukturiert. Einige dieser Fotos sollen den Eindruck abrunden, den dieses Buch von den Voodoo-Anhängern Togos vermitteln will.

Links und unten: Nach europäischem Vorbild hat der Fotograf die Eingeweihten dargestellt. Füße und Körper sind mit Kaolin bemalt, sie tragen die Symbole ihrer Götter, Schwert und Dreizack. Selbst in den kleinsten Dörfern gibt es Fotografen, die an Voodoo-Feiertagen diese Dokumente schaffen.

Seite 233: In Devego ist man fotofreundlich. Im Studio lassen sich die beiden Schwestern in Voodoo-Kleidung ablichten.
Links: Ein junges Mädchen wurde von Mamissi Kokoe in den Mami-Wata-Kult eingeweiht. Dieses Ereignis wurde vom einheimischen Fotografen festgehalten wie in Europa die Kommunionfeier.

Oben: Besonders festlich sind die Mitglieder und Initiierten des Tempels von Mamissi Amegassi Bamenou geschmückt. Opfergaben in Form von Schnaps, Puder und Parfumflaschen sind vor den neuen Mitgliedern aufgebaut; auch ein kleiner Plastiktannenbaum gehört zum Repertoire der Voodoo-Kirche.
Links: Im Tempelhof von Edoh Dossa posiert dessen Schwester für den Fotografen. Sie setzt sich dabei ungeniert auf die Schultern von Legba, dem Wächter.

Rechts oben: Initiationsfest bei Mamissi Kokoe. Befreundete Priester sind gekommen, um die Einweihung neuer Mitglieder zu feiern. Der Raum ist festlich dekoriert, hinter der weißgedeckten Tafel hängt das Bild des Präsidenten von Togo, General Eyadema. Getrunken wird Schnaps und Limonade, gegessen das Nationalgericht, Fufu.
Rechts: Für den Fotografen hat man sich in Pose gestellt, Mamissi mit dem Dreizack der Wassergöttin Mami in der Mitte der erlauchten Gesellschaft. Vor den Füßen der ehrwürdigen Altersklassen ein eingeweihtes Mädchen und Kinder, deren kultische Bestimmung das Orakel festlegte. Sie werden von diesem Tag an der Mami dienen, der Herrscherin über Meere, Flüsse und Lagunen.

Seite 238: Ayauoi Woalagnan, der Schmied, bringt seinen Sohn zum Fotografen. Auf anderen Fotos gefällt er sich als Kraftmensch mit einem Fahrrad, das er mit den Zähnen frei in die Luft hält.

Vergleiche und Parallelen

Kultelemente der Yoruba bei den Voodoo-Gesellschaften in Togo

Die Kulthandlungen der Ewe und anderer Völker an der Westküste beziehen ihre Substanz zum größten Teil von den benachbarten Yoruba. Die meisten Götter, die in Togo bekannt sind, existieren im Land der Yoruba unter anderen Namen. Manchmal werden sie von Dorf zu Dorf unterschiedlich interpretiert, doch es war mir bald möglich, ihre Yoruba-Abstammung und Identität zu erkennen.

Der Ewe-Gott Egou findet in dem Yoruba-Gott Ougoun seine Entsprechung. Bei beiden Gruppen ist er der Gott des Eisens, in neuerer Zeit auch Gott und Schutzpatron der Autofahrer, wobei er auch ein negativer Gott sein kann, weil er als Verursacher der Autounfälle gilt. Bei den Yoruba war er in früheren Zeiten einer jener Orishas*, der von Schmieden und Jägern verehrt wurde. Mamissi Kokoe opfert Egou schwarze Hühner und weiße Hähne. Die Yoruba opfern Ougoun Hunde. Diese überfahren sie, wo immer sie dazu Gelegenheit haben. Verschiedene Opfer der Yoruba verlangen, daß der Opfernde das Opfertier, bevor er es tötet, mit der Stirn berührt. Das ist eine Geste der Demut, die symbolisieren soll, daß der Tierkörper stellvertretend für seinen eigenen am Altar Ougouns verblutet. Bei Mamissi Kokoe mußten Opfernde ebenfalls die Opfertiere mit der Stirn berühren, ehe sie dem Fetisch übergeben wurden.

Der Yoruba-Gott Olorun wird in Voodoo-Kreisen Togos Mawu genannt. Während man von Olorun sagt, daß er möglicherweise nur die Erde erschaffen hat (ein Mythos unterstellt die Schaffung der Menschen seinem Sohn Obatala), glauben die Ewe und Mina, daß Mawu Schöpfer sowohl der Menschen als auch der Erde ist. Olorun wird nicht direkt angebetet. Die Hierarchie der Götter sieht vor, daß immer ein weniger wichtiger Gott als Vermittler dazwischentritt. Das gilt in vielen afrikanischen Gesellschaften auch außerhalb der Götterwelt. Große Häuptlinge bedienen sich eines Sprechers, wenn sie zum Volk reden, andererseits wird ein hoher Voodoo-Priester nicht direkt angesprochen; der Anstand verlangt es, ein Anliegen über einen Mittelsmann vorzutragen.

Shopono, der älteste Gott der Yoruba, wird in gleichem Maße gefürchtet wie verehrt. Die Legende sagt, daß er einst von anderen Orishas wegen seines verkrüppelten Beins verlacht worden sei. Daraufhin nahm er fürchterliche Rache. Shopono kann Gutes wie Böses tun, er kann heilen, aber auch krank machen. Er war es, der den Menschen die Pocken brachte. In Togo sind Amegan und Kpodogli die Pockengötter, denen gewissen-

---

* Untergottheiten, deren Macht nicht an jene des Schöpfergottes Olorun heranreicht

haft geopfert wird, weil sie eine Vernachlässigung mit Epidemien bestrafen würden. Amegan wird bei den Ewe wie Shopono oder Bata bei den Yoruba als außerordentlich gefährlich angesehen, es gibt da wie dort nur wenige, die ihnen ihr Leben weihen.

Wie die Yoruba, so kennen auch die Voodoo-Anhänger unter den Ewe keine strikte Trennung von Gut und Böse im metaphysischen Bereich. Die menschlichen Züge der Götter schließen auch menschliches Versagen mit ein. Götter können irren, sie können sich über vernachlässigte Opfer derart erregen, daß sie Epidemien oder Trockenperioden über die Menschen kommen lassen. Sie können gut, aber auch böse sein. Der Voodoo-Priester der Yoruba verschafft sich Zugang zu den Göttern, indem er ihre Schwächen ausnützt, ihre Eitelkeiten und Bedürfnisse. Er weiß, daß ihn die Götter genauso brauchen wie er sie, und er weiß auch, daß er ihrer Gunst sicher sein darf, wenn er im Sinne ihrer Aufträge handelt.

Die menschliche Charakteristik der Götter ist durch die Tatsache bedingt, daß viele von ihnen selbst einmal Menschen waren – besondere Menschen, die nach ihrem Tod eine Reise hin zu den Göttern antraten, bis sie schließlich selbst göttlich wurden. Nicht jeder Verstorbene erfreut sich einer solchen Karriere. Olorun, der Schöpfer, vereint, wie auch die meisten Orisha-Gottheiten, das gute und das böse Prinzip in sich. Wenn einem Menschen ein Unglück widerfährt, dann wendet er sich keinesfalls von dem verursachenden Gott ab, denn er weiß, daß nichts endgültig ist und alles Unglück auch wieder abgewendet werden kann. Der Gläubige wird also seinen Gott im gleichen Maße beschimpfen wie anbeten, er wird ihm Opfer bringen oder andere Orishas vielleicht, auch Ahnen, um Vermittlung bitten.

Die Anbetung verschiedener Figuren bei den Yoruba ist keinesfalls als Götzendienst zu verstehen, genausowenig wie die Anbetung des Kreuzes durch den Christen. Im Voodoo verschwimmen allerdings die Grenzen, denn es gibt tausendfach magische Gegenstände, denen selbst – und nicht in symbolischer Stellvertretung eines Gottes – magische Kraft innewohnt. Die mit Blut beopferten Fetischfiguren sind gefürchtet, ihre Kraft ist auch außerhalb traditioneller Kreise anerkannt.

Für Menschen mit überdurchschnittlichen Fähigkeiten gibt es in Gesellschaften, die dem Candomblé Südamerikas angehören, den Spruch: »Er kennt ein Kraut.« Dieser Begriff ist den Yoruba wie den Voodoo-Gruppen Westafrikas ebenfalls bekannt. Hier drückt sich die Macht des einzelnen auch dadurch aus, daß er in der Lage ist, eine ›Medizin‹ oder, wie es in Togo heißt, ein ›Gri-Gri‹ zu präparieren. Solche magischen Gegenstände werden im Haus, im Garten, auf den Feldern, kurz überall dort installiert, wo Menschen leben, die sich vor feindlichen Kräften zu schützen haben oder andere durch diese bekämpfen wollen. Bei den Yoruba in Nigeria sind Medizinen bekannt, die zur Verwünschung von Personen geeignet sind. Wenn jemand im Besitz einer solchen ›Medizin‹ ist, wird er sich hüten, sie im eigenen Hause aufzubewahren, denn es könnte sich ereignen, daß ein plötzlich vom Zaun gebrochener Streit oder gar nicht ernst gemeinte Beschimpfungen durch die Anwesenheit der ›Medizin‹ den Charakter eines Fluches erhalten. Sie könnte sich im unglücklichsten Fall sogar gegen ihren Besitzer wenden.

In Voodoo-Kreisen Ghanas ist es eine angeblich vielgeübte Praktik, einem schlafenden Feind eine Maske aufs Gesicht zu legen. Man nimmt an, daß sich die Seele des Schlafenden auf Wanderschaft befindet und erst wieder beim Erwachen in den Körper zurückkehrt. Wenn sie aber einen vermeintlich anderen vorfindet, wendet sie sich ab und irrt unheilbringend durch die Welt. Der Mann ohne Seele hingegen wird vom Moment seines Erwachens an als Geisteskranker herumirren.

Da nichts im Leben der Afrikaner und im Leben ihrer Götter als endgültig angesehen wird, liegt es nun beim Priester, die Seele wieder herbeizurufen und sie dem angestammten Körper zuzuführen.

Die Welt der Geister hat für den Afrikaner von alters her Bedeutung gehabt, bei den Yoruba und bei Voodoo-Gruppen im be-

Links: Die Geisteskranken kennzeichnen sich selbst. Über und über hat sich dieser Mann mit Metallteilen behängt. Fahrradketten, Schrauben und Blechteile hängen schwer an seinem Körper. In Voodoo-Kreisen Togos glaubt man, daß Dämonen den Kranken veranlassen, sich mit falschen Amuletten zu behängen, die nicht ihn, sondern die in ihm lebenden Dämonen protegieren. Geisteskranke, die sich mit Metall behängen, gelten als gefährlich und aggressiv, während andere Besessene, die nackt in den Straßen anzutreffen sind, als harmlos angesehen werden. Von ihnen glaubt man, daß sie vom Teufel besessen sind.

sonderen Maße, weil ein Mensch, wenn er den Namen eines Geistes kennt, dessen Macht beanspruchen kann. Aus Kamerun wurde mir ein Fall bekannt, in dem ein sehr junger Häuptling entgegen den hierarchischen Gesetzen der Alterklassen die Häuptlingswürde zugesprochen bekam, weil er um achtzehn Geheimnisse mehr kannte als der Dorfälteste. Das Wissen um eine Reihe von Geisternamen gab ihm die Kraft, aber auch die Anerkennung durch die Dorfgemeinschaft. Geister können von ›Wissenden‹ gegen andere Personen in Marsch gesetzt werden, man bedient sich ihrer, um unliebsame Gegner zu bekämpfen.

Jede Voodoo-Zeremonie, die ich an der afrikanischen Westküste miterlebt habe, begann mit der Anrufung der Geister, Götter und Genien. Zum monotonen Gesang der Gemeinde rief der Priester lautstark die Namen der Götter, die er herbeiwünschte. Geisternamen werden geheimgehalten und immer nur gemurmelt, so daß sie vom Gesang der Teilnehmer oder von den Trommelschlägen übertönt wurden.

Die Ankunft der Götter ist für alle Beteiligten offensichtlich, denn sie ergreifen Besitz von den ihnen geweihten Personen. Beim Eintritt des Gottes in sein Medium fällt dieses in Trance.

Geister können sich dem Platz des Geschehens nähern, indem sie Vögel als Fahrzeuge benutzen. Diese Auffassung ist auch bei den Yoruba gegeben, bei denen Hexen in Vogelgestalt vorkommen.

Die allermeisten dieser Vorstellungen finden wir aber auch in Europa, wo der Totenvogel vor dem Fenster des Sterbenden den Tod absetzt oder persönliche Schutzheilige über das Leben einzelner wachen.

Bei den Yoruba gibt es eine Gruppe von Geistern, die bevorzugt den Iroko-Baum bewohnen. Die Abiku-Geister werden als Menschen in Familien hineingeboren. Die von Abikus beseelten Kinder – so berichten C. Staewen und F. Schönberg – sterben meist sehr früh, werden aber mit denselben Merkmalen durch dieselbe Frau wiedergeboren. So kann ein und dasselbe Abiku-Kind immer wieder auf die Welt kommen.

Wenn man nun vermutet, daß es sich bei einem Neugeborenen um ein Abiku-Kind handelt, wird das Kind gelegentlich durch den Babalawo (Medizinmann) gekennzeichnet. Es gibt Europäer, die bezeugen können, daß die solchermaßen Gekennzeichneten nach ihrem Ableben mehrfach mit den angebrachten Skarifikationen wiedergeboren wurden.

Ein Fall soll sich ereignet haben, in dem die verzweifelte Mutter ein mehrfach wiedergeborenes Abiku-Kind tötete. Sie schlug den Säugling auf den Boden. Dabei wurde dem Kind der Unterkiefer zerstört. Bei der nächsten Niederkunft gebar die Frau ein Kind mit zerstörtem Kinn.

Die Yoruba kennen wie die Voodoo-Gruppen die Theorie der Reinkarnation. Bei den Yoruba kehren die Ahnen in der Regel nach zwei oder vier Generationen in ihre Familie zurück. In beiden Gruppen glaubt man, daß ein böser Mensch eine Bestrafung findet, indem er entweder nicht mehr in seine eigene Familie zurückgeboren wird oder aber als Tier, vielleicht sogar als Pflanze wieder in die Welt tritt. Der als Tier wiedergeborene Mensch hat dann alle Qualen durchzumachen, die man Tieren in Afrika allerorts erleiden läßt.

Die Voodoo-Anhänger sehen wie die Yoruba kein Hindernis darin, gleichzeitig mehreren Kultgemeinschaften anzugehören. So gilt es als üblich, daß praktizierende Christen ihre Fetische haben oder animistischen Opfern beiwohnen, daß Gläubige, die ihr Leben Shango geweiht haben, auch in einem Geheimbund initiiert sind, der eine andere Gottheit verehrt. Es ist auch üblich, daß bei Begräbnissen die christliche und die Voodoo-Kirche nebeneinander agieren. Man will sich nach allen Seiten absichern, und das ist durchaus legal.

Im Fetischkloster von Mamissi Kokoe wurden wie bei den meisten Zeremonien, die ich miterlebte, die zentralen Figuren (Patienten, Mädchen vor der Initiation usw.) mit Kaolin weiß bemalt. Diese Verfremdung des Menschen hat in verschiedensten schwarzafrikanischen Gruppen dieselbe Bedeutung. Weiß ist die Farbe des Todes. Ein Mensch stirbt, um neu geboren zu werden. Ein Kranker stirbt, um als Gesunder aufzuerstehen, ein Kind stirbt, um als Erwachsener zurückzukehren. Entscheidende Veränderungen im Leben eines Menschen können manchmal nur dann eintreten, wenn dieser ›ein neues Leben beginnt‹, also vorher symbolisch stirbt. Diese im Animismus begründete Vorstellung findet im Voodoo ihre Fortsetzung.

Dabei spielt in Voodoo-Kreisen wie in Kreisen der Yoruba die Trance eine entscheidende Rolle. Vom Zeitpunkt des Eintretens seiner ersten Trance wird der Mensch Besitz seines Gottes. Dabei wird er nicht wie ein Sklave besessen, eher wie ein Diener, der an der Seite seines Herrn seine Identität behalten darf. Mit der Fähigkeit zur Trance reiht sich der Gläubige in eine Gesellschaft, die durch Anbetung ihren Göttern Kraft und Bedeutung verleiht, ihrerseits aber genauso in ein positives göttliches Kräftefeld gerät, das sie stark macht und über das Gewöhnliche weghebt. Die Trancen sind aber keineswegs nur Mittel zur Erreichung der Götter, sie bescheren eines der stärksten und eindrucksvollsten Gefühle, deren ein Mensch fähig ist. Die Trance selbst hebt den Gläubigen in eine nie geahnte Bewußtseinssphäre, in der er einen völlig neuen Zugang zu den Dingen des täglichen Lebens verwirklichen kann. Das Ergriffenwerden durch die Götter

gehört offenbar zum stärksten Erlebnis, dessen ein Yoruba oder ein Voodoo-Gläubiger fähig ist.
Ich habe oft die Frage gestellt, inwieweit Halluzinogene zur Erreichung einer Trance Voraussetzung sind. Dabei bin ich auf zwei grundsätzlich verschiedene Antworten gestoßen: »Es werden keinerlei Medikamente verwendet« oder: »Es gibt Medizinen, die die Erreichung einer Trance beschleunigen oder intensivieren.« Die Verwendung von Pharmazeutika ist nicht die Voraussetzung für eine Trance. In manchen Fällen ergreifen die Götter von den Menschen Besitz, ohne daß es dafür einen augenscheinlichen, das heißt rituellen Anlaß gibt. Es geschieht auch, daß Kinder, die scheinbar unbeteiligt einer Zeremonie beiwohnen, von Göttern beseelt werden.
Die moderne Wissenschaft hat inzwischen verschiedene Stadien der Trance festgestellt. Bei den Yoruba kennt man fast ausschließlich stille, in sich gekehrte Ekstasen, die nur selten wie bei den Voodoo-Gläubigen in wilde Raserei ausarten. Spektakuläre Trancen gleichen in ihrem äußeren Erscheinungsbild der Epilepsie. Besonders anfällig dafür sind weltweit die Schamanen, die, um dieses Stadium zu erreichen, besondere geistige Strukturen brauchen. Lange, meditative Trancen, wie sie bei den Yoruba üblich sind, kennt man aber auch in Voodoo-Kreisen Togos.

---

245 Diese Mami-Darstellung stammt von dem togolesischen Bildhauer Agbagli Kossi. Sie wurde aus Holz geschnitzt und mit Autolack bemalt. Dieser Figurentyp ist ausschließlich dem rituellen Gebrauch vorbehalten und als Touristenkunst völlig unbekannt. Es gibt heute nur noch wenige Bildhauer, die sich wie Kossi ausschließlich auf die Produktion sakraler Bildwerke verlegt haben. Voodoo-Figuren sind äußerst selten und heute noch fast unbekannt.

246 Mamissi Amegassi Bamenou zeigt ihre Totenpuppen: zwei Tonfiguren, in einem Boot sitzend. Sie unterscheiden sich stilistisch und im Material von den allgemeingebräuchlichen Holzpuppen. Wie alle Darstellungen in ihrem Fetischhaus hat sie auch die verstorbenen Zwillinge selbst nachgebildet.

247 Koffi, der Fetisch, liebt Parfum und Zigaretten. Jeden Tag werden er und sein kleinerer Bruder mit Rauchwaren versorgt.

248 Am Tag ihres Festes zeigt eine Mamissi in Porto Seguro ihre Totenpuppen. Die von ihr selbst gefertigte Kleidung erinnert in starkem Maße an die Voodoo-Tänzerinnen von Haiti, die ähnlich bunte Stoffe tragen.

249 Mamissi Dossa von Glidji gilt als Meisterin im Zubereiten wirkungsvoller Medikamente. Vor ihrem Mami-Wata-Tempel empfängt sie die Gäste, einen Zeremonienstab und ein Kultgefäß in Händen haltend.

250 Gräber in Lome tragen die Symbole der Verstorbenen. Ziegen und Abfall scheinen nicht zu stören, denn sie sind wie der Tote selbst Teil der göttlichen Schöpfung, die gesamtheitlich verstanden wird und daher dem Europäer pietätlos erscheinende Aspekte miteinbezieht.

251 Ein besonderes Beispiel des afrikanischen Synkretismus manifestiert sich in diesem Grab unweit von Elmina in Ghana. Hinduistische, europäische und afrikanische Stilelemente vereinen sich anscheinend mühelos.

252 Nana Densu gilt als Gemahl von Mami. Agbagli Kossi, der diese Arbeit im Auftrag eines Priester angefertigt hat, bezog seine Inspirationen von einem hinduistischen Götterbild, das Wischnu darstellt.

AGBOKA
3·11·19·55
25 6 68
ATSI

Der Geist von Mami Wata

Der Mami-Wata-Kult dürfte seinen Ursprung im Cross-River-Gebiet in Nigeria haben. Mangelnde Aufzeichnungen, das Fehlen einer afrikanischen Geschichtsschreibung und der geheime Charakter vieler Zeremonien erschweren die Nachforschung nach den Wurzeln dieses Kultes.
Erst im Jahre 1975, als die New Yorker Galerie Endicott Guthaim einige Bildwerke des Mami-Wata-Kults der Öffentlichkeit zeigte, begann man in Amerika, diese neue Kunstrichtung zu beachten, die wie der Kult selbst eine außerordentlich komplexe Mischung europäischer, indischer und afrikanischer Stilelemente darstellt. Ibibio-Schnitzer, Künstler, deren traditionelle Arbeiten Weltrang erlangten, begannen, den Erfordernissen der neuen Kulte entsprechend, sich auf synkretistische Bildaussagen festzulegen, weil die Anhängerschaft das von ihnen verlangte und diese Entwicklung eine religiöse Evolution darstellte, in die sie selbst einbezogen waren.
Die Einflüsse auf diesen Kult kamen zum wesentlichen Teil aus Indien und Europa. Die Gesichter der Mami-Figuren sind puppenhaft, blaß, schön und verklärt, weiß – nicht um Europäer darzustellen, sondern um die bleiche Entrücktheit ihrer göttlich-geisterhaften Existenz zu betonen. Lange europäische Haare und die Begleitung von Tieren gehören zu dieser Stilistik wie die für Afrika ganz untypische Farbigkeit von Pastelltönen. Mami, die als Nixe dargestellt wird, tritt in verschiedenen Gestalten auf, sie ist nackt oder schmuckbehangen, feierlich gekleidet oder zur Hälfte fischgestaltig.
Über die Herkunft der Einflüsse wurde viel gerätselt. Eine der wahrscheinlichen Möglichkeiten ist die, daß die Figur der Nixe, die ursprünglich der gemanischen Mythologie entstammt, am Bug europäischer Schiffe an die Westküste gelangte. Andere Figuren, wie der in Togo verehrte Papa Densu, kommen aus Indien und sind dem dortigen Götterhimmel entliehen.
Im Cross-River-Gebiet wird Mami als ›Ndem Mmo‹* bezeichnet. In Calabar, aber auch an der Niger-Mündung finden sich starke Kultgruppen, die den Wassergeist verehren und für die Mami eine wichtige Rolle spielt. Es gibt unzählige Frauen, die vor ihrem Einfluß in panischer Angst fliehen möchten, denn Mami-Wata-Anhänger sind steril und kinderlos.
Andere aber suchen die Verschmelzung mit Mami, weil sie dadurch einflußreich, mächtig und reich werden können. Jill Salmons berichtet von dem in Ikpe lebenden selbsternannten Professor Ekanem, der seine zahlreiche Kundschaft aus den Kreisen von Mami-Geschädigten bezieht, die sich von

* Ndem = Wasser, Mmo = Geist

den spirituellen Einflüssen des Wassergeistes lossagen möchten, allein aber die Kraft nicht finden. Viele der unfreiwillig von Mami Besessenen wollen ins Wasser laufen, weil sie die Stimme von Mami rufen hören. Andere haben Angstzustände und fühlen sich permanent von ihr bedroht. Im Prinzip wird der Mami-Wata-Kult in Togo, Benin, Ghana und Nigeria in sehr ähnlicher Weise praktiziert. Die Eingebungen während der Trancen sind allerdings sehr unterschiedlich, und dadurch kommt es zu lokalen Veränderungen und eigenschöpferischen Varianten.

Die Angst als auslösendes Moment scheint bei allen Kultgruppen eine vordergründige Rolle zu spielen. Die Geschichte des Ibibio-Mädchens Ikwo ist beispielhaft für Tausende Schicksale, die eine ähnliche Entwicklung genommen haben.

Ikwo ist Haushälterin bei indischen Geschäftsleuten in Nigeria. Sie besuchte eine lokale ›Spiritual Church‹, und es häuften sich die Fälle, in denen sie während des Gottesdienstes von einer starken metaphysischen Macht ergriffen wurde. Eines Nachts träumte sie von einer überirdisch schönen Frau mit langen Haaren und hellem Teint. Die Frau war übervoll behängt mit schillernden Schlangen. Von diesem Moment an wußte man im Dorf, daß Ikwo von Mami auserwählt war, um in diesen Kultkreis einzutreten. Sie ließ sich beurlauben und ging in ihr Heimatdorf zu ihrer Familie. Die dort ansässige Mami-Wata-Priesterin ließ eine Reihe von Opfern für sie bringen.

Am Wochenende fanden sich die Gläubigen am Flußufer zu einer letzten Zeremonie zusammen. Ikwo brachte auf einem Servierbrett verschiedene Opfergaben mit: Zigaretten, Parfums, Puder, Palmwein und den Gin, der im Dorf gebrannt wird. Alle Beteiligten durchwateten das Wasser und assistierten Ikwo, die nun das Tablett vom Kopf nahm und es aufs Wasser legte. Die Gaben versanken augenblicklich, nur einige Gegenstände aus Holz schwammen mit den Wellen davon. Unter den Beteiligten brach großer Jubel aus, denn man deutete das schnelle Absinken des Tabletts als eine wohlwollende Geste Mamis, die die Geschenke bereitwillig akzeptiert hat.

Ikwo wurde daraufhin mit Seife und Pflanzenextrakten gewaschen und siebenmal untergetaucht. Nachdem sie Flußwasser getrunken hatte, kleidete man das Mädchen und brachte es zurück in das Elternhaus. Auf dem Retourweg war es jedem der Teilnehmer verboten, zurückzuschauen, der Wassergeist wäre sonst unweigerlich der Gesellschaft gefolgt und hätte Unglück über sie gebracht.

In einer zweiten Zeremonie, die der Initiation folgte, wurde Ikwo einige Wochen in ein Mbobo, ein Masthaus, gesperrt und mit einer besonderen Kost ernährt, die reich an Kohlehydraten war.

Seit ihrer Entlassung ist Ikwo ein vollwertiges Mitglied der Mami-Wata-Gesellschaft, und sie erfreut sich großen Ansehens, weil man weiß, daß sie jetzt über starke Zaubermittel und magische Kräfte verfügt, die sie weit über den normalen Menschen hinaus heben.

Dieses Einzelschicksal mag sich tausendfach in verschiedensten Formen abgespielt haben. In Togo, wo der Mami-Wata-Kult heute besonders stark in Erscheinung tritt, kommen noch afrikanisch-animistische Elemente dazu. Es ist für den unvorbereiteten Betrachter geradezu unbegreiflich, wie ein Konglomerat von Stilen, Gedanken, Religionen und Konsumartikeln scheinbar problemlos miteinander verschmilzt.

In Nigeria, aber auch in Togo und Benin hat ein Farbdruck aus Deutschland die Mami-Wata-Szene neu belebt. Das Gemälde ›Der Schlangenbändiger‹ des Hamburger Malers Arnold Schleisinger wurde zum Vorbild und Modell für Tausende Figuren. In keinem Mami-Wata-Tempel fehlt die Darstellung oder eine Kopie davon.

Neben der Kathedrale in Lome gibt es einen ständigen Verkaufsstand, einen Devotionalienladen für den Voodoo-Bedarf. Neben dem ›Schlangenbändiger‹ werden eine Reihe indischer Götter angeboten. Die Drucke kommen zum größten Teil aus England. Neben den Bildern beherrschen Plastikpuppen den Markt, indische Götterbildnisse, die in Togo, umgedeutet und umbenannt von den Voodoo-Priestern, auf die Altäre gestellt werden. ›Das Heiligste vom Heiligen‹ nennt sich ein grünes Pulver, das angeblich von arabischen Chemikern erfunden wurde und die Kraft hat, Geister herbeizurufen. Bibelzitate, in grünen Lettern auf die Verpackung gedruckt, untermauern diese Behauptung.

Rechts: Ein Bild des Hamburger Malers Schleisinger hat die afrikanische Voodoo-Szene beeinflußt. In Hunderten von Tempeln wurde dieses Motiv an die Wand gemalt.

Das Wesen der Trance

Über die Art der Opfer und Trancen berichtete Susanne Wenger in einem Tonbandgespräch, das ich im Dezember 1978 aufgezeichnet habe:

»Jede Kultgruppe bringt andere Opfer, denn die verschiedenen Götter verlangen verschiedene Tiere. Ziegen sind anderen Opfern vorbehalten als Hühner oder Enten. Es gibt aber nicht nur die Blutopfer. Diese sind meist besonderen Anlässen vorbehalten. Im Normalfall werden Pflanzen verwendet, Bohnen oder Öl.

Diese Dinge haben zwar keinen Intellekt, aber sie haben auch Meta-Intellekt. Sie haben keinen Verstand, aber sie finden durch ihre metaphysischen Qualitäten denselben Weg, den wir mit dem Verstand finden. Hier ist unsere ganze Umgebung mit all ihren Lebensmitteln einbezogen.

Mais hat eine bestimmte Kraft, Bohnen und Yam haben ihre Wirkung, und es ist so, daß dieser Brei, den du in den Schrein bringst, deine intellektuelle Auseinandersetzung, die ohnehin zu nichts führt, ersetzt. Das ist wie ein Brückenschlag in die Dimension, in der du Pech hast oder krank bist. Priester sind Botschafter und Dolmetscher einer anderen Welt, deren Sprache du nicht verstehst. Der Mensch ist für die Yoruba eine Ganzheit und für alles, auch sein Unterbewußtsein, verantwortlich. Man nimmt an, daß hinter ihm eine Willenskraft steht, die man Ori nennt. Ori ist der Schutzengel und die höhere Intelligenz, er ist der Anteil des Menschen an Gott. Theoretisch ist für die Yoruba jeder Mensch sein eigener Schöpfer und nicht nur von seinem Beginn an, sondern ununterbrochen. Die Schöpfung ist nicht auf einen Zeitraum beschränkt, sie ist ein von Zeit und Raum unabhängiges Ganzes.

Bei einer Trance treten jene Lebensaspekte an die Oberfläche, die identisch sind mit Orisha. Orisha ist etwas anderes als Gott, Orisha hat einen sehr stark anthropomorphen Aspekt. Orisha ist ein Mensch, wie er ein Metall ist, er ist ein abstraktes Temperament, eine Naturkraft, aber er ist für den Menschen auch ein Mensch, der etwas mehr in der metaphysischen Dimension als in der physischen vorhanden ist. Durch ihn wird die Trance zu einer Schaukel, die sich über dem ›equilibre dynamique‹ bewegt, so daß der Mensch, der ohnehin zum Teil ein metaphysisches Geschöpf ist, nur sein Gewicht ritual auf die andere Seite zu verlegen braucht, um Orisha zu sein.

Das will Orisha, weil er sein Gewicht verlegen will, um zu einem Teil physisch zu sein. Das ist so wie bei den Yoruba-Menschen, die das Gefühl haben, nur sicher zu sein in ihrer Existenz, wenn sie wissen, daß sie jederzeit, wenn sie es stark genug wollen, metaphysisch sein können. Dazu stehen ihnen uralte

Hilfsmittel zur Verfügung, die heiligen Medizinen. Diese Medizinen sind aus einem Material hergestellt, das mit der betreffenden Gottheit meta-intellektuell ähnlich oder gleich ist.

Es gibt aber verschiedene Gruppen von Kulten, das Pantheon von Sonponná oder das von Shango sind die äußeren Räume, die äußeren Universa. Das muß man metaphysisch verstehen, das sind die magischen Tendenzen, das magische Feuer und die transzendentale Libido, mehr als bei anderen Gottheiten. Diese dramatischen Kulte haben eine heftigere und tiefere Trance.

Die Obatala-Trancen sind im allgemeinen vollkommen kontrolliert. Trotzdem bleiben alle Trancen, bei Sonponná, Shango oder Obatala, eine selig lächelnde Angelegenheit. Interessant sind hier die Parallelen von Dostojewskijs epileptischer Trance, in der Prinz Mishkin diesen Moment beschreibt. Er weiß natürlich nichts von Orisha und hat keine derartigen Symbole, mit denen er sich zurechtfinden kann. Er als Epileptiker ist allein mit seinem Erlebnis. Der Zustand, den er beschreibt, ist an sich etwas Schreckliches, vor allem dieser furchtbare Schrei, der bei den religiösen Trancen nicht vorkommt. Aber den Augenblick, den er beschreibt, in dem das transzendentale Licht einfällt, dieser Augenblick wäre fast vergleichbar mit einer Trance und mit dem Gefühl, man hätte dafür gelebt, für diese halbe Sekunde, für diesen Einblick ins Jenseits. Die Trance ist für den Tänzer ein kritischer Moment, aber auch der Gott darf sich nicht so sehr darüber aufregen, daß er jetzt ein Mensch sein darf. Es muß ein ›equilibre‹ sein, oder es ist falsch und gefährlich.

Die Shango-Trancen sind aufgeregt und lebhaft. Wenn ein Tänzer in Trance fällt, sind gleich einige Helfer da, und er fällt wie eine Blume in ihre Arme. Alle freuen sich und singen dann die Preisgesänge an Gott. Im allgemeinen aber gilt, was ich schon gesagt habe, daß die Yoruba-Trancen kontrolliert sind, von den Menschen selbst. Die anderen müssen natürlich für ihn dasein und bei ihm bleiben.

In den Orikis von Alajere wird der Jünglingsaspekt der Menschen zwischen Kindheit und Erwachsensein besonders stark verkörpert. In einem seiner Preisgesänge wird am Ende verkündet, daß die Weisheit im Inneren zu finden ist. Das tiefste psychische Erlebnis, die Identifikation mit der transzendentalen Libido, dem transzendentalen Licht, das der Meta-Intellekt ist, das ist im Menschen verkörpert, an einem Punkt im Gehirn, den die Religionen, die mit Trancen arbeiten, instinktiv finden.

Das Phänomen, die Trance mit Hilfe experimentaler und theoretischer Physio- oder Psychopathologie kategorisieren zu wollen, ist Unsinn, da die Trance axiomatisch ein Urphänomen des Menschseins ist.«

In Europa wird die Besessenheit völlig anders interpretiert. Univ.-Prof. Dr. med. Heinz Prokop hatte einen solchen Fall zu begutachten. Die Grundtendenz seiner Auffassung ist es, daß Wesensveränderungen dieser Art ein Krankheitssymptom darstellen. Daraus geht hervor, daß der Patient nicht vergleichbar ist mit afrikanischen Voodoo-Gläubigen. Hier ein kurzer Textauszug:

»Von seiten der Psychiatrie handelt es sich um eine Kombination von nicht gerade alltäglichen psychogenen Zuständen mit einer epileptischen Wesensveränderung. Die Kombination von psychogenen und epileptischen Anfällen wird seit mindestens 60 Jahren in der Literatur mit dem Ausdruck ›Hysteroepilepsie‹ bezeichnet. Hier kann z.B. auf die umfangreiche Monographie ›Die Hysterie‹ von O.Binswanger (1904; s. auch Wagner-Jauregg) verwiesen werden, in der verwandte Mechanismen in reichhaltiger Fülle dargestellt sind.
Die Verbindung psychogener Zustände mit einer epileptischen Wesensveränderung zählt zum allgemeinen psychiatrischen Erfahrungsgut. Die Neigung, sich in einer meist unechten, ›pseudo-religiösen‹ Form Fragen des Glaubens zuzuwenden, die Bigotterie, das Frömmeln, sind Erscheinungen, auf die in jeder Abhandlung über epileptische Wesensveränderung ausführlich eingegangen wird (E.Lange und H.Mucha).

Seiten 258 und 259: Ein Gott spielt verrückt. Er hat sich eine Frau genommen, und aus Freude darüber, daß er nun Mensch sein darf, tanzt er wie von Sinnen quer durch den Tempelhof. Immer wieder begrüßt er in phantastischen Posen die Neuankömmlinge, dann tanzt er auf den Fetischen und Altären, schüttet heiliges Wasser über Legba, den Soldaten, und lacht sich tot über die menschliche Gesellschaft, der er nun für die Dauer des Rituals angehören darf.

---

261 Die traditionellen Figuren der Yoruba waren die formale und inhaltliche Basis für das Entstehen der Voodoo-Kunst. Die Opferschale im Vordergrund, die Epa-Masken und die heiligen Skulpturen waren Vorbilder, nach denen die Fetische und Figuren der Ewe und Minah entstanden sind. Das Bild zeigt die Figuren des Hauptschreins von Oshogbo, die einmal im Jahr auf dem Marktplatz aufgestellt und der Öffentlichkeit gezeigt werden.

262, 263 Mädchen und Frauen werden von ihren Göttern geritten. Helferinnen eilen herbei, um sie zu halten und die Trance in gewünschte Bahnen zu lenken. Viele der Mädchen sind weniger als zehn Jahre alt, wenn sie ihre Götter kennenlernen und zum erstenmal in Trance fallen.

264, 265 Voodoo-Formen haben sich in vielen afrikanischen Gesellschaften gebildet. Wenn auch die Voodoo-Charakteristik nicht immer klar dominiert, so geht der Trend oft ohne das Wissen der Beteiligten eindeutig in diese Richtung. Bei den Somba im Norden von Benin drängen sich immer mehr Voodoo-Symbole in die traditionelle Religion.

266 Fetische an der Wand eines Tempels am Lac Togo. Blutbeopfert und mit rohen Eiern bestrichen, sind diese magischen Gegenstände wichtige Instrumente zur Anrufung der Götter und zur Vertreibung böser Kräfte.

267 Eine in Trance gefallene Gläubige unterwirft sich einer Behandlung. Komplizierte Übungen sind notwendig, um einen Dämon zu vertreiben, der sie nachts nicht schlafen läßt.

268 Ein Fest in Lome. Eine Tänzerin in Trance tanzt für Kunde. Sie leitet den Reigen der Ekstasen ein, viele werden ihr folgen.

AME KOTOKO HÈ ETRON VA LE ƒE

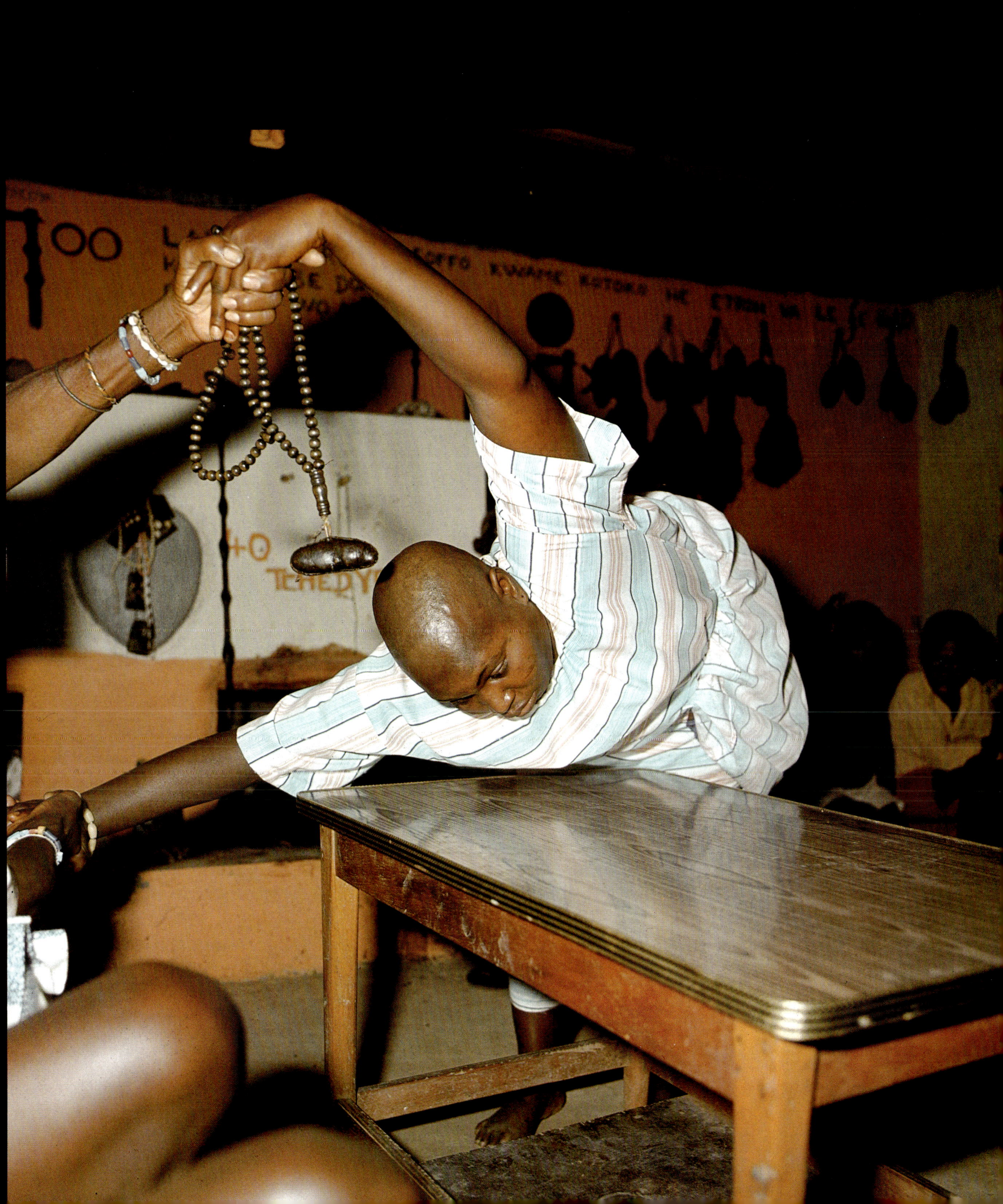

Hierzu gesellte sich die bei E.M. im Vordergrund stehende Psychogenie. Typische psychogene Ausnahmezustände wie bei E.M. lassen sich provozieren, steuern, ja förmlich züchten. Oft treten unterdrückte Eigenschaften in Form von ›Teilpersönlichkeiten‹ zutage. Diese ›Teilpersönlichkeiten‹ führen schließlich bei den sogenannten ›alternierenden Persönlichkeiten‹ scheinbar oft ein Eigenleben.
Über ›alternierende Existenzen‹, wobei die erste Existenz von der zweiten nichts weiß, liegt ja eine umfangreiche Literatur vor (z.B. C.G. Jung). Solche ›Teilpersönlichkeiten‹ kommen nicht nur im Traum vor (C.G. Jung), sondern auch in spiritistischen Séancen. Hier kann man auf den berühmten Fall Stauenmaier (s. G.R. Heyer) oder auf die Beschreibung von Swedenborg ›Der Einfluß der Engel und Teufel auf den Menschen‹ verweisen. Interessante Aufschlüsse über dieses Phänomen finden sich auch bei A. von Muralt (›Wahnsinniger oder Prophet‹). O. Prokop hat sich mit der naturwissenschaftlichen Seite dieser Problematik überzeugend auseinandergesetzt.
Einen weiteren zur Erhellung der vorliegenden Symptomatik bedeutsamen Wesenszug bildet die gerade bei psychogenen Persönlichkeiten zu beobachtende gesteigerte Fähigkeit zur Autosuggestion. Das Wechselspiel Autosuggestion und Heterosuggestion, das sich zwischen Hysterikern und Publikum entfaltet, führt zur Faszination, die der Hysteriker auf seine Umgebung ausübt. Er nimmt oft mit feinem Gespür die Erwartungsvorstellung der ihn beobachtenden Menschen auf, läßt sich auf autosuggestivem Weg in die gewünschte Rolle hineinfallen und bewirkt wieder seinerseits einen mächtigen suggestiven Effekt auf die Umgebung. Auch der hervorragende Schauspieler erschüttert seine Zuschauer dadurch, daß er sich in eine Rolle hineinfallen lassen kann und autosuggestiven Kräften, die ihm die Identifizierung mit der darzustellenden Figur ermöglichen, Spielraum gibt.
Die erstaunlich starke Suggestivkraft psychogen veranlagter Persönlichkeiten wird in Massenphänomenen (Le Bon) sichtbar. Große politische Führer und Verführer sind sich dieser Eigenschaften bewußt oder besitzen sie, auch ohne davon in Kenntnis zu sein. Extreme dieser auch bei Schauspielern sichtbaren Einstellung, sich mit verschiedensten Persönlichkeiten identifizieren zu können, sind nichts anderes als abgeschwächte Erscheinungsformen einer ›alternierenden Persönlichkeit‹.
Schließlich möge noch auf ein charakteristisches Prinzip der Hysterie, das sich auch bei der ›alternierenden Persönlichkeit‹ zeigt, hingewiesen werden. Hysterische Zustände und Erkrankungen dulden keine quantitativen Abstufungen. Es regiert das ›Alles-oder-Nichts-Gesetz‹, ein Prinzip der Totali-

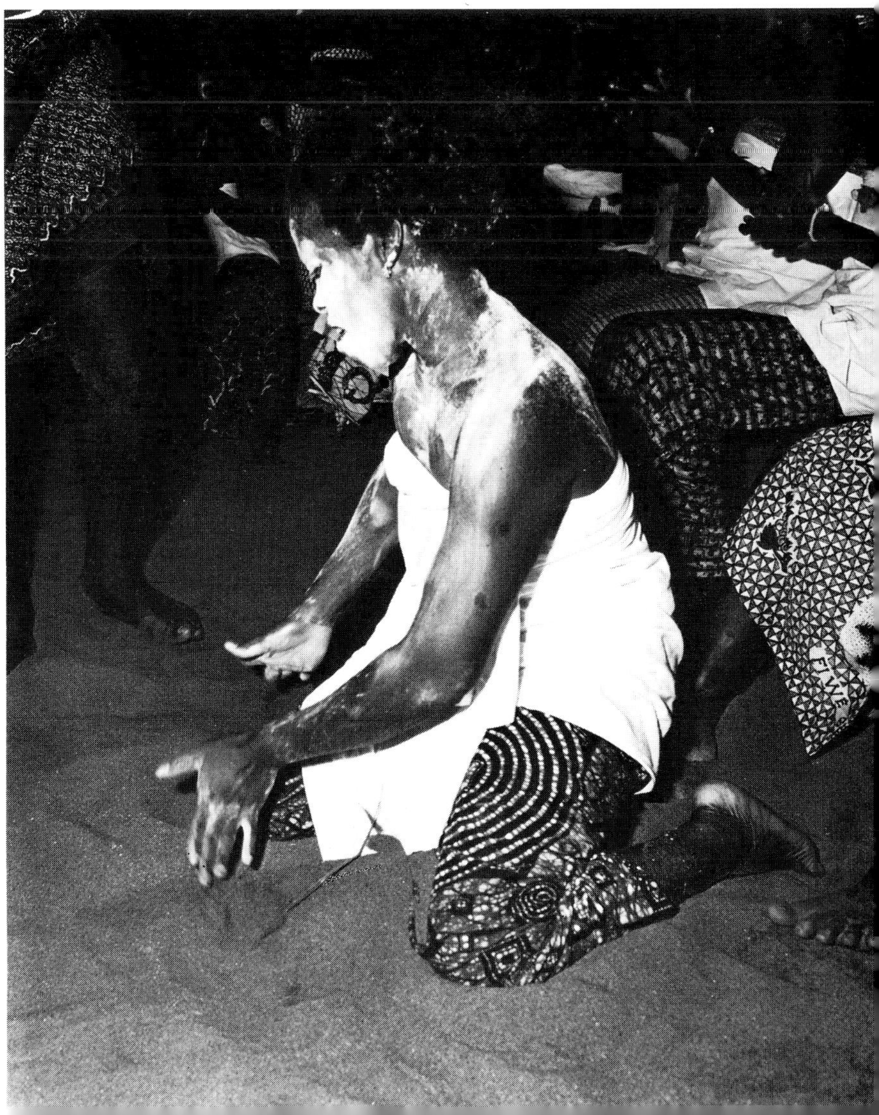

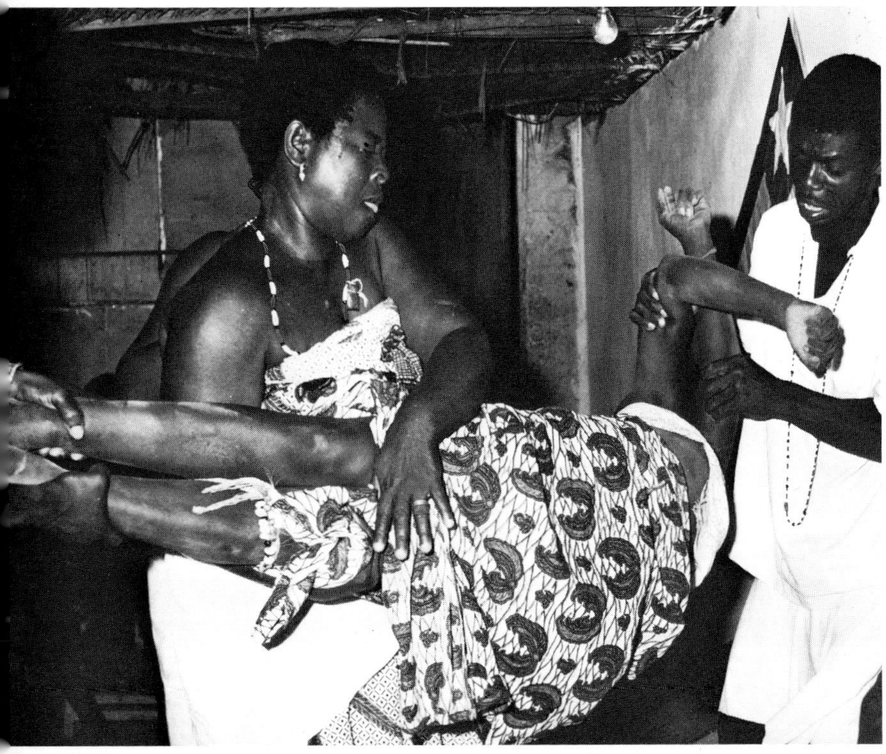
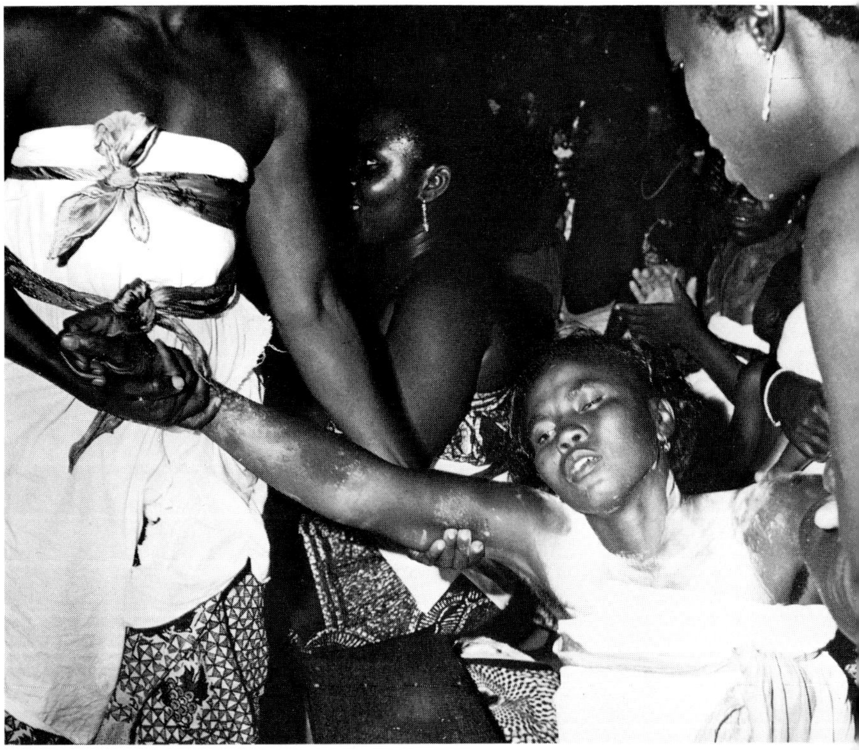
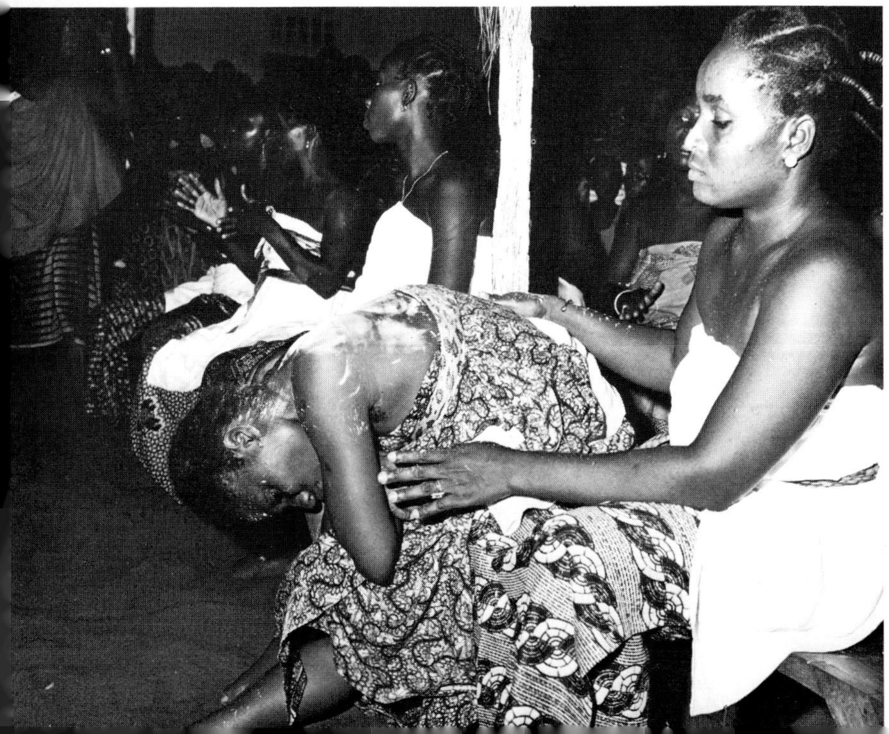
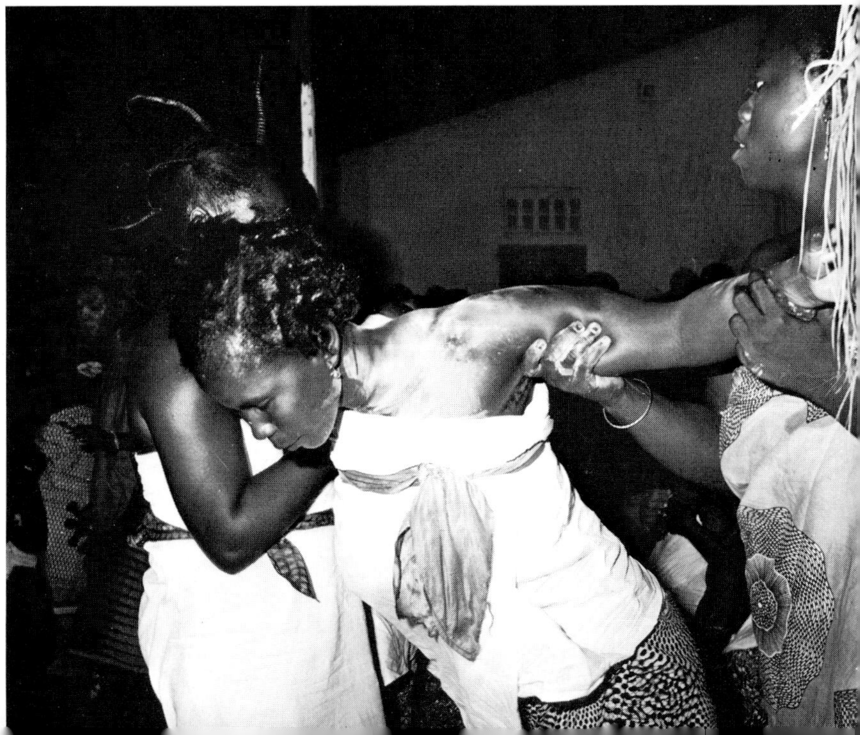

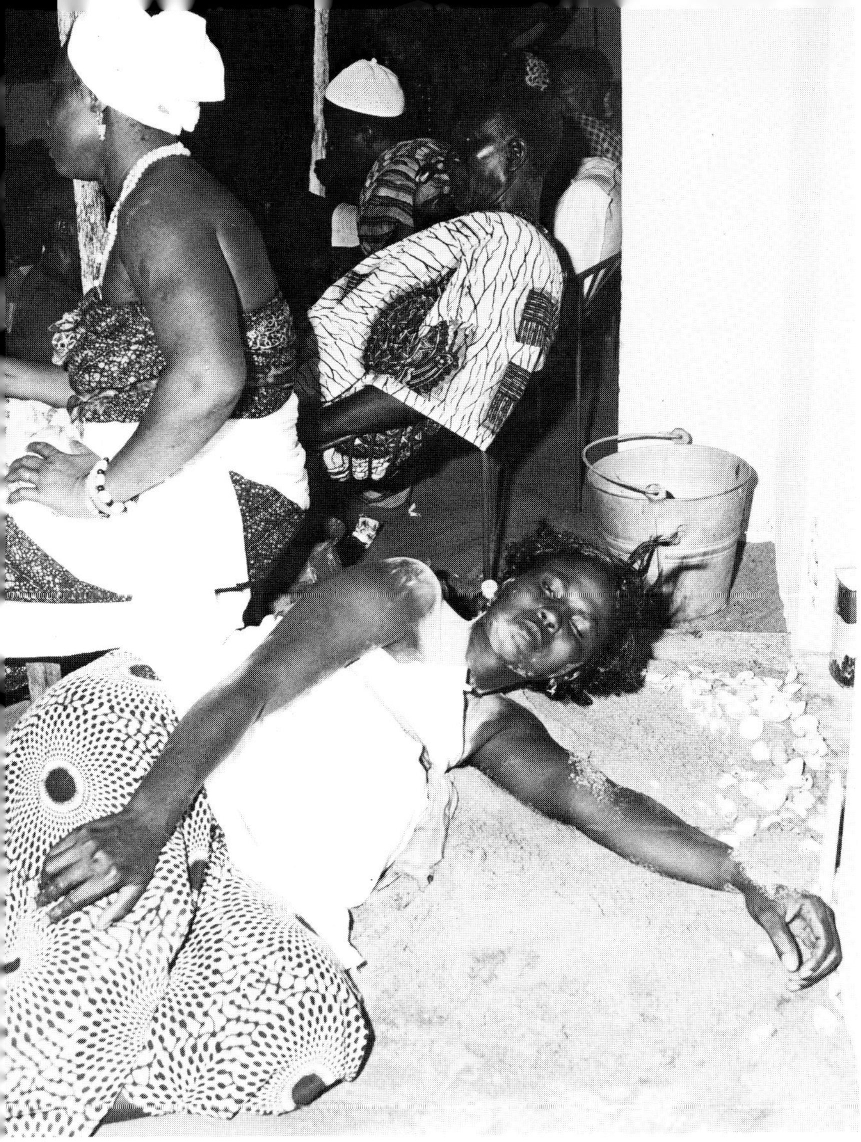
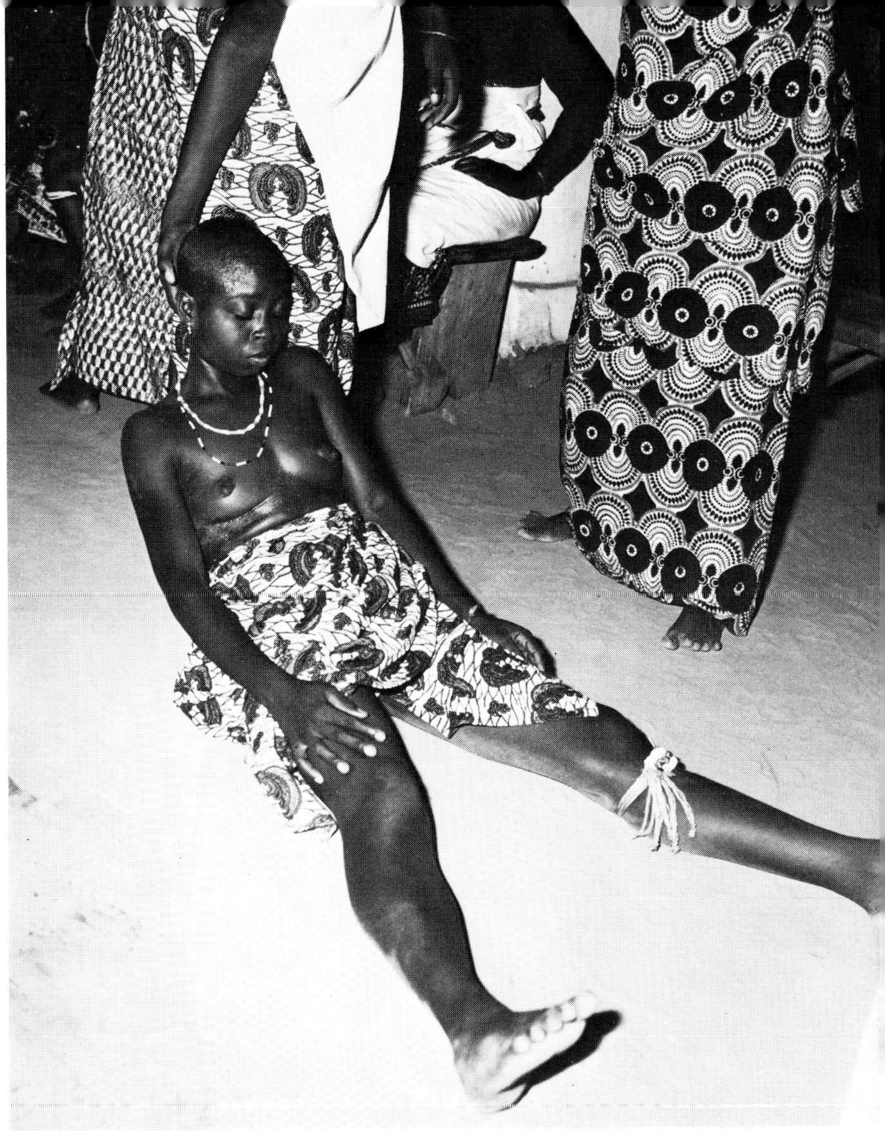

Seite 270: Das komplizierte Ritual des Grüßens. Wenn sich ein Mensch in einen Voodoo verwandelt hat, dann muß er sich den Gläubigen vorstellen und diese begrüßen. Dabei gibt es sehr komplizierte Grußformen, in denen sich die Hände der Grüßenden verrenken, den Daumen umfassen, mit den Fingern schnalzen, von hoch oben mit voller Kraft in die Hand des anderen schlagen, daß dieser vor Schmerz in die Höhe fährt. Ziehen an den Fingern, Drehen an den Gelenken und vielfaches Übergreifen der sich zum Gruß berührenden Hände, Fingerhakeln, Zwicken und isometrisches Verharren in unbequemen Positionen, all das gehört zum Grußrepertoire, das die Götter für die Menschen bereithalten.

Seite 271: Jetzt gibt sich der Fetisch zu erkennen. (Fetisch, Gott und Voodoo sind miteinander identisch.) Es ist der Leopard, der aus der Frau spricht, ein gefährlicher Gott, der tötet und bestraft. Er zeigt sein wahres Gesicht, er wirft sich auf den Boden und pfaucht die Gläubigen an. Mit den Pranken schlägt er nach jedem, der ihm zu nahe kommt. Hilfsbereite Freunde der Besessenen streuen Puder über die Tobende. Duftstoffe und magische Essenzen sollen den Leoparden zähmen. Eine Trance, die zum Zusammenbruch führt, wird nicht als ideal angesehen. Die Ergänzung zwischen Mensch und Gott sollte ausgeglichen sein, ein Schaukeln, das das Gewicht vom Realen ins Irreale verlagert, ein Pendeln zwischen Gott und Mensch, in dem beide ihre Befriedigung finden.

Seite 272: Der Gott war zu stark, rücksichtslos hat er die Tänzerin bis zur Erschöpfung geritten. Hilfreiche Hände fangen sie auf, bevor sie mit dem Gesicht auf den Boden schlägt. Ein Rausch ohne Drogen, eine Anästhesie ohne Medikamente. Wie lange wird es dauern, bis sie wieder Mensch sein darf? Magische Bäder und weißer Puder holen sie zurück in die irdische Wirklichkeit, in den afrikanischen Alltag. Was bleibt, ist die Ahnung vom Göttlichen, das Wissen um eine Dimension des Lebens, die den anderen unbegreiflich bleibt.

Seite 273: Der Traum ist vorbei, der Gott hat sie verlassen. Hingeworfen zwischen die Beine der Tänzer, erwarten sie ihre Rückkehr in die Wirklichkeit. Nach dem Erwachen lachen sie. »Es ist ein schönes Gefühl, von einem Gott besessen zu werden; es ist, als hättest du dieses Leben gelebt, um den Augenblick zu realisieren, der dich über die Beschränktheit des Erdendaseins hinweghebt und dich selber Gott sein läßt«, sagen sie.

tät. Es kommt z. B. zu ›vollkommenen‹, oft sogar den Arzt täuschenden, scheinbar ›echt organischen Lähmungen‹ und zu ›totalen Heilungen‹. Nur so lassen sich auch die ›Wunderheilungen‹ von Lourdes erklären. Der Wallfahrtsglaube spielt vielfach nicht nur bei somatischen und bei psychogenen Erkrankungen, sondern auch bei neurotischen Individuen eine Rolle. Diese wollen, da sie sich selbst für unfähig erachten, ihre eigenen neurotischen Spannungen, Hemmungen und Depressionen in den Griff zu bekommen, nun auf magische Weise von auswärts Hilfe verschaffen, von Orten, in denen es Wunder und Orakel gibt, durch die ihnen wieder neue dynamische Impulse in die versiegende neurotische Wüste gegossen werden (›Heilwasser von Lourdes‹).

Zum Exorzismus: Unter Exorzismus versteht man bekanntlich die Bannung böser Gewalt durch heilige Worte oder Handlungen, und zwar sowohl an Personen wie an Sachen. Die katholische Kirche unterscheidet zwischen einem ›kleinen‹ und einem ›großen Exorzismus‹. Der ›kleine Exorzismus‹ stellt noch immer einen offiziellen Teil des katholischen Taufritus dar. Er wird seit dem 3. Jahrhundert angewandt. Der Taufpate muß mit dem Täufling auf seinen Armen, vor dem Priester stehend, bekanntlich die Frage ›Widersagst du dem Teufel und allen seinen Werken?‹ mit den Worten ›Ich widersage‹ beantworten.

Der ›große Exorzismus‹ ist ebenfalls noch im Codex Juris Canonici der katholischen Kirche von 1917 in den canones 1151–1153 verankert:
Can. 1151, § 1: ›Wer die Fähigkeit zum Exorzieren besitzt, darf Exorzismen gegen Besessene rechtmäßig nur dann vornehmen, wenn er vom Ordinarius eine ausdrückliche Erlaubnis erhalten hat.‹
Can. 1151, § 2: ›Diese Erlaubnis soll vom Ordinarius nur einem durch Frömmigkeit, Klugheit und unbescholtenen Lebenswandel ausgezeichneten Priester übertragen werden. Dieser soll zu Exorzismen dann schreiten, wenn er sich durch eifriges und kluges Nachforschen überzeugt hat, daß ein in der Tat vom Teufel Besessener exorziert werden muß.‹
In den anschließenden Anweisungen sind mehrere Kriterien enthalten, was man unter ›Besessenheit‹ zu verstehen hat.
Dem ›großen Exorzismus‹ der katholischen Kirche verwandte Rituale findet man aber auch bei fast allen Naturreligionen, vor allem beim Schamanentum (s. Eliade). Die bedauerlichsten Auswirkungen des ›Dämonenwahns‹, ›Besessenheitswahns‹ und ›Hexenwahns‹ führten im Mittelalter zur Verbrennung von ›Millionen von Hexen‹ in Europa (S. Löhr). Im Mittelalter wurde Exorzismus nicht nur an Menschen, sondern auch an Tieren, wie etwa Feldmäusen und Maikäfern (s. C. G. Jung), durchgeführt. Der Dämonenwahn nahm unter dem Einfluß des Christentums nahezu epidemischen Charakter an.
Der Exorzismus muß natürlich als ein Residuum einer Zeitepoche, die nun keine Gültigkeit mehr besitzt, angesehen werden. Trotz aller ›Aufgeklärtheit‹ haftet dem Exorzismus in manchen Bevölkerungsschichten noch immer ein magischer Abglanz an, der suggestiv wirkt und ›psychogene Mechanismen‹ förmlich züchten kann.« *

Beim Studium der Texte europäischer Wissenschaftler wird die Diskrepanz in der Beurteilung eines bis dahin von keiner Seite eindeutig deklarierten Phänomens bewußt. Symbolisch für die geographische und kulturelle Distanz steht die Unterschiedlichkeit im Verständnis der Trance, die dem traditionellen Afrikaner höchstes zu erreichendes Ziel, dem Europäer gefährliche und bis heute unverstandene Krankheit ist.
C. G. Jung, der mit Trancen und Besessenheiten befaßt war, resümiert, daß die westliche Wissenschaft noch meilenweit davon entfernt ist, diese Erscheinungen zu deuten und zu verstehen.
Ich habe dieses Buch gestaltet, ohne den Wunsch, eine Erkenntnis an sein Ende zu stellen. Es genügt mir, zu zeigen und zu vermitteln, was ich vorfand.

* Zitat aus: »Kriminalistik und forensische Wissenschaften«, Heft 16/1964

Weitere Bücher von Gert Chesi
in ähnlicher Aufmachung,
erschienen im Perlinger Verlag:

Die letzten Afrikaner

Susanne Wenger
Ein Leben mit den Göttern

Außerdem erhältlich:

Black Magic
Doppel-LP-Album mit afrikanischer Volksmusik

TSÉVIÉ
Agbatopé
Fongbé
Nita Zogbédji
Kovéto
Tokagamé
Dévé
Davédé
Védékou
Yobo
Sedjro
Agbévémé
Animabio
Avédjado
Atètimé
Vo Ativé
Tokamé
Tigouémé
Nossi Kopé
Adjira Kopé
Atchanvé
Ezo
Haho
Klétchi
Vodjé
Dalavé
Davié
Tsologou
Lili
Akoumapé
Kpotavé
Lablé Kopé
Améblévé
Ouakpo Kopé
Labavi Kopé
Aboni Kopé
Aziakpo Kopé
Hahotoé
Tchitémé
Adakpo Kondji
Mine de phosphate
Popoumé
Djadou
Savi Kopé
Vogan
Nedjro Kopé
Agomé
Akodessea
Abomé
Afatodji Kopé
Sokomé
Hedjégan
Bebémé
Glévé
Vadimé
Tsivé
Adéti Kopé
Bini Kopé
Agotimé
Hayé
Kadiamé
Kloutsé Kopé
Tsamé
Tahassi
Kpota
Tchidémé
Adéga
Zogbla
Kpogamé
Hanou
Apényigbé
Kogoué
Adjaguidi
Tchikplonou-Kondji
Sévagan
Apéyémé
Akoin
Daumé
Saouvé
Loué
Zéglégan
Aondou
Dékpo
Tonou Kondji
Vogba
Togblé Kopé
Avéta
Atisso
Adjido Déko
Ehlan
Fidoukpoui
Dé Kopé
Bama
Akaglo
Lac Togo
Pépinière
Dékamé
Djagblé
Gagban
Kpoguédé
Ekpoui
Démakpoé
Abobo
Agomékpota
Badougb
Togomé
Adougba
Avougon Kopé
Adidomé
Avéimé
Togoville
Agouévé
Kélégougan
Lébé
Ziogba
Amédé Kouévé
Togokomé
Atiégou
Zio
Onsou
Dévégo
Gbodjomé
Agbodrafo
(Porto Séguro)
Pédo
Badoga
Aflagadjido
Adjogblé
Tamanyé
Adisséou
Atchati
Agodéké
Afidényigba
Klikamé
Adakpamé
Baguida
Avéfodzo
Kponou
Baka
Doévi
Edjé
Bè
Gbéssogbé
LOMÉ
Phare
③ Heiliger Wald
⑤ He
① Mami
② Densu
④ Privatkulte
⑥ Sch